Perlentaschen häkeln

crea non

Perlentaschen häkeln

Projekte & Techniken

Ann Benson

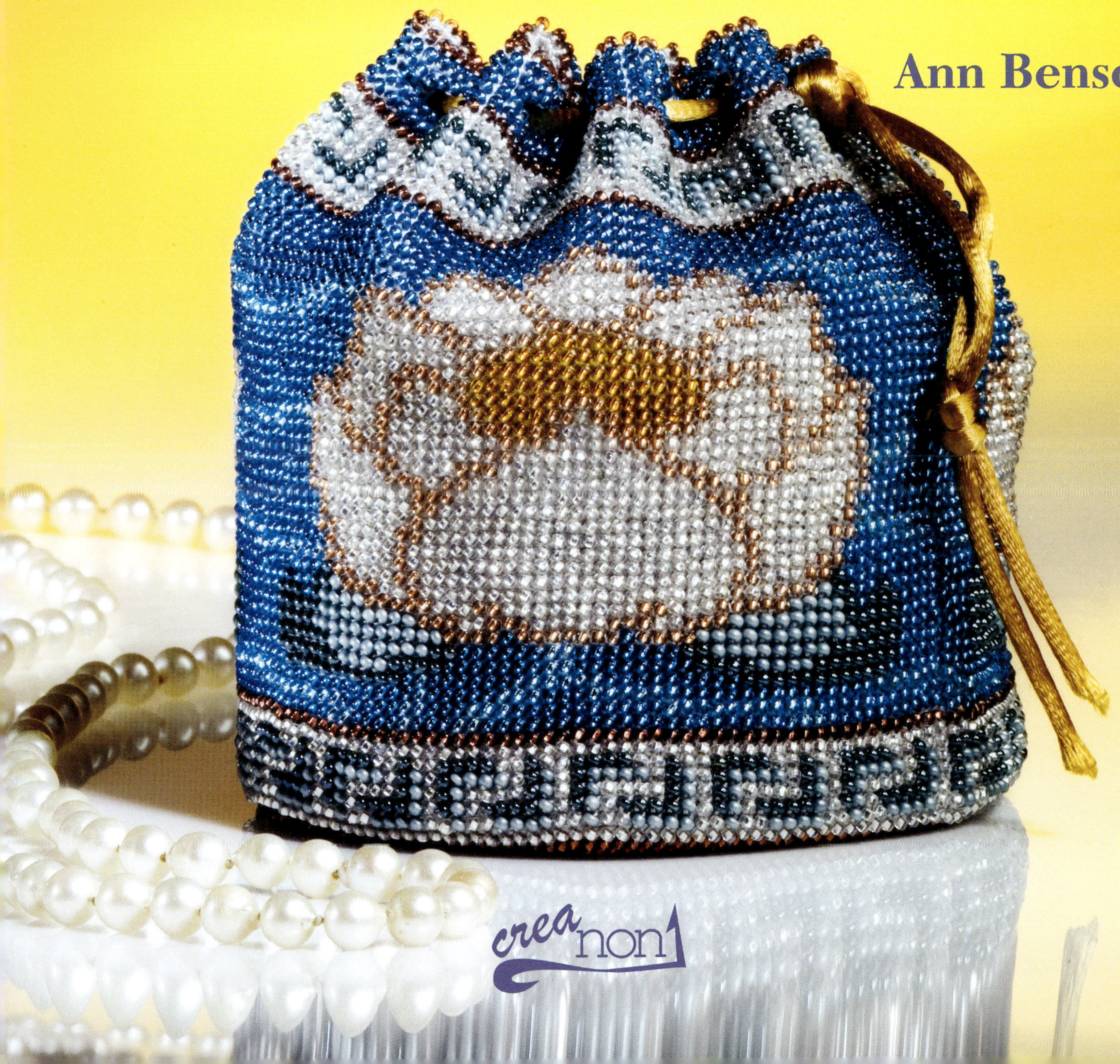

crea non

Originally published under the title: TAPESTRY BEAD CROCHET by Lark Crafts, an imprint of
Sterling Publishing Co., Inc., 1166 Avenue of the Americas, 17th floor, New York, NY 10036

Creanon
Claudia Schumann
Kopernikusstr. 27
50126 Bergheim-Gewerbepark
www.Creanon.de

ISBN: 978-3-940577-29-0

Übersetzung: Claudia Schumann
Technisches Lektorat: Heiko Radermacher, Claudia Schumann
Korrektorat: Heiko Radermacher

Gedruckt in Deutschland

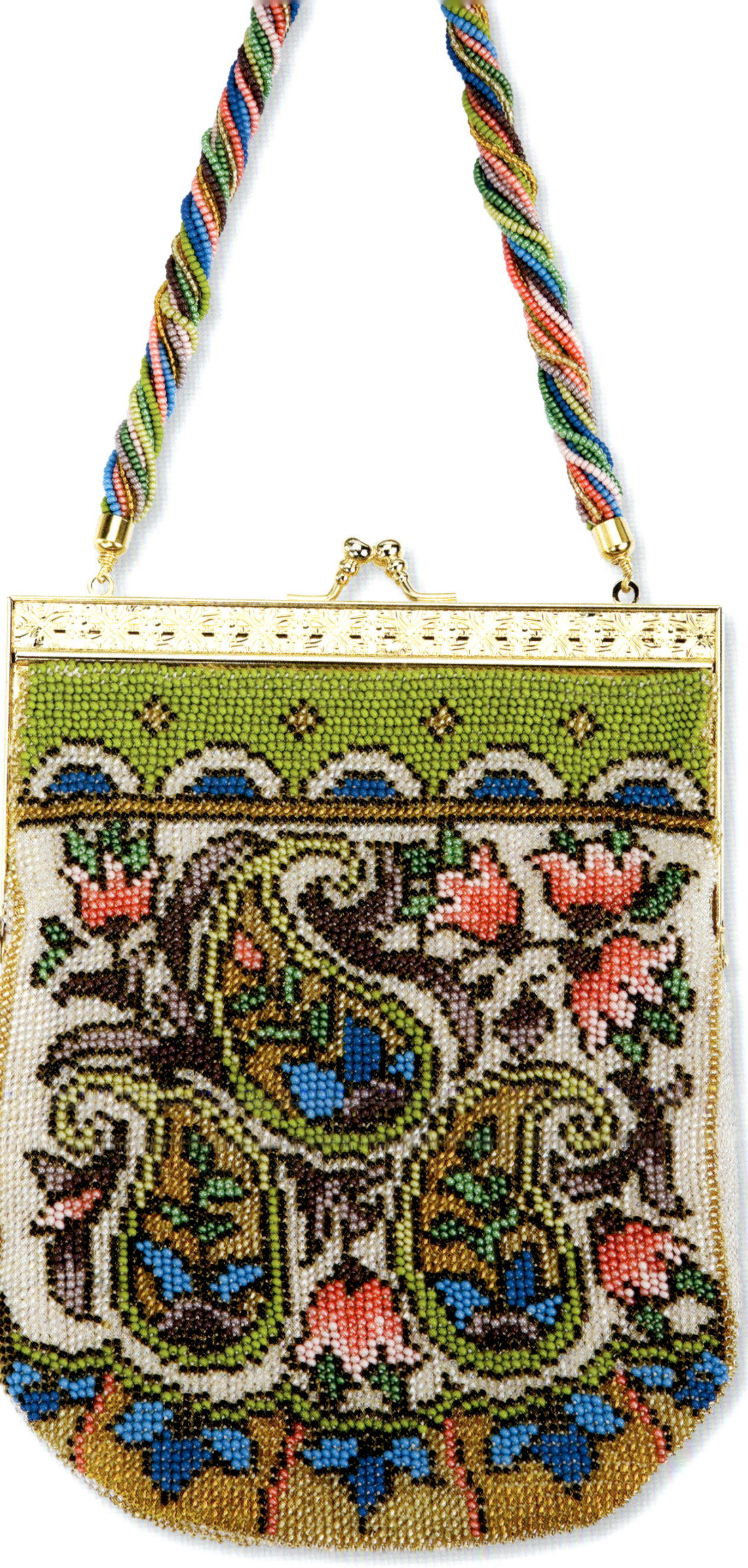

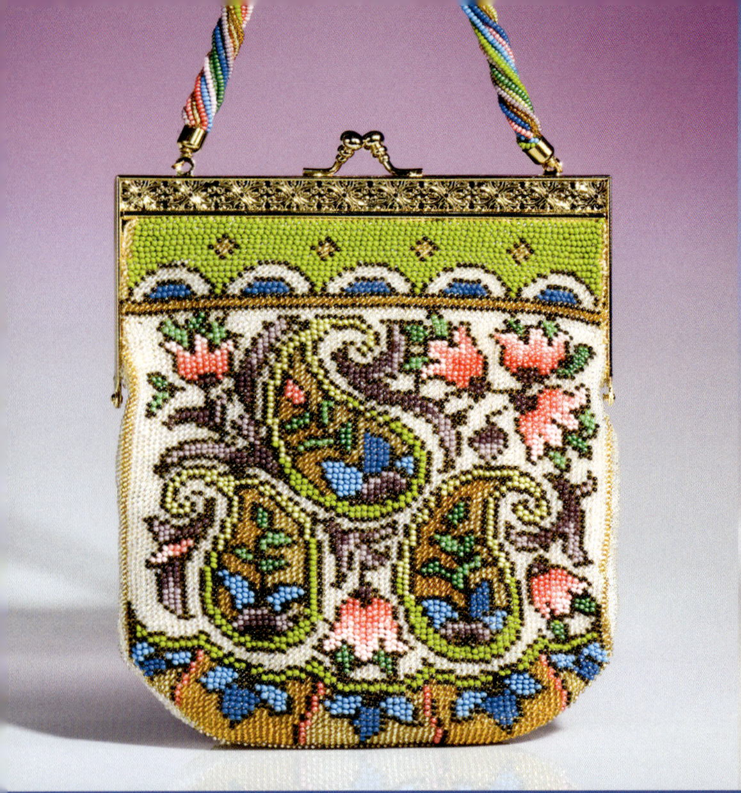

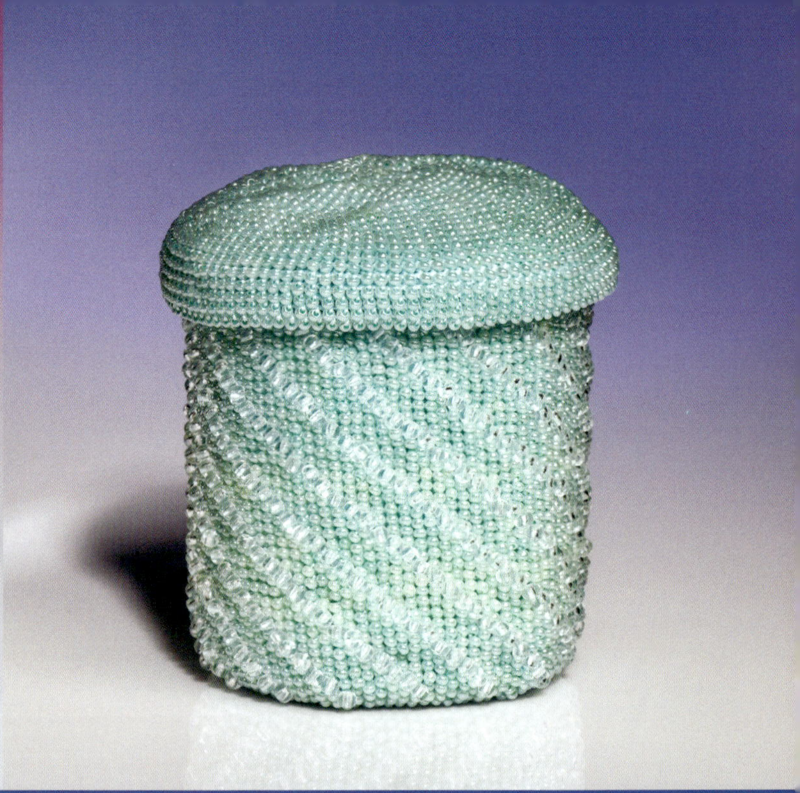

Perlentaschen häkeln

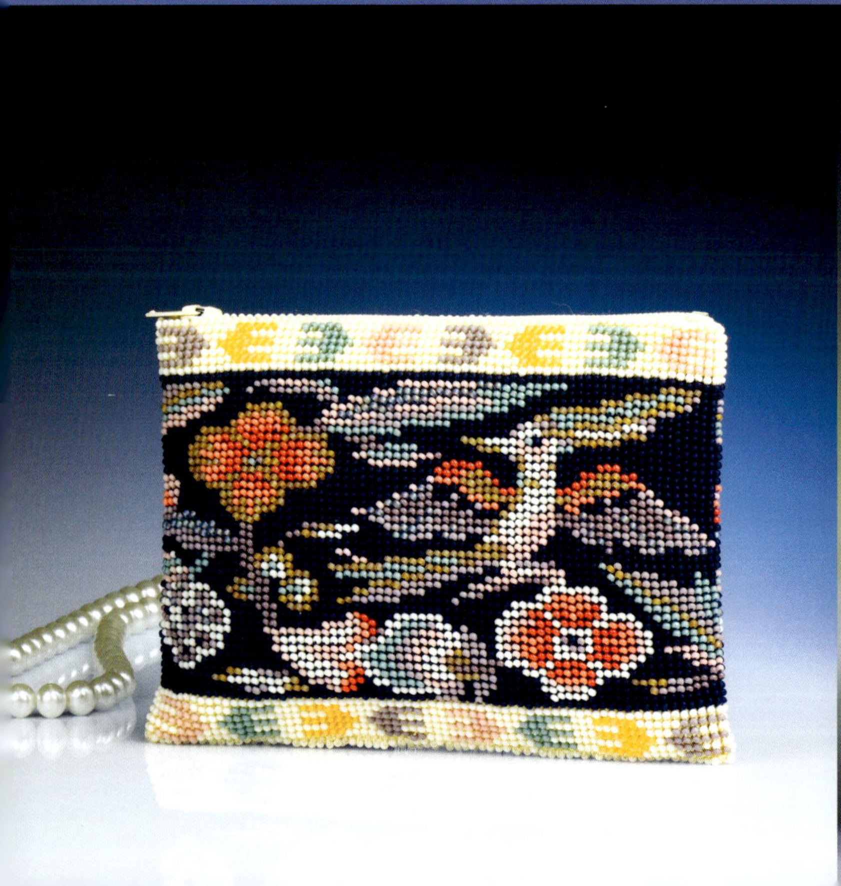

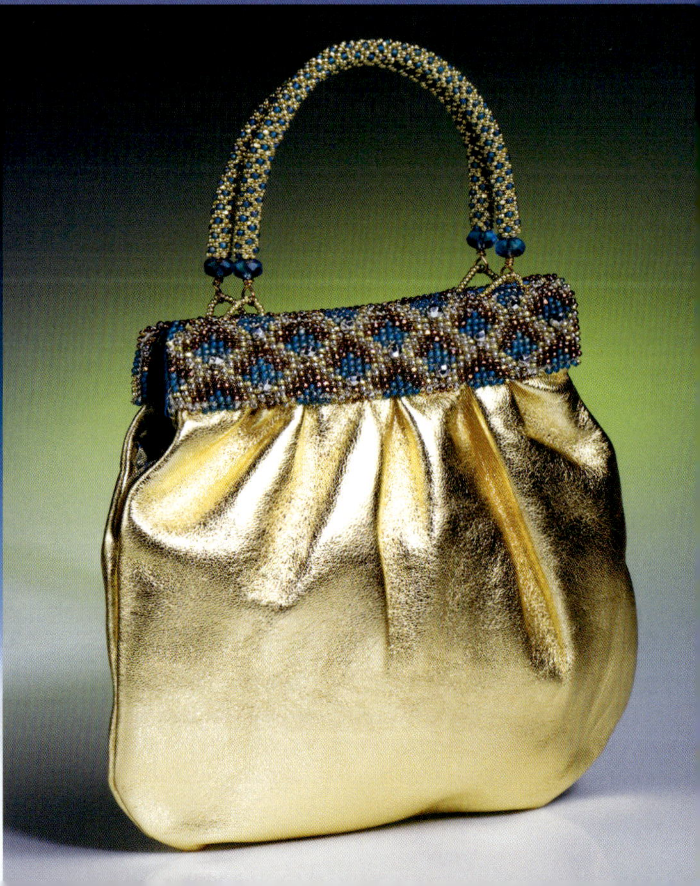

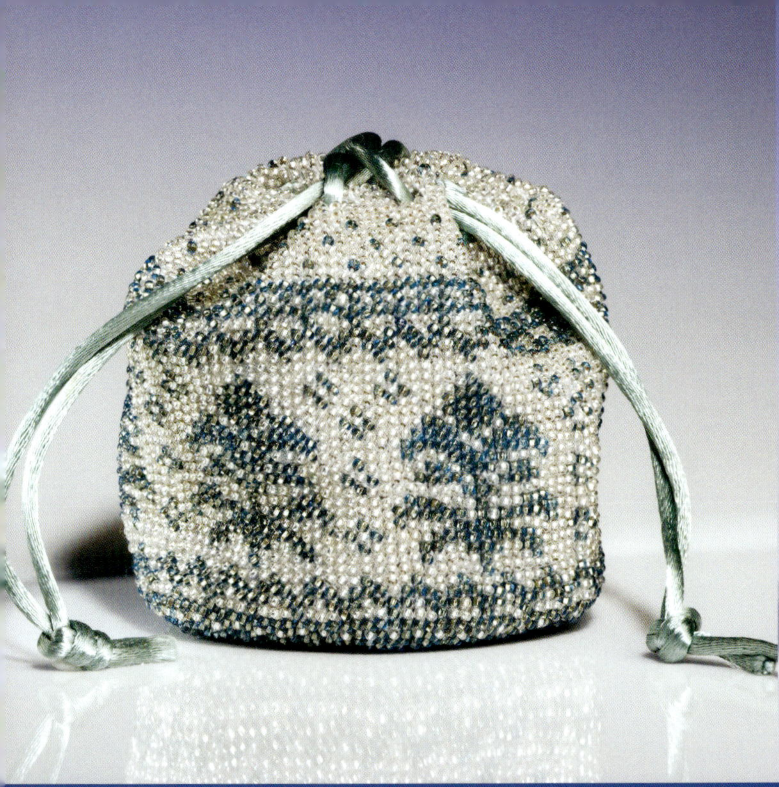

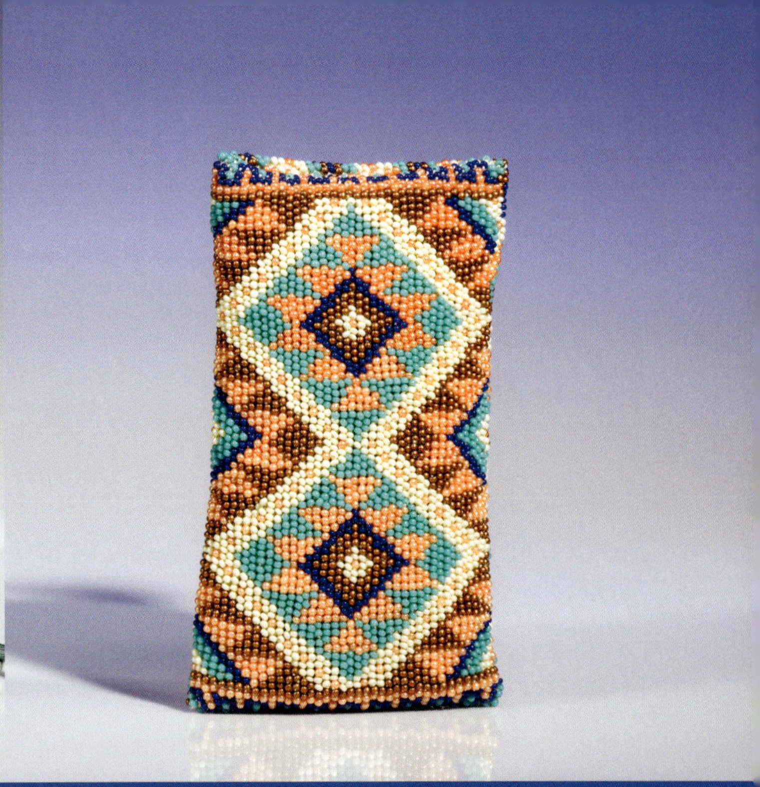

Einleitung

Vielleicht sind Sie bereits von Perlen verzaubert und von ihren Farben und Glanz gefangen. Und vielleicht kennen Sie auch schon die Anmut und Schönheit von Häkelarbeiten. Aber fügen Sie die beiden zusammen... nun, das ist die Stelle, an der die Magie beginnt.

Dieses Buch erklärt die Materialien, Techniken und Tricks, die in dieser schönen Kunstform zusammenkommen. Perlentaschen häkeln – ein Hobby, das sowohl traditionell als auch zeitgemäß aussehen kann. Ich habe mich von gehäkelten Perlentaschen aus der viktorianischen Zeit bis in die 1920er Jahre inspirieren und dann meinen eigenen künstlerischen Stil einfließen lassen, um sie modern und neu zu gestalten. Ich habe viel mehr Muster und völlig andere Farbzusammenstellungen verwendet, als Sie auf antiken Stücken finden werden und unsere Vorfahren sie gearbeitet hätten. Weiterhin habe ich einige Objekte einbezogen, die die Künstlerinnen von damals nicht benutzt hätten – zum Beispiel eine Hülle für einen MP3-Player oder ein Etui für eine Sonnenbrille.

In Bezug auf die Projekte warf ich ein weites Netz aus. Sie haben so viele Möglichkeiten: Serviettenringe, eine Kappe im Leopardenlook oder eine kleine runde Box, in der Sie Ihre Schätze verstecken können. Erklären Sie sich mit einem Täschchen für Ihre Schlüssel zur Herrin Ihres Haushalts. Oder fertigen Sie sich mehr Täschchen an, als Sie in einer Woche benutzen könnten, wenn Sie sie jeden Tag wechseln würden.

In den ersten Kapiteln erkläre ich Ihnen verschiedene Perlensorten und zeige Ihnen, wie diese mit Garn verarbeitet werden können, um das Beste aus beidem hervorzubringen. Ich lehre Sie die grundsätzliche Häkeltechnik, falls Sie diese Informationen benötigen, und erkläre Ihnen dann die Techniken, die nötig sind, um die verschiedenen Teile der Projekte nachzuarbeiten.

Die Häkelentwürfe auf den ersten Seiten sind schnell und einfach und Sie können diese in Ihrer eigenen Geschwindigkeit nacharbeiten und sich dann den herausfordernden Stücken zuwenden. Sobald Sie einen gewissen Punkt erreicht haben, können Sie weiter gehen und Ihre eigenen Muster auf den leeren Vorlagen am Ende dieses Buches entwerfen.

Willkommen in der wunderbaren Welt der Perlentaschen!

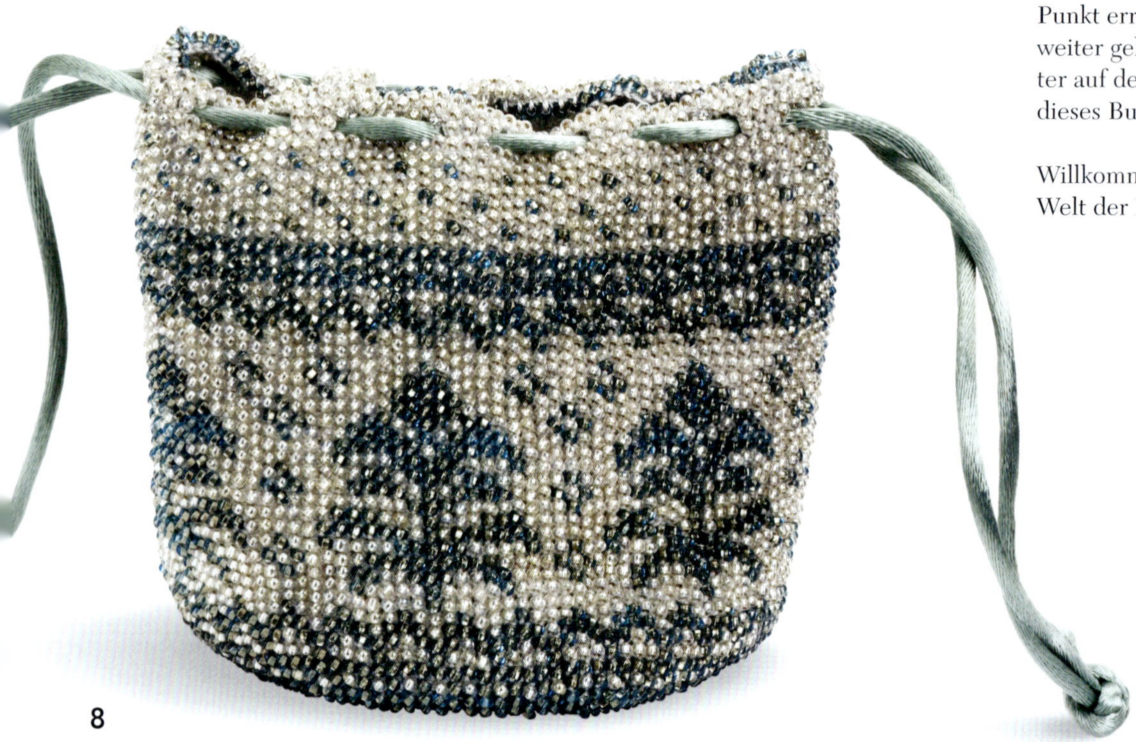

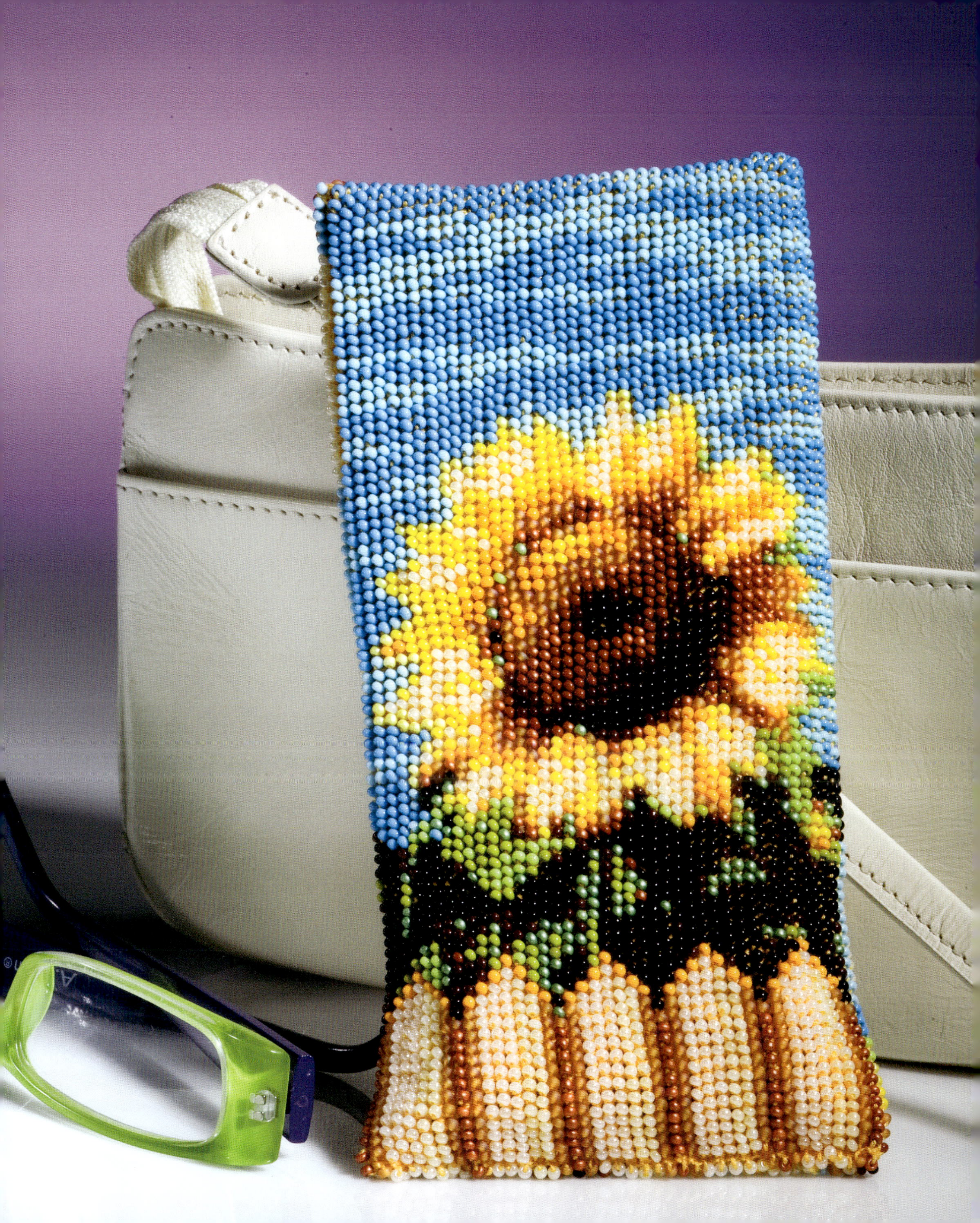

Kapitel 1
Materialien und Hilfsmittel

Wenn Sie Perlentaschen häkeln möchten, werden Sie endlose Variationen von Farben, Stilen und Designs finden, aus denen Sie schöpfen können. Glücklicherweise benötigen Sie keine endlose Liste von Materialien und Hilfsmitteln, denn Perlen, Garn, Häkelnadel, Nadeln, Schere und Zange sind meistens ausreichend.

Saatperlen

Alle im Buch vorgestellten Projekte wurden aus gläsernen Saatperlen gearbeitet. Einige größere Perlen wurden hier und dort als Dekoration verwendet, aber Ihre Häkelei wird in der Hauptsache aus 11/0 Saatperlen bestehen. Diese Perlen werden sowohl in Japan, als auch in Tschechien hergestellt. Sie werden deutliche Unterschiede in Form und Größe zwischen den Perlen der beiden Länder feststellen.

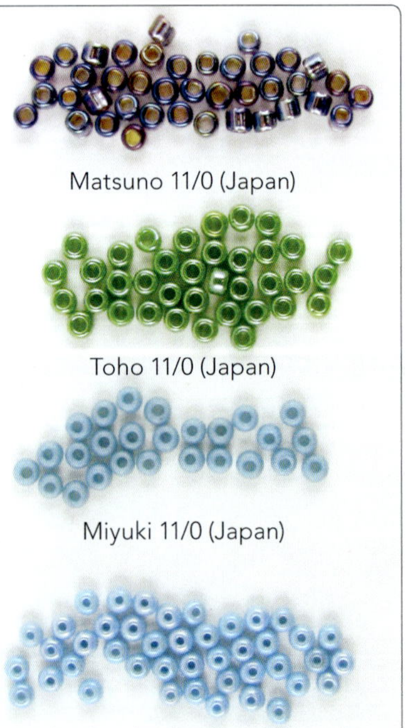

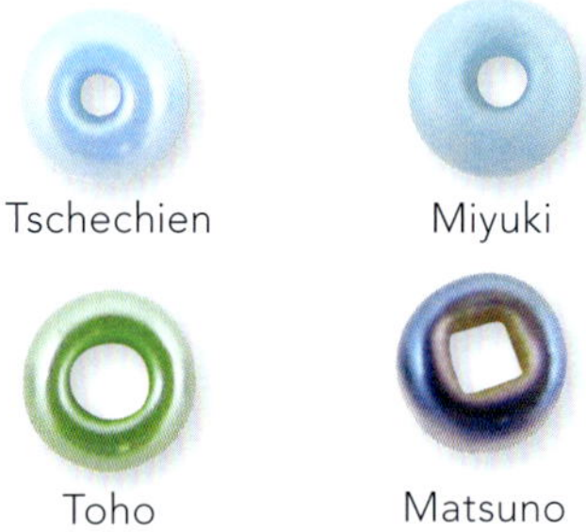

Tschechische Saatperlen sind in der Form eher oval, mit sanft gerundeten Oberflächen. In Tschechien gibt es einige namhafte Perlenhersteller und diese stellen eine große Vielfalt an Farben und Überzügen her. Tschechische Saatperlen werden normalerweise in den Fabriken zu Strängen aufgezogen und mehrere dieser Stränge zu einem Kilo zusammengeknotet. Häufiger jedoch finden Sie sie für den Ladenverkauf umverpackt in Röhrchen oder Beutelchen mit kleinerem Gewicht; normalerweise zu 10 bis 20 Gramm.

Japanische Saatperlen werden häufig mit der Angabe des Namens des Herstellers verkauft, so wie Miyuki oder Toho. Bei den Materiallisten in diesem Buch werden immer die Hersteller- oder Markennamen genannt, während die tschechischen Saatperlen als „Tschechische Saatperlen“ beschrieben werden.

Die Fädellöcher der tschechischen Perlen neigen dazu, kleiner zu sein. Japanische Saatperlen hingegen haben größere Fädellöcher. Sie sind gewöhnlich etwas eckiger in ihrer Form als tschechische Perlen und insgesamt ein wenig größer.

Perlenmengen- und sorten

Wenn Sie mit den Projekten aus diesem Buch beginnen, werden Sie aufgefordert, Perlen in Mengen wie Toho #221, 11/0, dark copper (860 Perlen) oder Tschechische 11/0, dark blue (1.240 Perlen) zu besorgen. Sie werden sich vielleicht fragen, wie Sie die genau benötigte Perlenmenge herausfinden können. (Nein, Sie müssen nicht die Perlen vor Beginn abzählen!) Denken Sie einfach daran, dass 1 Gramm Perlen ca. 100 Stück japanischer 11/0 Saatperlen und ca. 110 Stück tschechischer 11/0 Saatperlen entsprechen. Achten Sie beim Einkauf der Perlen darauf, dass Sie reichlich für das gewünschte Projekt zur Hand haben. Die Angaben der Mengen in diesem Buch sind genau, aber ich empfehle dringend, dass Sie mindestens 10 Prozent mehr einkalkulieren, als Sie wahrscheinlich benötigen. Alle übrig geblieben Perlen fügen sich vielleicht in das nächste oder ein späteres Projekt ein.

Wenn Sie sich entscheiden, Stränge von tschechischen Perlen zu kaufen, denken Sie daran, dass jeder ca. 34 bis 35 Gramm wiegt. Japanische Perlen gibt es nicht in Strängen, suchen Sie also nicht danach.

Wenn Sie bei einem Projekt eine Perle durch eine andere ersetzen möchten, sollten Sie dieselbe Größe (meistens 11/0) und Sorte (tschechisch oder japanisch) verwenden, ansonsten könnten die Elemente des Projekts nicht zusammenpassen. Perlenfarben können Sie ganz einfach austauschen, egal ob Sie nur eine leicht andere Färbung oder eine gänzlich andere Farbe möchten.

Mit Farben und Veredelungen arbeiten

Die Farben werden weit wichtiger werden, wenn Sie beginnen, Ihre eigenen Entwürfe zu gestalten. Glasperlen können opak oder transparent oder irgendwo dazwischen sein. Die Farbe einer Perle ist das Ergebnis eines chemisches Prozesses bei dem oftmals Elemente wie Zink, Kadmium oder Titan involviert sind. Die Basisfarbe einer Perle besteht aus einer genauen Mischung aus Silikat und einem spezifischen Element, welches dem Glas die gewünschte Farbe gibt. Es ist kein Färbeprozess, obschon einige Perlen Oberflächenfärbungen besitzen. Die Oberfläche einer Perle kann mit bestimmten Arten von Veredelungen behandelt werden, um ein besonderes Aussehen zu erzielen. Das Perlenschächtelchen unten zeigt dieselbe Basisglasfarbe, behandelt mit vier verschiedenen Veredelungen.

Sie werden hunderte, womöglich sogar tausende von Farben und Myriaden von Veredelungen für 11/0 Saatperlen finden. Es ist nicht möglich, diese alle zu beschreiben, es gibt aber einige wenige wichtige Dinge, an die Sie denken sollten, wenn Sie Ihre Perlen auswählen:

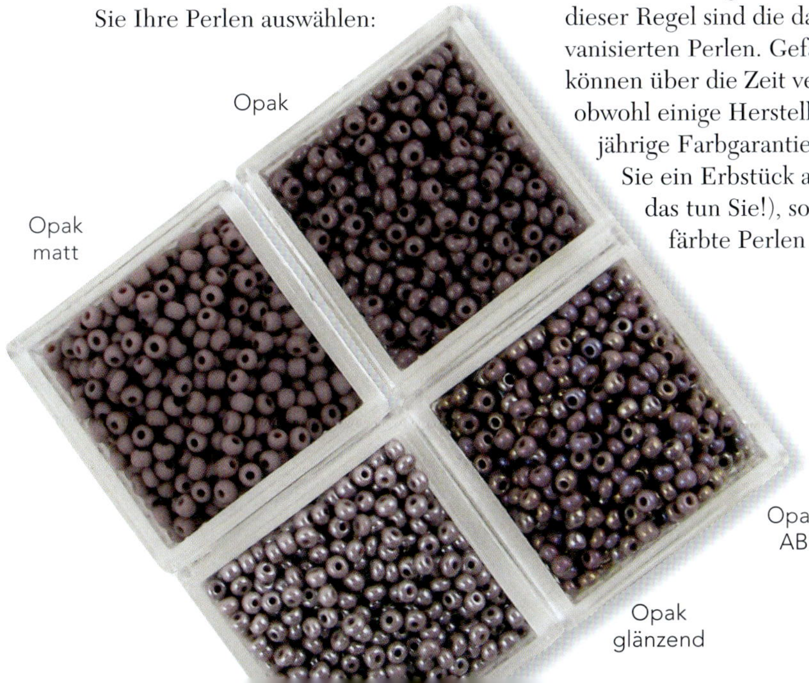

1 Sie können japanische und tschechische Perlen in einem Design mischen, verlassen Sie sich auf Ihr eigenes Gespür und entscheiden Sie, ob die Größenunterschiede eine Rolle spielen werden. Wenn Sie mehr mit den beiden verschiedenen Perlentypen gearbeitet haben, werden Sie ein Gefühl dafür entwickeln, wie sich diese verhäkeln lassen. In den meisten Fällen wird es keinen großen Effekt haben, wenn Sie japanische und tschechische Perlen kombinieren, auch einige der Designs aus diesem Buch beinhalten beide Typen in der Materialliste.

2 Denken Sie an die Veredelung Ihrer Perlen, je nachdem wie sie verwendet werden sollen. Bestimmte Veredelungen – besonders einfach galvanisierte Perlen – sind nicht dauerhaft und reiben sich über die Zeit ab. Dieses Verhalten steht oftmals im Zusammenhang mit der individuellen Körperchemie oder Kosmetik der Trägerin und es gibt keine Möglichkeit dies im Vorfeld vorauszusagen. Die Ausnahme dieser Regel sind die dauerhaft galvanisierten Perlen. Gefärbte Perlen können über die Zeit verblassen, obwohl einige Hersteller eine 30 jährige Farbgarantie geben. Da Sie ein Erbstück anfertigen (ja, das tun Sie!), sollten Sie gefärbte Perlen vermeiden.

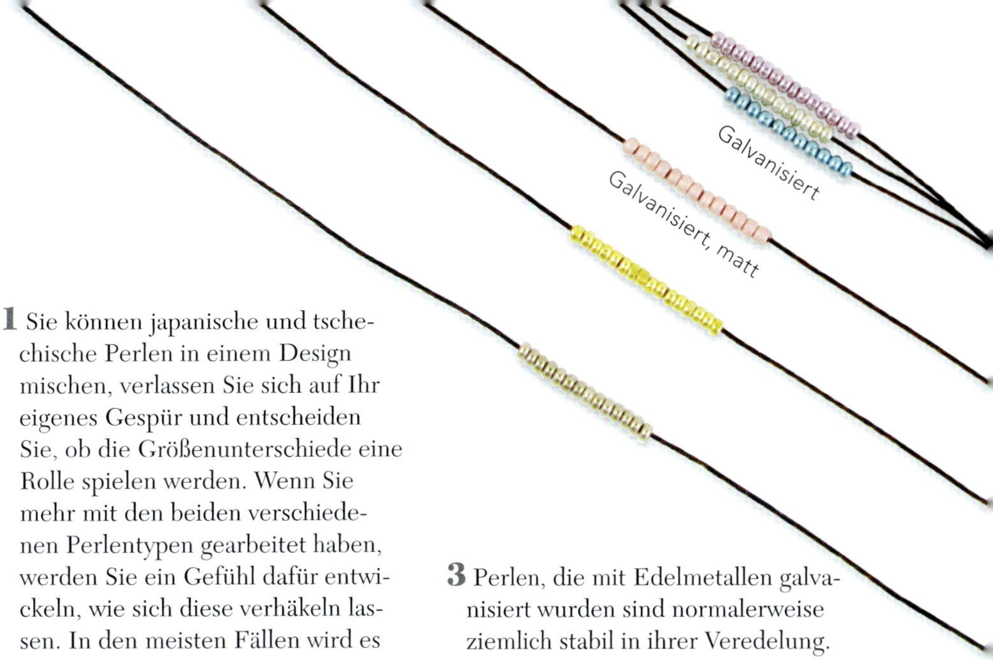

3 Perlen, die mit Edelmetallen galvanisiert wurden sind normalerweise ziemlich stabil in ihrer Veredelung. Sie können auch hier neuere Veredelungen finden, die besser halten. Vergewissern Sie sich dessen also, wenn Sie Ihre Perlen einkaufen. Eine Unterhaltung mit einer Perlenfachverkäuferin über die Qualität derer Perlen ist immer eine gute Idee.

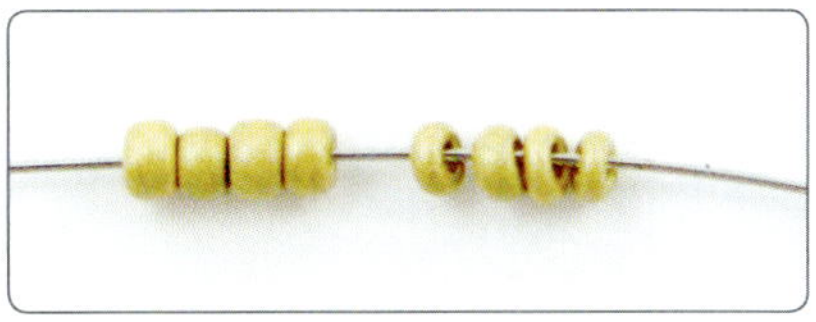

Zu dünne Perlen

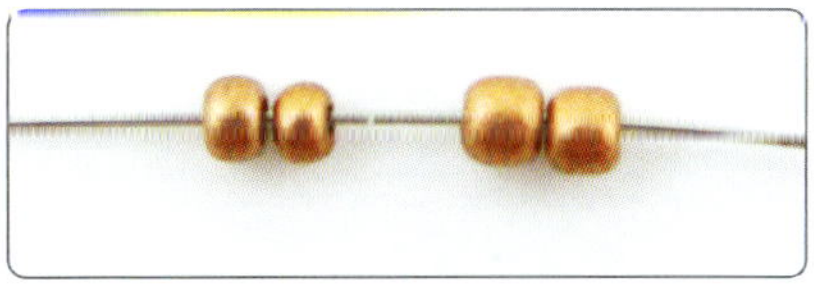

Zu dicke Perlen

4 Achten Sie auf eine gute Gleichmäßigkeit der Perlen. Auch innerhalb einer Farbe der genau gleichen Perlensorte kann die Größe leicht variieren. Diese Toleranzen sind das natürliche Ergebnis des Herstellungsprozesses und zeugen nicht von schlechter Qualität. Wenn Sie Ihre Perlen auf das Garn auffädeln, lassen Sie Perlen, die offensichtlich größer, kleiner, flacher, dicker oder ungleichmäßig geformt sind, aus.

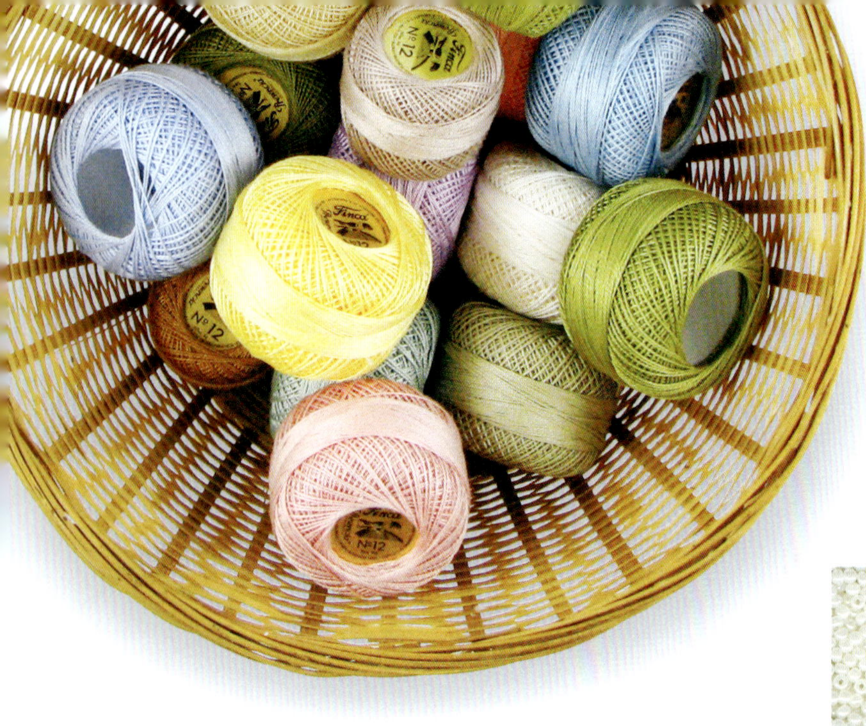

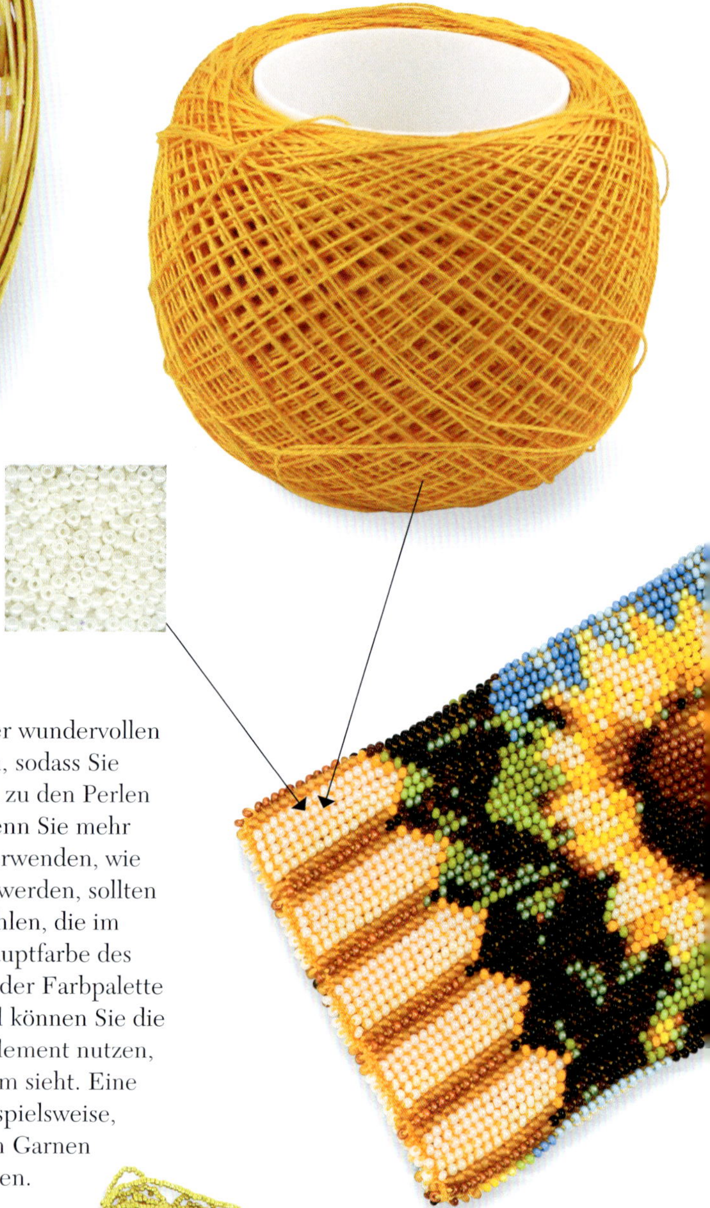

Garne

Es hängt alles vom Garn ab. Weil Sie zumeist mit 11/0 Saatperlen arbeiten werden, benötigen Sie ein dazu passendes Garn. Es gibt kein besseres als #12 Perle Cotton.

Es ist wichtig, ein Garn guter Qualität zu wählen, wenn Ihr Stück die Jahre überdauern soll. Baumwolle (Cotton) ist ein natürliches Garn und somit variiert die Garnlänge von Typ zu Typ stark. Ich habe herausgefunden, dass brasilianisches Garn die Qualität bietet, die ich mir für mein Garn wünsche.

Tipp

Sie können beim Experimentieren mit Farben und Typen von Garn viel Spaß haben. Bedenken Sie jedoch, dass das Garn von guter Qualität sein sollte. Sie investieren Ihre Zeit, also sollten Sie auch ein wenig mehr Geld investieren, damit Ihre Arbeit langlebig ist.

Perle Cotton ist einer wundervollen Farbauswahl erhältlich, sodass Sie die Garnfarbe passend zu den Perlen auswählen können. Wenn Sie mehr als eine Perlenfarbe verwenden, wie Sie es gewöhnlich tun werden, sollten Sie eine Garnfarbe wählen, die im Helligkeitswert zur Hauptfarbe des Designs passt und mit der Farbpalette harmoniert. Manchmal können Sie die Garnfarbe als Designelement nutzen, auch wenn man es kaum sieht. Eine transparente Perle beispielsweise, wird auf verschiedenen Garnen unterschiedlich aussehen. Schauen Sie sich die Kombination von transparenten Perlen und farbigem Garn oben rechts auf dem Foto des „Sunflower & Feathers“ Projekts an.

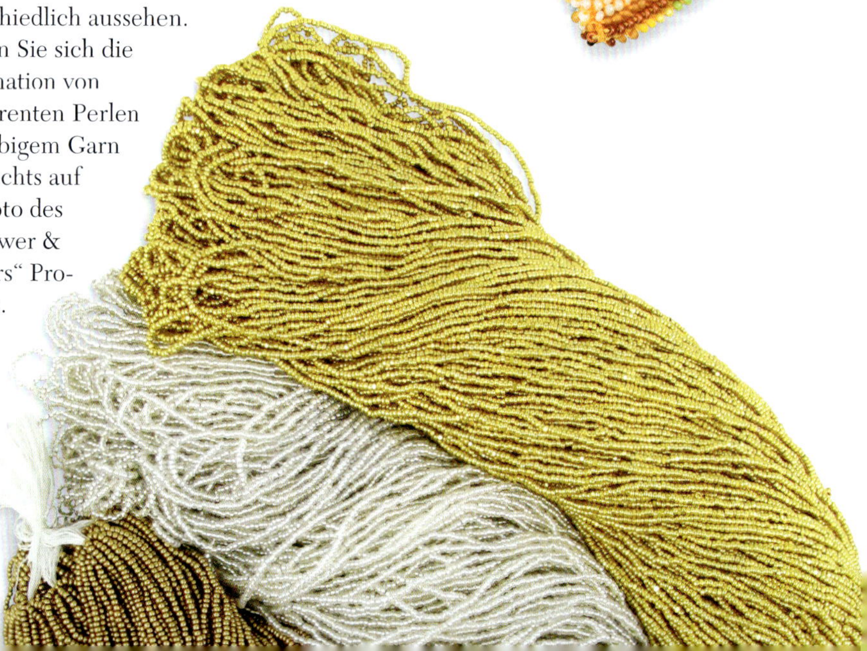

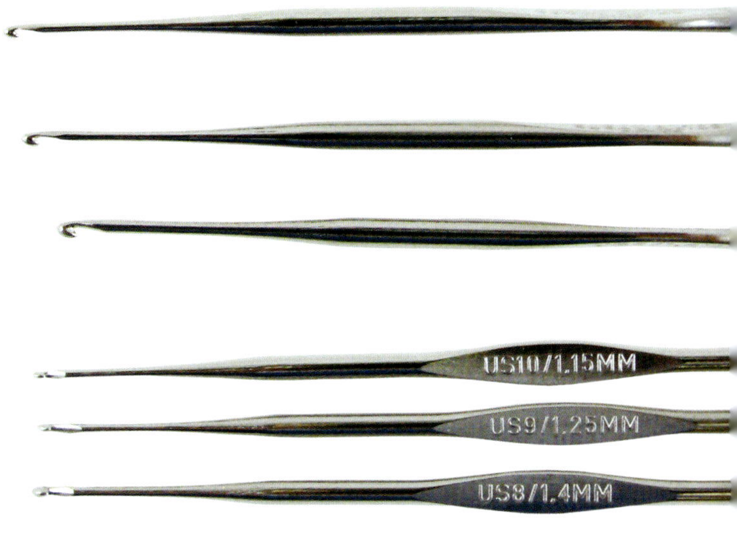

Werkzeuge

Wie bei jeder Aufgabe macht das richtige Werkzeug die Arbeit leichter und man hat einfach mehr Spaß.

Häkelnadeln

Die Häkelnadel ist das wichtigste Werkzeug. Alle im Buch gearbeiteten Stücke wurden mit einer Häkelnadel aus Stahl gearbeitet. Ich verwende eine Häkelnadel der Größe 9 (1,25 mm). Meine Fadenspannung ist eher durchschnittlich, wenn Sie jedoch eher fest häkeln, sollten Sie es mit einer Häkelnadel der Größe 8 (1,4 mm) versuchen. Wenn Sie sehr locker häkeln, probieren Sie eine Nadel der Größe 10 (1,15 mm).

Nadeln

Für die Wahl der Auffädelnadel stehen Sie vor einer großen Auswahl. Ich verwende Nadeln für Perlenarbeiten der Größe 10. Sticknadeln haben größere Öhre als Nadeln für Perlenarbeiten; diese Öhre bieten mehr Platz für das Garn und Sie können Sie gut verwenden. Die Wahl der Nadel hängt ganz von den Perlen ab: Wenn die Perlen kleine Löcher haben, brauchen Sie eine dünnere Nadel.

Sie können auch eine Spaltnadel (siehe Foto auf der rechten Seite) verwenden. Mit der Zeit wird diese jedoch verschleißen und Sie werden für ein Projekt somit mehr als eine Nadel benötigen. Perlennadeln aus gedrehtem Draht (siehe Foto rechts unten) können ebenfalls verwendet werden, aber genau wie die Spaltnadeln sind sie nicht sehr lange haltbar. Legen Sie sich gleich ein paar bereit, wenn Sie sie verwenden möchten.

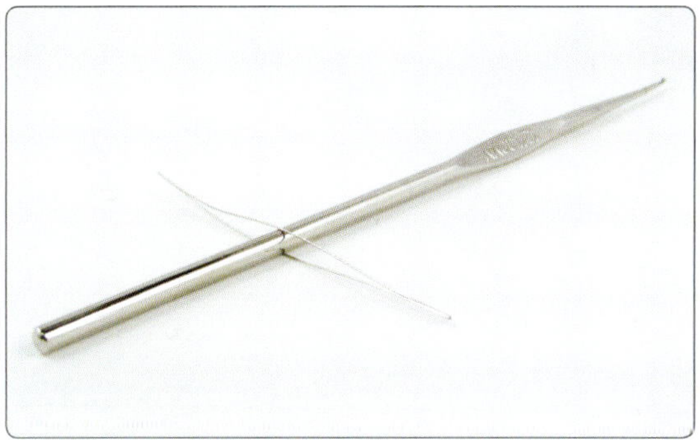

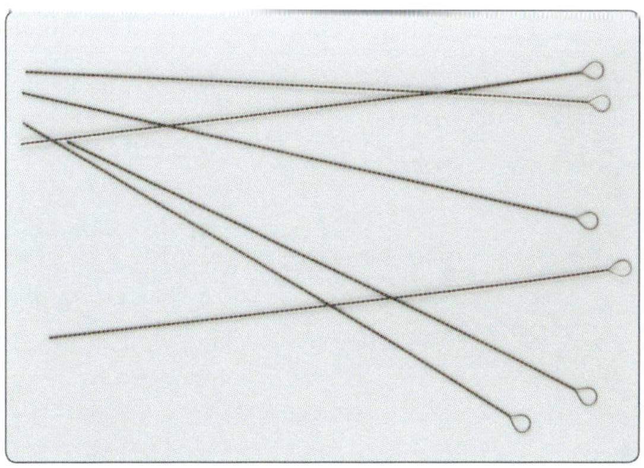

Um Fadenenden zu vernähen, können Sie kleine Sticknadeln der Größe 24 oder 26 verwenden. Die größeren Öhre machen das Einfädeln leichter. Sie können zum Auffädeln auch eine Einfädelhilfe für Zahnseide (siehe Foto oben) verwenden. Sie werden keine Probleme haben, das Garn durch die Schlaufe zu ziehen. Die Einfädelhilfe wird sich zusammenziehen, wenn Sie die Perlen darüber schieben, also werden Sie sie von Zeit zu Zeit ersetzen müssen.

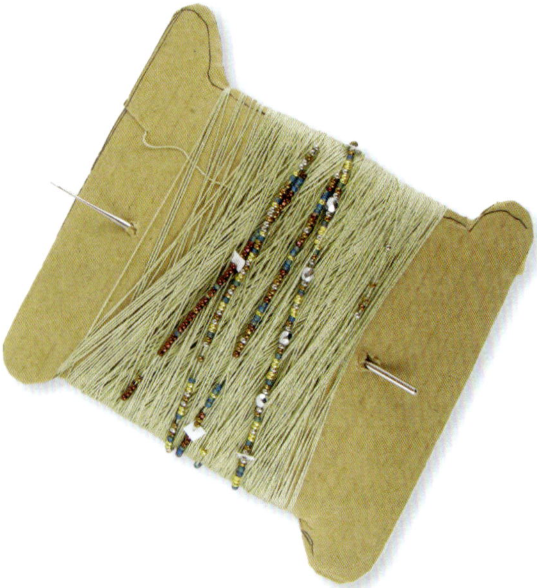

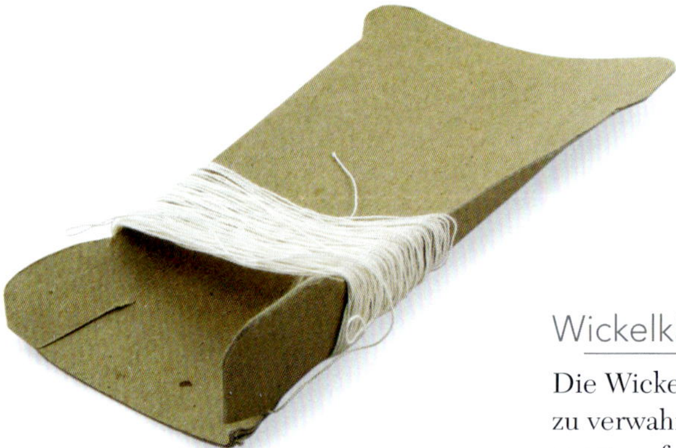

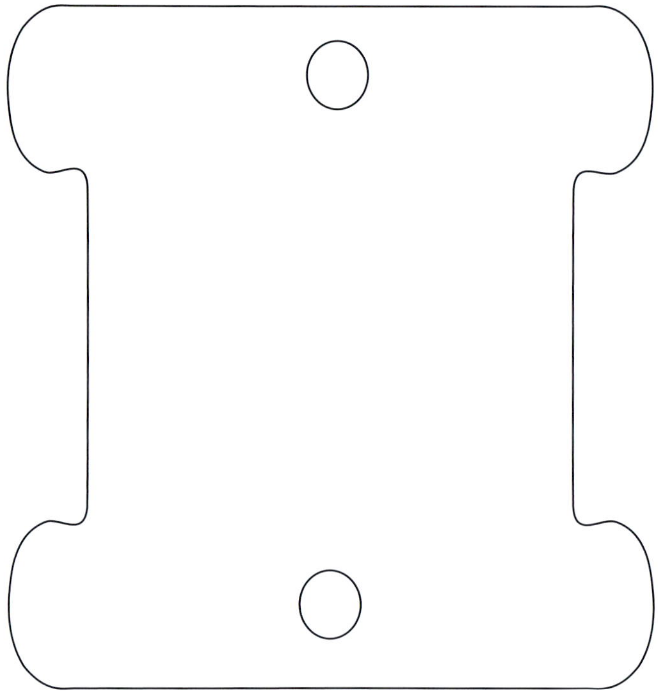

Wickelkärtchen

Die Wickelkärtchen sind unerlässlich, um die aufgefädelten Perlen beim Häkeln zu verwahren. Verwenden Sie einen festen Karton, da sich das Wickelkärtchen sonst verformt (siehe Foto links). Stechen Sie zwei Löcher hinein, eines an der unteren und eines an der oberen Seite, um Ihre Häkelnadel dort aufzubewahren, wenn Sie gerade nicht häkeln.

Oben ist ein Muster in Originalgröße abgebildet, sodass Sie leicht ihre eigenen Wickelkärtchen herstellen können. Kopieren Sie sich die Form, indem Sie sie einfach abpausen oder fotokopieren. Kleben Sie die Vorlage dann auf festen Karton und schneiden Sie die Form aus.

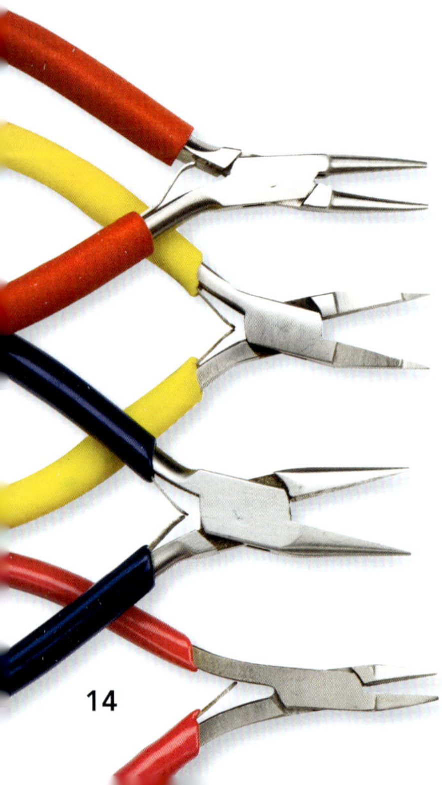

Andere Werkzeuge und Hilfsmittel

Sie werden eine gute Schere benötigen, um das Garn zu schneiden. Wenn bei einem Projekt Draht verwendet wird, brauchen Sie zusätzlich einen Drahtschneider.

Außerdem sollten Sie eine Auswahl an flachen Zangen zur Hand haben. Zangen haben beim Häkeln mit Perlen viele Anwendungsmöglichkeiten. Sie können sie verwenden, um eine falsch aufgefädelte Perle herauszubrechen, oder um beim Vernähen die Nadel durch einen festen Bereich der Arbeit zu ziehen. Rundzangen können Sie benutzen, um Drahtösen zum Befestigen von Handgriffen oder anderen Teilen der Projekte zu biegen.

Vergessen Sie nicht, einen Augenschutz zu tragen.

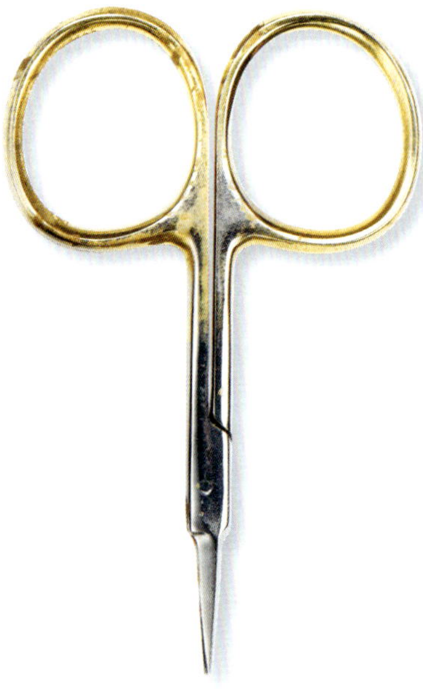

Kapitel 2

Die Basis-Maschen

Nachdem Sie nun einige bunte Saatperlen und das Garn auf dem Tisch liegen und die Häkelnadel in der Hand haben (zumindest sinnbildlich), werden Sie mit der Arbeit beginnen wollen. In diesem Kapitel werden wir die Maschen zunächst ohne Perlen betrachten und später – das ist die Stelle, an der der Spaß beginnt – dann die Perlen hinzufügen.

Los geht's

Sie werden nur drei Häkelmaschen für die Projekte in diesem Buch benötigen: *Luftmaschen*, diese sind immer die Basis; *Kettmaschen*, diese sind beim Aufschritt ganz wichtig und *feste Maschen*, welche für den Hauptteil der Arbeit verwendet werden.

Sie werden jedes der Projekte im Buch mit einer Luftmaschenkette ohne Perlen beginnen. Wenn Sie ein flaches Design arbeiten, wird diese Kette genauso viele Maschen haben, wie jede Runde des Musters. Bei anderen Formen, zum Beispiel der sechseckigen Basis oder Formen mit Seitenelementen, wird die Anzahl unterschiedlich sein. Die Anleitung für jedes Muster gibt die benötigte Anzahl Luftmaschen an.

Um Platz zu sparen, verwenden manche Anleitungen Abkürzungen. Eine Abkürzungsliste finden Sie auf Seite 128.

Luftmaschen

Alle Luftmaschenketten beginnen mit einer Schlinge, welche schon die erste Masche ist. Legen Sie ihr Garn zu einem Kreis und lassen Sie einen ca. 10 cm langen Garnrest hängen, welcher später in der Arbeit vernäht wird. (In manchen Projekten wird ein längerer Garnrest angegeben, da dieser später noch benötigt wird.) Nehmen Sie Ihre Häkelnadel und ziehen Sie das Garn durch den Kreis. Ziehen Sie den Faden fest, sodass Sie eine Schlinge auf der Häkelnadel haben und der Garnrest herabhängt.

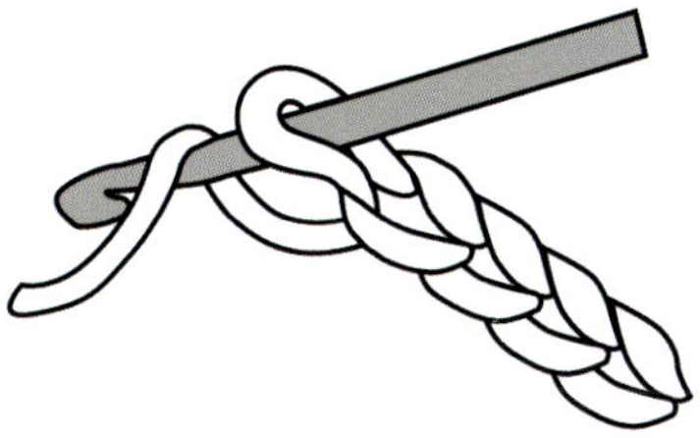

Luftmaschen

Die Schlaufe arbeiten

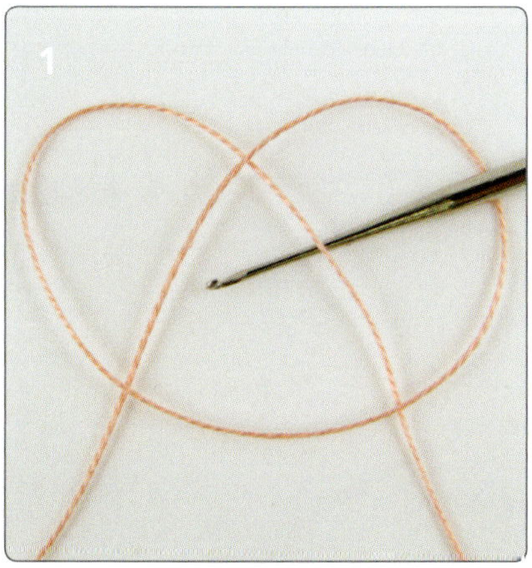

Legen Sie eine Brezelschlaufe.

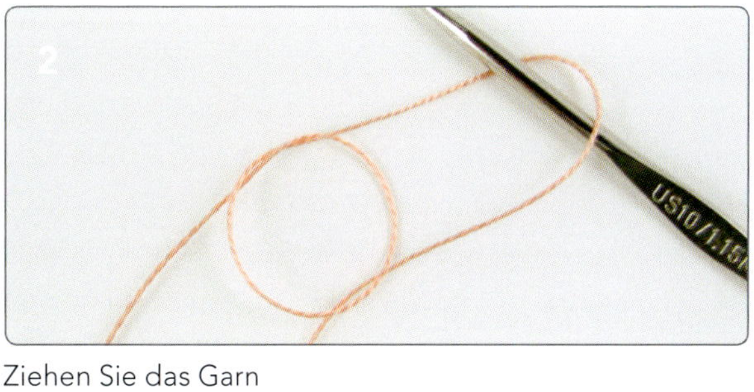

Ziehen Sie das Garn mit der Häkelnadel hindurch.

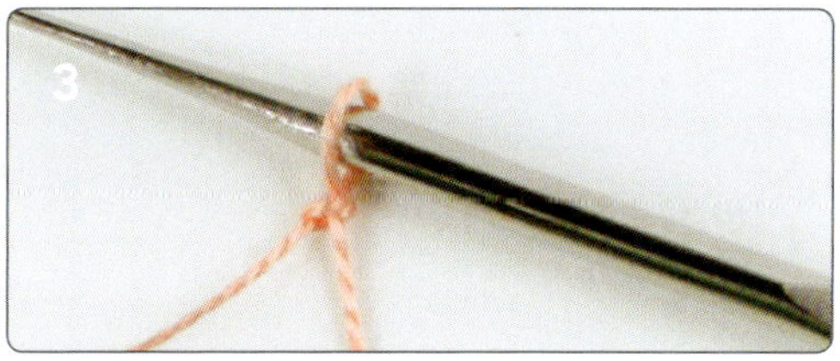

Straffen Sie das Garn und Sie erhalten die Schlaufe.

Luftmaschenketten

Wickeln Sie das Garn von hinten nach vorn über die Häkelnadel und fangen Sie es mit dem Haken. Ziehen Sie das Garn durch die erste Schlinge und arbeiten Sie so eine zweite Masche.

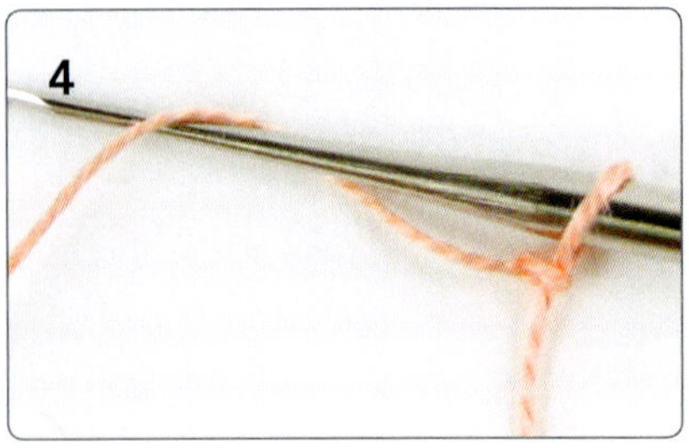

Wickeln Sie den Faden um die Häkelnadel.

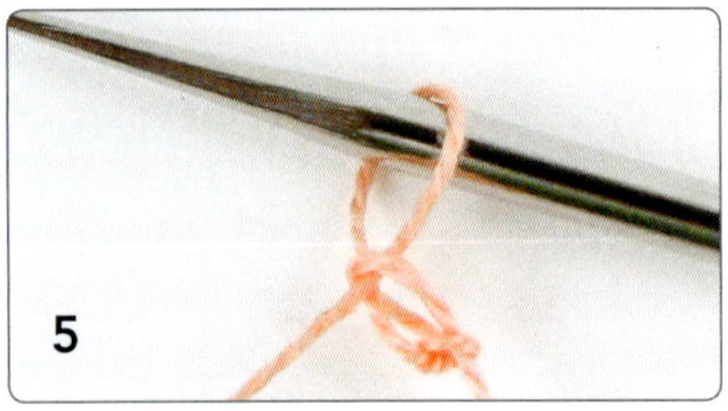

Ziehen Sie das Garn durch die Schlinge.

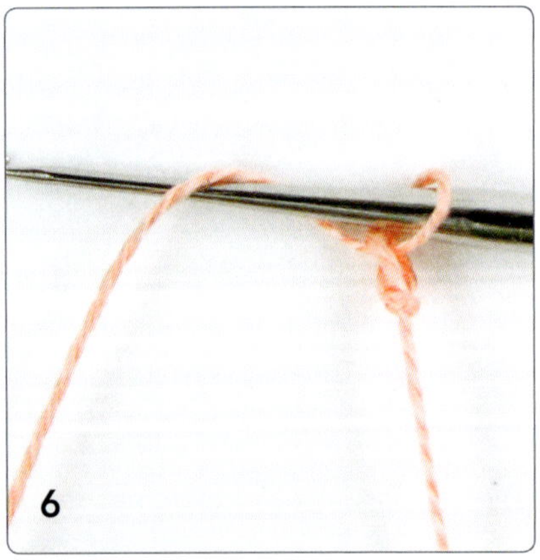

Wiederholen Sie dies und arbeiten Sie eine weitere Masche.

Arbeiten Sie in dieser Weise weiter, indem Sie immer das Garn um die Häkelnadel legen und dann durch die Schlinge ziehen. Versuchen Sie, die Maschen gleichmäßig zu arbeiten. Wenn Sie zu fest sind, werden Sie später Probleme haben, in die Luftmaschenkette einzustechen. Wenn Sie zu locker sind, wird die Kante unordentlich aussehen. Die Kette sollte so gleichmäßig wie möglich sein.

Die Luftmaschenkette entzwirbeln

Sie werden vielleicht bemerken, dass sich die Kette verdreht. Dies passiert auch dann, wenn Sie eine perfekte Fadenspannung haben und gleichmäßige Maschen arbeiten. Es ist allerdings einfacher, eine gerade Luftmaschenkette zu einer Runde zu verbinden und um die Kette zu glätten, können Sie sie bügeln.

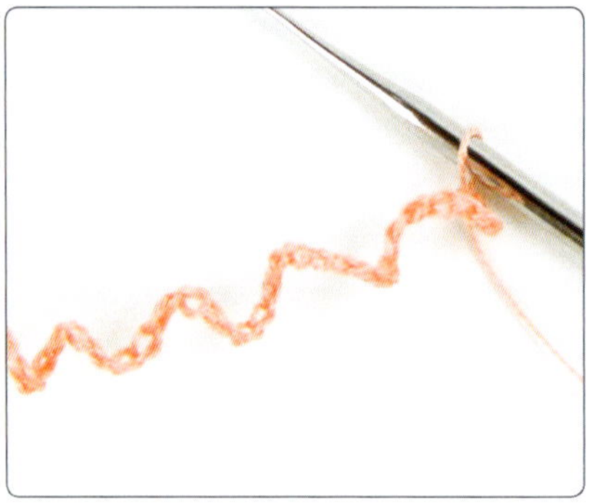

Ungebügelte Luftmaschenkette

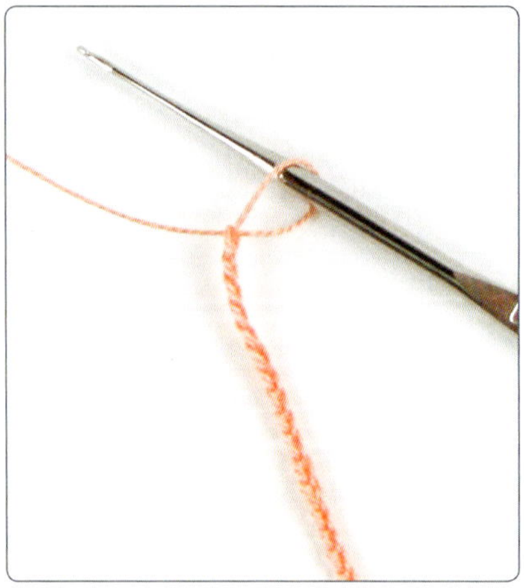

Gebügelte Luftmaschenkette

Kettmaschen

Kettmaschen werden in der Hauptsache zum Verbinden verwendet. Sie werden sie beispielsweise zum Verbinden der Luftmaschenkette zu einer Runde benötigen, oder als Aufschritt von einer zur nächsten Runde.

Um eine Kettmasche zu arbeiten, stechen Sie die Häkelnadel zuerst in die Masche, die verbunden werden soll und wickeln dann das Garn von vorn über die Häkelnadel.

Fangen Sie als nächstes das Garn mit dem Haken und ziehen Sie es durch die Masche, die verbunden werden soll und direkt durch die Masche auf der Häkelnadel. Es ist wichtig, bei Kettmaschen eine mittlere Fadenspannung zu halten, denn auch erfahrene Häklerinnen neigen dazu, Kettmaschen zu fest zu arbeiten. Dies kann später zu Problemen führen, denken Sie also beim Häkeln daran.

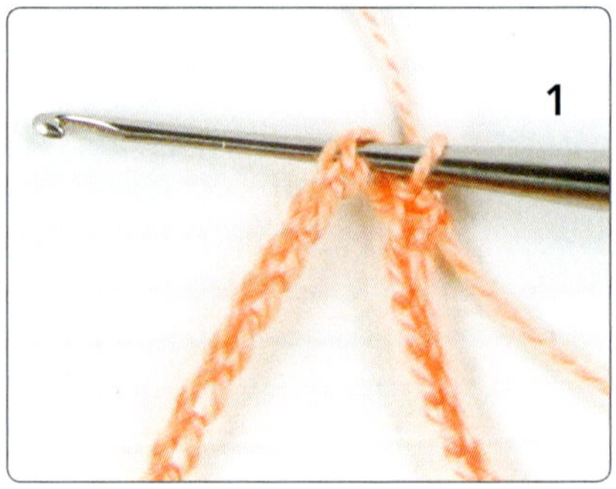

Stechen Sie die Nadel in die erste Masche.

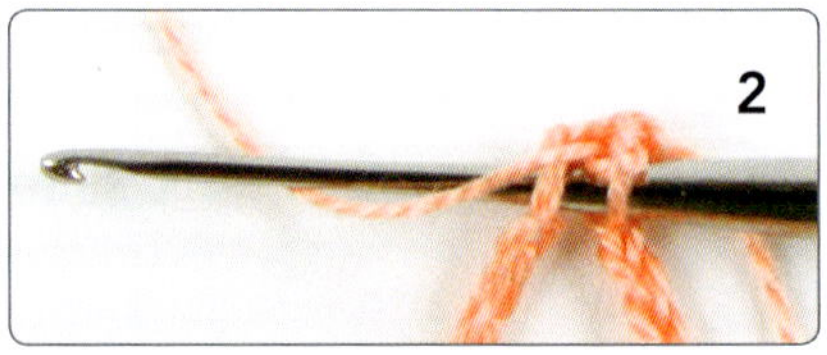

Wickeln Sie das Garn herum.

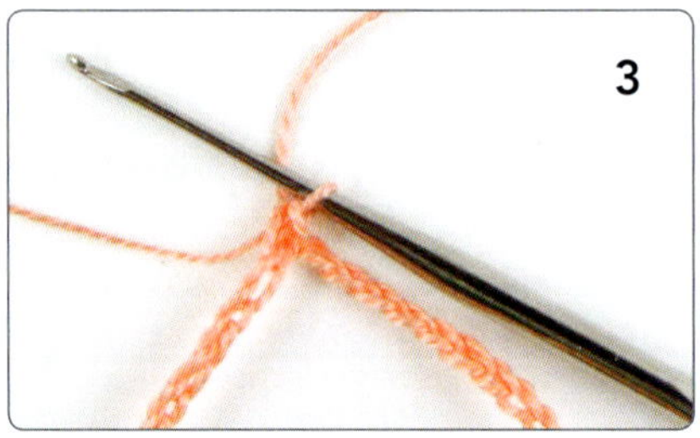

Ziehen Sie das Garn durch beide Schlaufen.

Feste Maschen

Die feste Masche ist das Arbeitstier der Häkelstiche, denn sie hält die Perlen, welche auf der Außenseite der Arbeit zu sehen sind. Zugleich ergibt sich ein akkurates Gewebe, welches sehr schön die Innenseite Ihrer Tasche bildet, wenn Sie kein Futter hinzufügen möchten.

Sie arbeiten die festen Maschen auf einer bestehenden Luftmaschenkette. Verbinden Sie, bevor Sie mit den festen Maschen beginnen, die Kette zu einer Runde, indem Sie die erste mit der letzten Luftmasche mittels einer Kettmasche verbinden. Als Aufschritt (welcher später näher erklärt wird) arbeiten Sie zuerst eine Luftmasche. Stechen Sie dann die Häkelnadel durch dieselbe Masche, aus der Sie die Kettmasche gearbeitet haben. Arbeiten Sie eine Schlaufe, indem Sie das Garn hindurch ziehen, und wickeln Sie das Garn dann von hinten nach vorn um die Häkelnadel. Ziehen Sie das Garn durch beide Schlaufen, um die Masche fertigzustellen. Dies ist eine feste Masche ohne Perle.

Stechen Sie die Häkelnadel, um die nächste Masche arbeiten zu können, durch die nächste Luftmasche und wiederholen Sie die Schritte.

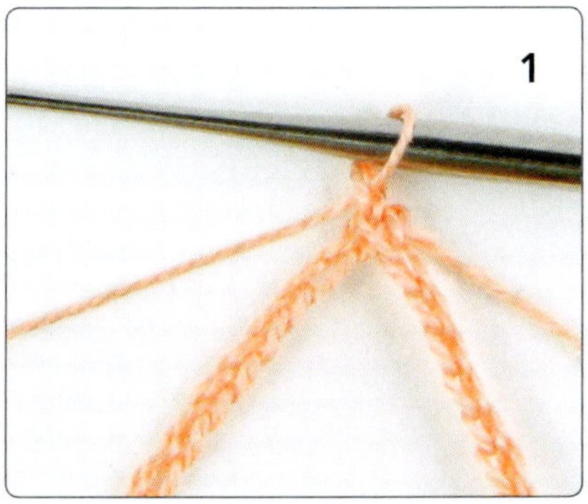

Eine Luftmasche zum Rundenbeginn

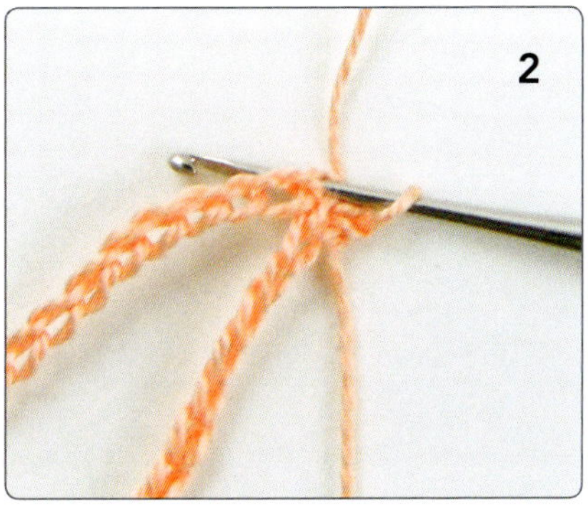

Stechen Sie die Häkelnadel in dieselbe Masche wie für die Kettmasche.

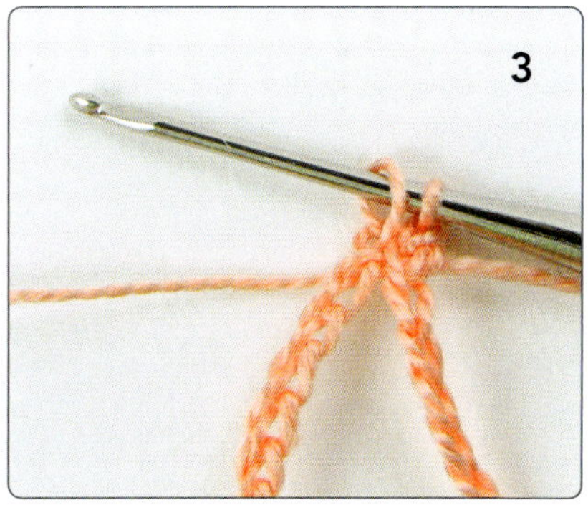

Ziehen Sie eine Schlaufe.

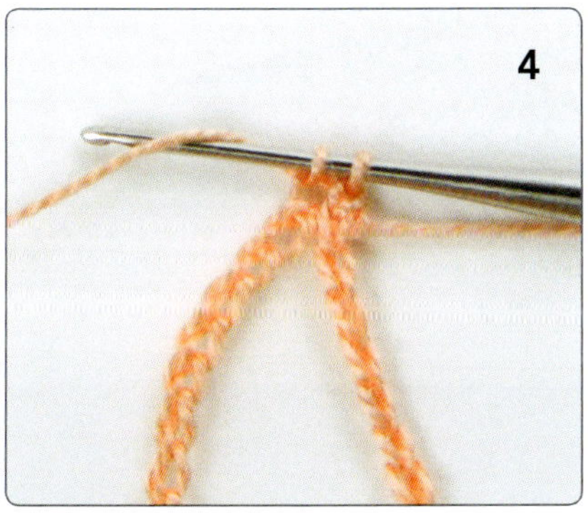

Legen Sie das Garn von hinten nach vorn über die Nadel.

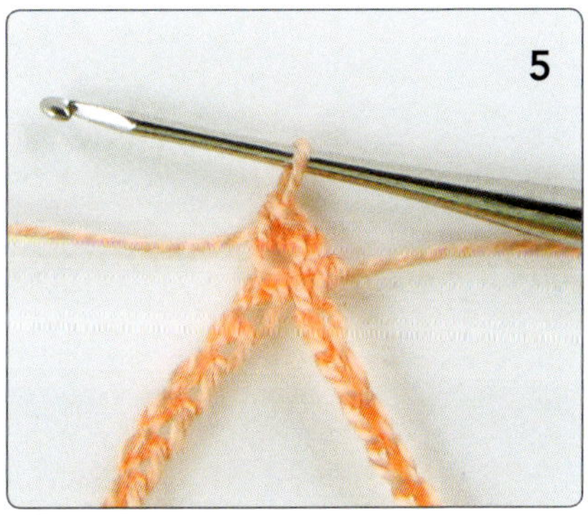

Ziehen Sie das Garn durch beide Schlaufen und beenden Sie die feste Masche.

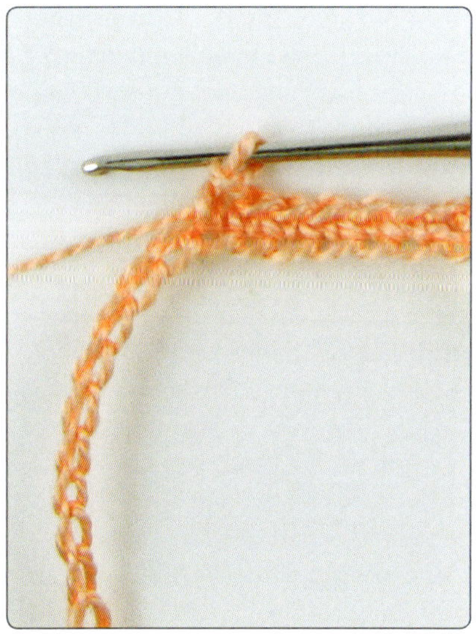

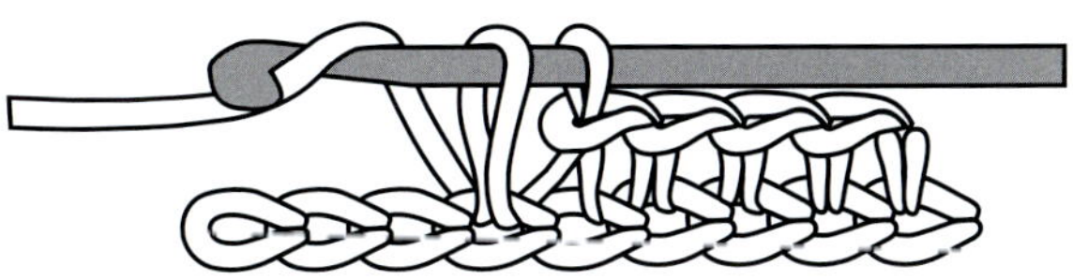
Übersicht über eine komplette, feste Masche (ohne Perle).

Schauen Sie für jede folgende Masche auf die Fotos oben. Sie stechen die Nadel durch die nächste Luftmasche, ziehen die Schlaufe, wickeln das Garn um die Häkelnadel und ziehen es durch beide Schlaufen.

Feste Maschen mit Perlen

Arbeiten Sie die Masche wie zuvor, bis Sie beide Schlaufen auf der Häkelnadel haben. Bevor Sie nun das Garn um die Häkelnadel wickeln, schieben Sie eine Perle dicht an die Schlaufen, direkt unter der Häkelnadel, heran. Wickeln Sie das Garn von hinten nach vorn um die Häkelnadel, fangen Sie das Garn und ziehen Sie es durch beide Schlaufen. Die Perle ist nun in der festen Masche gefangen und zeigt auf die Rückseite.

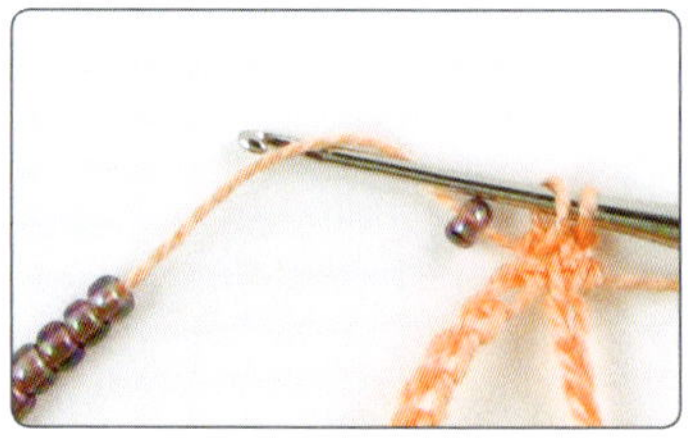

Zu- und Abnahmen

Lassen Sie uns die Oberseite der festen Masche betrachten. Nachdem Sie die Masche gearbeitet haben, liegt diese in einer Tränenform oben auf der Runde. Wenn Sie die Fotos und die nebenstehende Grafik betrachten, werden Sie die Unterschiede zwischen der vorderen Hälfte, der hinteren Hälfte und der ganzen Masche sehen. Wenn nicht anders angegeben, sollten Sie für die Projekte des Buches immer in die ganze Masche einstechen.

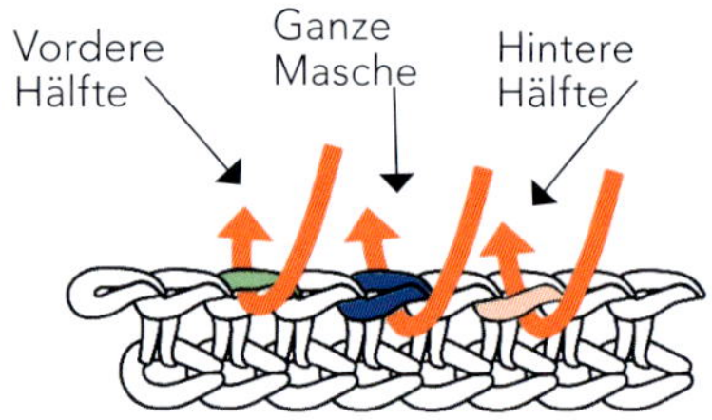

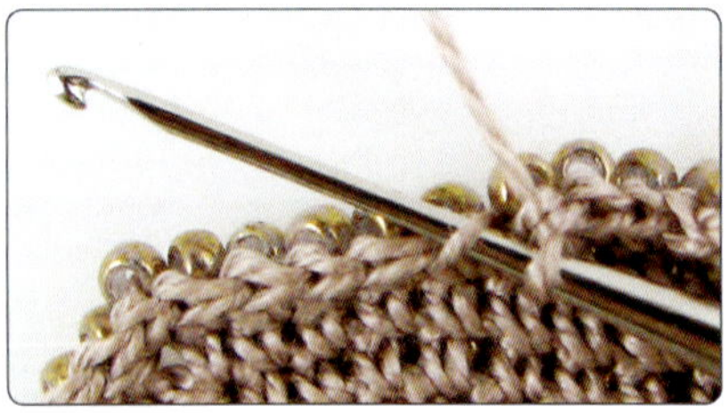

Vorn

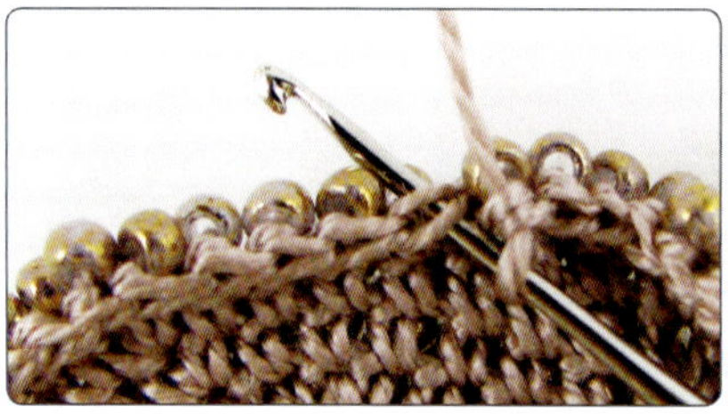

Gesamt

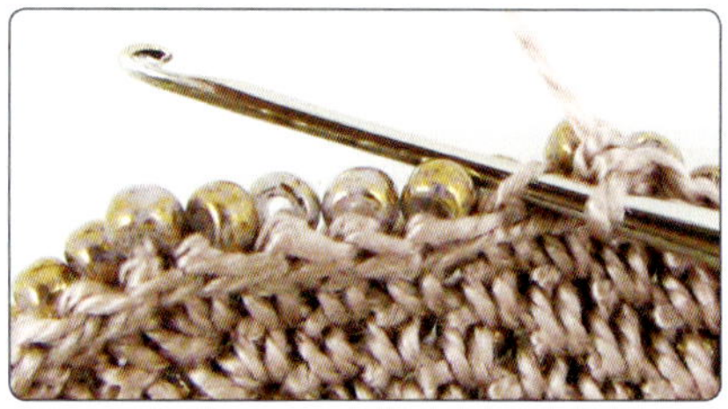

Hinten

Manche der Muster verlangen nach der Zunahme einer Masche während einer Runde. Dazu arbeiten Sie einfach zwei Maschen in dieselbe Masche der Vorrunde. Bei sechseckigen Grundformen arbeiten Sie sechs Zunahmen pro Runde.

Um eine Masche abzunehmen, ziehen Sie die Schlaufen wie für eine gewöhnliche feste Masche, wickeln dann jedoch das Garn nicht um die Häkelnadel, sondern stechen die Nadel durch die nächste Masche und ziehen eine weitere Schlaufe, sodass Sie nun drei Schlaufen auf der Häkelnadel haben. Schieben Sie die Perle jetzt an die Nadel heran, wickeln Sie das Garn um die Häkelnadel und ziehen Sie das Garn zugleich durch alle drei Schlaufen.

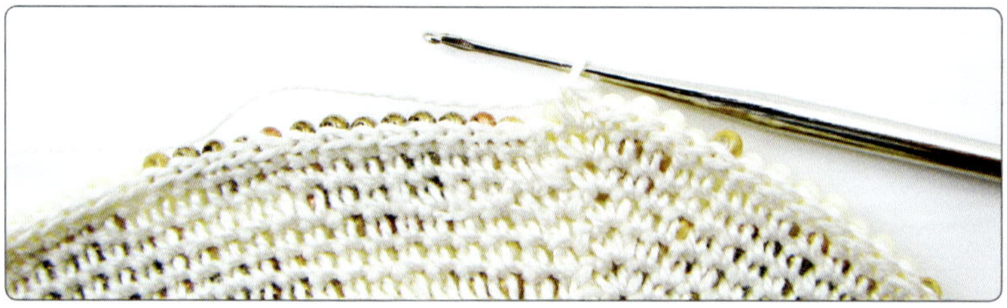

Eine Reihe von Zunahmen, gezeigt in einer sechseckigen Basis.

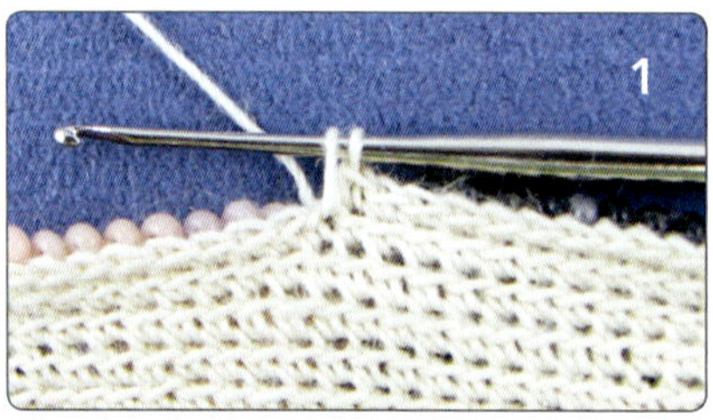

Ziehen Sie, wie bei einer normalen Masche, eine Schlaufe.

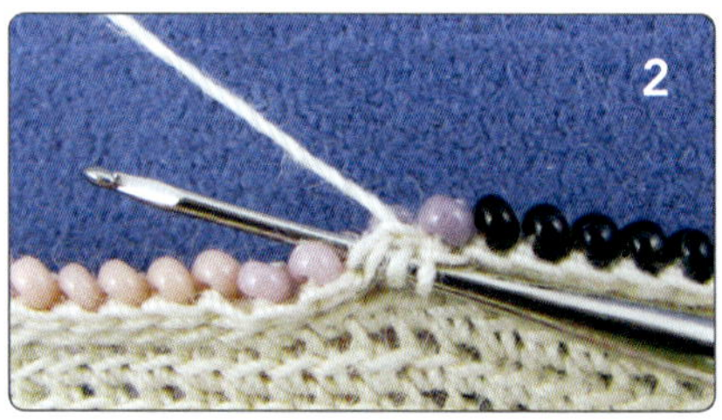

Stechen Sie die Häkelnadel durch die nächste Masche.

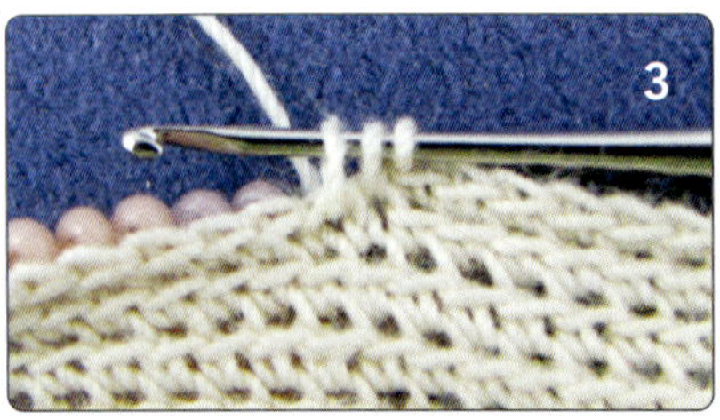

Ziehen Sie eine weitere Schlaufe, sodass Sie nun drei Schlaufen haben.

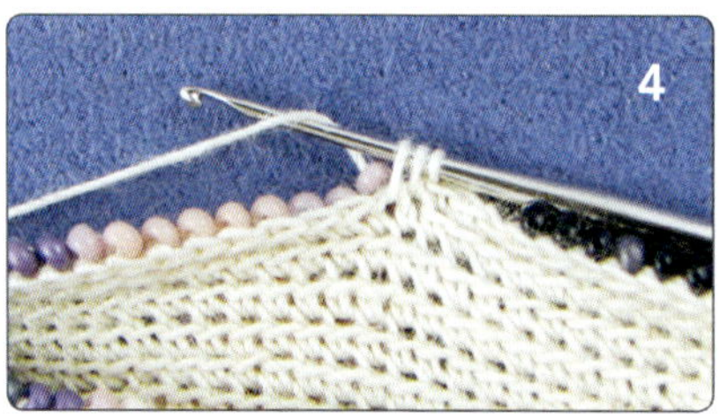

Wickeln Sie das Garn um die Nadel.

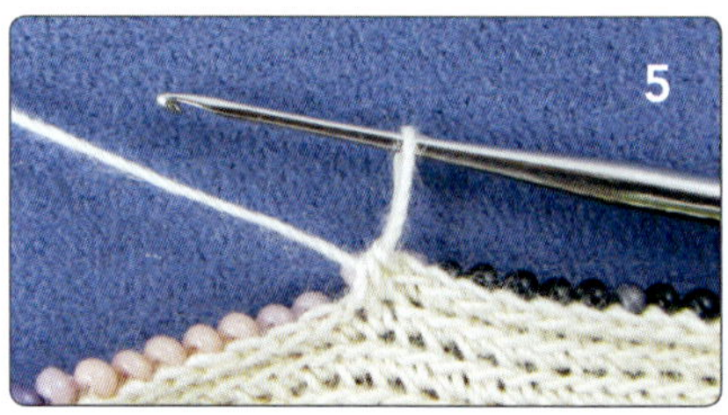

Ziehen Sie das Garn zugleich durch alle drei Schlaufen.

Mit dem Aufschritt in Runden arbeiten

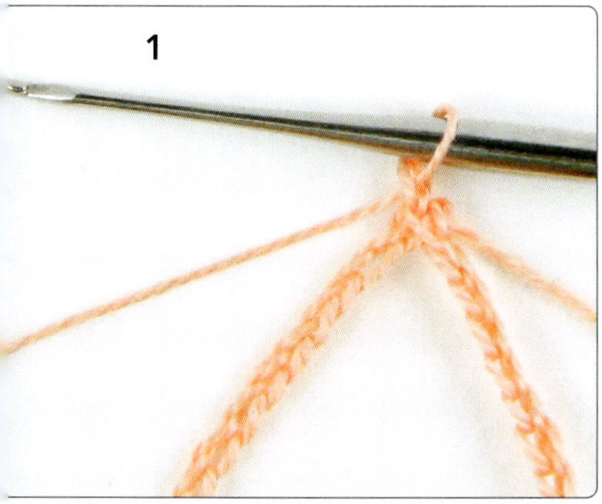

Arbeiten Sie nach der Verbindung durch eine Kettmasche eine Luftmasche.

Die meisten der in diesem Buch vorgestellten Projekte werden in Runden gearbeitet, wobei die Innenseite zu Ihnen zeigt und die Perlen von Ihnen weg weisen. Das Ergebnis ist eine Röhre, auch wenn es eher flach aussieht. Bei der sechseckigen Basis ist das anders, dazu später mehr.

Sie werden bemerken, dass das Arbeiten in der Runde, ordentlich ausgeführt, sehr wenig Verzerrung ergibt. Die Perlen liegen ordentlich übereinander und müssen nicht durch Aufspannen in Form gebracht werden (siehe Seite 20).

Zur Vorbereitung jeder Runde müssen Sie den Aufschritt arbeiten. Es ist sehr wichtig, dass Sie diese Technik beherrschen, denn der Erfolg des in der Runde gearbeiteten Projekts hängt davon ab.

Wenn Sie die letzte feste Masche der Runde beendet haben, verbinden Sie diese Masche mit der ersten Masche der Runde, indem Sie eine Kettmasche arbeiten. Achten Sie dabei auf Ihre Fadenspannung.

Wenn Sie die erste feste Masche der neuen Runde arbeiten möchten, stechen Sie die Häkelnadel durch dieselbe Stelle wie zuvor bei der Kettmasche. Dies wird immer die Oberseite der ersten festen Masche der Vorrunde sein.

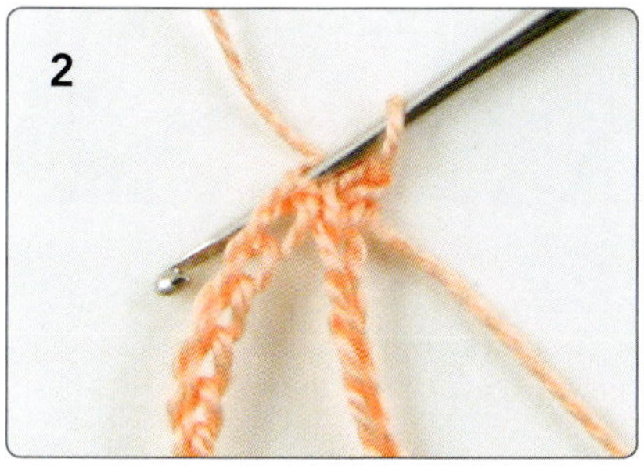

Stechen Sie die Häkelnadel durch dieselbe Masche wie bei der Kettmasche.

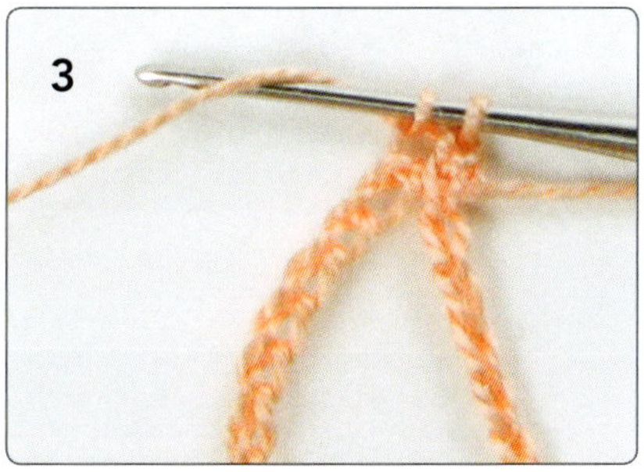

Arbeiten Sie die erste feste Masche der neuen Runde. Ziehen Sie dazu eine Schlaufe und wickeln Sie das Garn um die Häkelnadel.

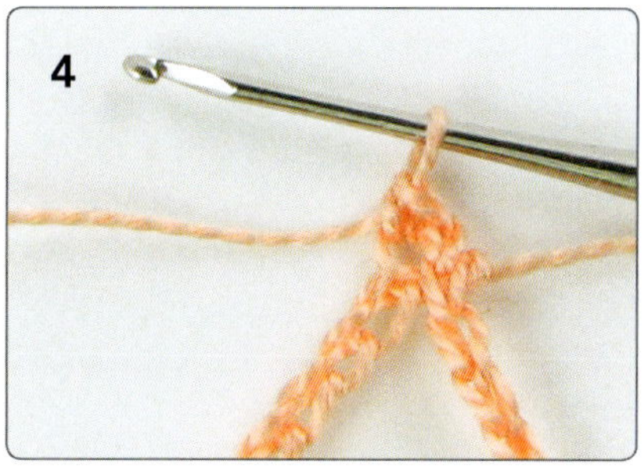

Ziehen Sie die Häkelnadel durch beide Schlaufen, um die erste Masche der neuen Runde fertigzustellen.

Bei einem flachen Design können Sie den Aufschritt immer an der Seitennaht positionieren, dies gibt dem fertigen Stück ein sehr akkurates Aussehen. Bei einer sechseckigen Grundform, welche wir in Kapitel 3 erkunden, wird der Aufschritt einfach an derselben Stelle wie die Zunahme gearbeitet.

Bei Arbeiten mit Seitenteilen positioniere ich den Aufschritt am liebsten in der Mitte des Seitenelements. Sie können ihn auch an jeder Ecke arbeiten, aber manchmal möchte man die Ecke mit einem Motiv verzieren und das kann verwirrend sein.

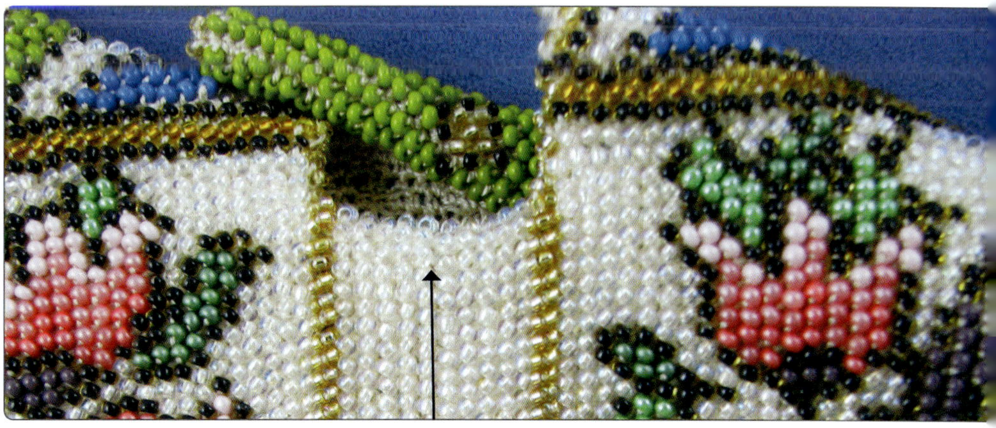

Der Aufschritt, positioniert in der Mitte des Seitenteils.

Garn ansetzen

Arbeiten Sie, um einen neuen Faden anzusetzen, eine Schlaufe an gewünschter Stelle, machen Sie eine Luftmasche und häkeln Sie dann eine feste Masche (mit oder ohne Perle, ganz, wie es das Muster vorgibt) an derselben Stelle wie die Schlaufe. Um das Fadenende zu sichern, häkeln Sie einfach zwei bis drei Maschen darüber hinweg.

Hin- und Rückreihen

Bei manchen Projekten werden Sie Hin- und Rückreihen anstelle von Runden arbeiten. Dies kann für Sie zuerst ein wenig abschreckend wirken, aber mit ein wenig Übung werden Sie sich daran gewöhnen. Ich verwende diese Technik nicht so häufig wie das Arbeiten in Runden, da das fertige Häkelgewebe dazu tendiert, sich zu verziehen. Sie können dies korrigieren, indem Sie die Arbeit dämpfen und aufspannen (siehe unten).

Diese Technik eignet sich gut für Überschläge und für die Stellen, an denen Sie einen Griff an der Tasche befestigen möchten. Wenn Sie in Hin- und Rückreihen arbeiten, müssen Sie besonders auf den Garnlauf achten. Bei den auf diese Weise gearbeiteten Projekten ist der Garnlauf in den Grafiken mit Pfeilen markiert, damit Sie die richtige Richtung der Reihe sehen können.

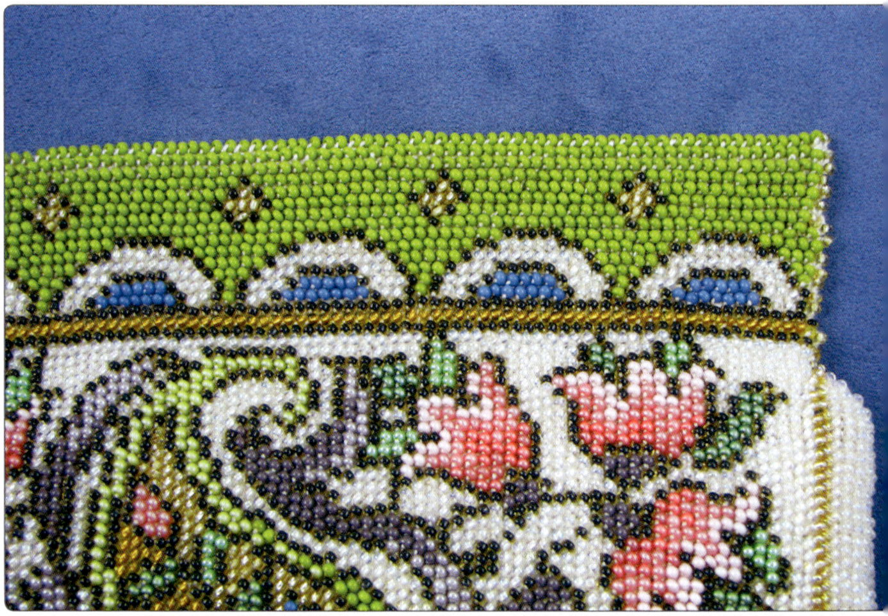

Ein in Hin- und Rückreihen gearbeiteter Bereich für einen Griff

Die mit Pfeilen markierte Reihen zeigen Hin- und Rückreihen an.

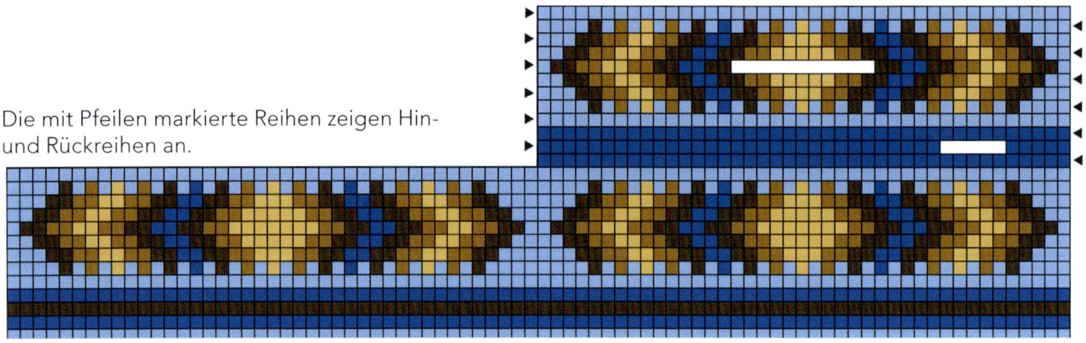

Dämpfen und Aufspannen

Um Ihre Häkelarbeit aufzuspannen, tränken Sie sie mit Wasser und rollen sie dann in ein Handtuch ein, um überschüssiges Wasser aufzufangen. Ziehen Sie das Stück in die gewünschte Form und verwenden Sie rostfreie Stecknadeln, um es auf Ihr Bügelbrett aufzuspannen. Lassen Sie das Stück komplett durchtrocknen, bevor Sie es abnehmen.

Eine einfachere Methode ist das Dämpfen. Legen Sie das Stück auf Ihr Bügelbrett und bedecken Sie es mit einem Geschirrhandtuch oder einem anderen dünnen, schützenden Gewebe. Verwenden Sie ein Dampfbügeleisen, lassen Sie die Häkelarbeit mit Dampf durchziehen und ziehen Sie sie in die gewünschte Form, bevor der Dampf abkühlt. Arbeiten Sie sehr vorsichtig! Perlen bestehen aus Glas und speichern Hitze, tragen Sie also Handschuhe oder einen anderen Schutz, während Sie das Stück in Form ziehen. Sie sollten das heiße Bügeleisen unter keinen Umständen direkt auf die Glasperlen halten.

Wenn Sie in Hin- und Rückreihen arbeiten, wechseln Sie am Ende jeder Reihe die Richtung und machen keinen Aufschritt. Arbeiten Sie, wenn Sie die Reihe beendet haben, eine Luftmasche und drehen Sie die Arbeit herum, sodass die Perlen nun zu Ihnen zeigen. Stechen Sie die Häkelnadel durch die letzte feste Masche der Vorreihe, führen Sie sie jedoch von hinten nach vorn. Führen Sie Ihr Garn auf der Vorderseite der Arbeit und schieben Sie eine Perle an die Arbeit heran. Positionieren Sie die Perle sehr dicht an der Arbeit, führen Sie das Garn unter der Häkelnadel hindurch und ziehen Sie das Garn durch die Masche, sodass Sie nun zwei Schlaufen auf der Nadel haben und die Perle in der Masche gefangen ist. Wickeln Sie das Garn von hinten nach vorn um die Häkelnadel und ziehen Sie es durch beide Schlaufen, um die Masche zu beenden. Die Perle sollte sich auf derselben Seite wie die Perlen der Vorreihe befinden.

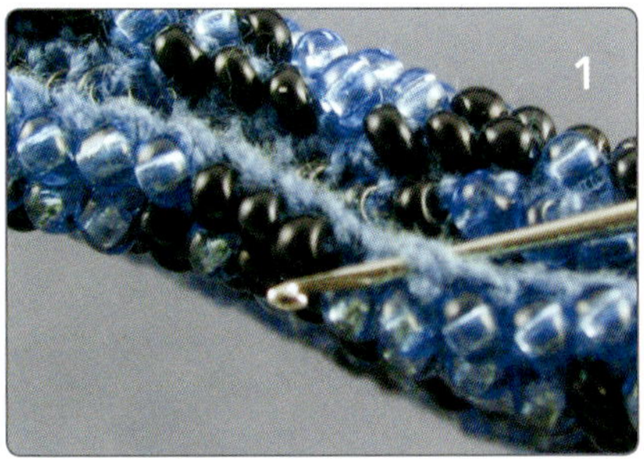

Stechen Sie die Häkelnadel von hinten nach vor durch die ganze Masche.

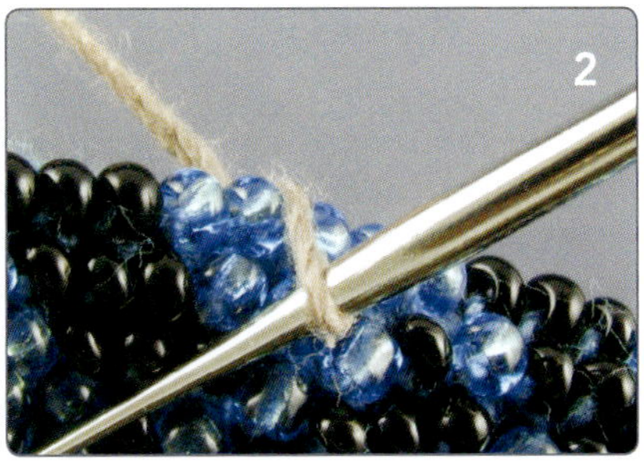

Ziehen Sie eine Schlaufe und arbeiten Sie eine Luftmasche (nur bei der ersten Masche der Runde).

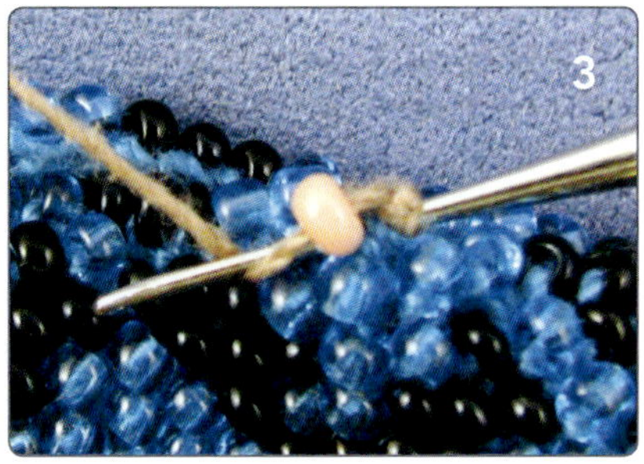

Schieben Sie eine Perle an die Arbeit und unter die Häkelnadel.

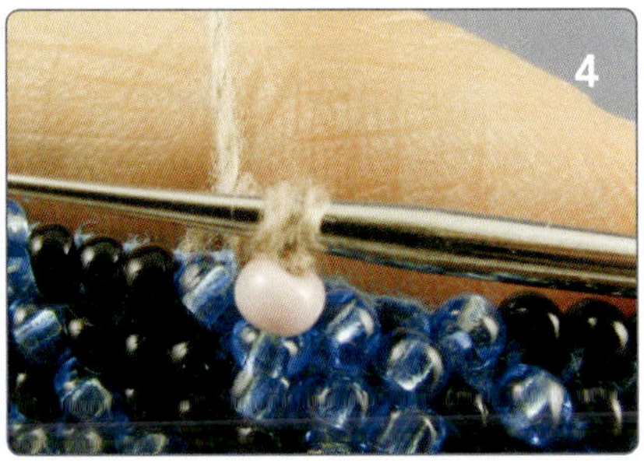

Ziehen Sie das Garn, sodass Sie zwei Schlaufen auf der Nadel haben.

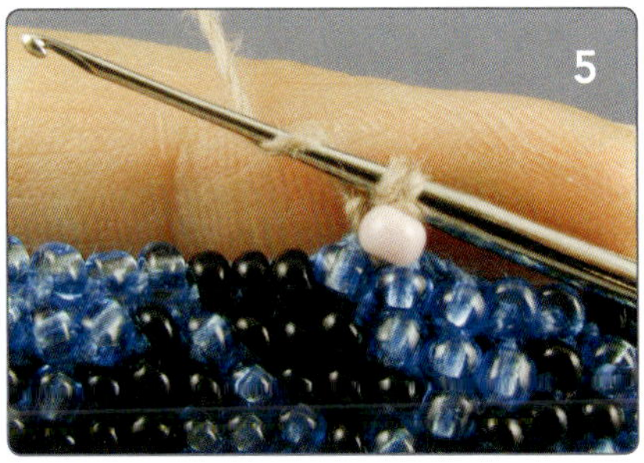

Wickeln Sie das Garn von hinten nach vorn um die Häkelnadel.

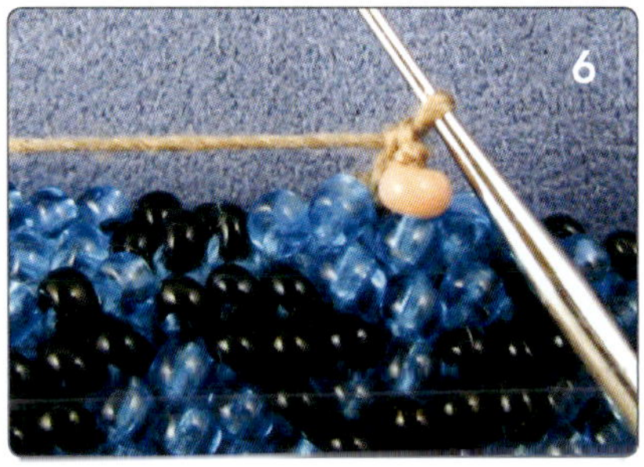

Ziehen Sie das Garn gleichzeitig durch beide Schlaufen und komplettieren Sie so die Rückmasche.

Führen Sie die Häkelnadel in allen folgenden Maschen der Rückreihe von hinten nach vorn durch die Masche, schieben Sie die Perle an die Arbeit, ziehen Sie die Schlaufe, wickeln Sie das Garn von hinten nach vorn über die Häkelnadel und ziehen Sie die Häkelnadel durch beide Schlaufen, um den Rückstich zu beenden (siehe Foto auf der rechten Seite).

Drehen Sie die Arbeit am Ende der Rückreihe, sodass die perlenlose Seite zu Ihnen zeigt. Arbeiten Sie eine Luftmasche, häkeln Sie die erste Masche wie gewohnt in die letzte Masche der Vorreihe und arbeiten Sie die Runde normal zu Ende.

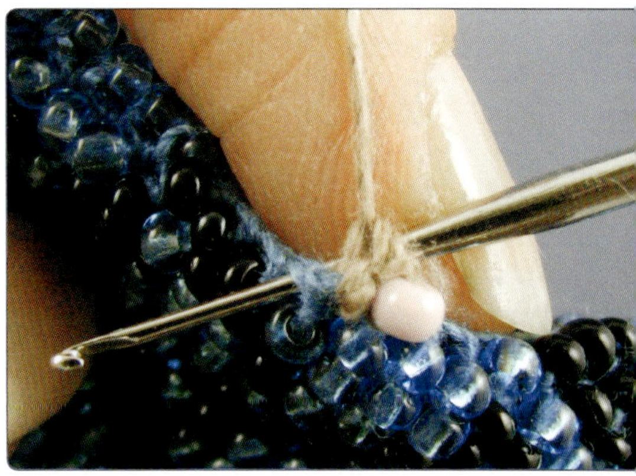

Kapitel 3

Techniken

Manche der Techniken in diesem Kapitel, wie das Auffädeln der Perlen, werden für alle folgenden Projekte benötigt. Andere werden nur nötig, wenn Sie ein Projekt mit Umschlag oder einer recht- oder sechseckigen Basis arbeiten möchten. Sie können bei Bedarf auch später immer noch hierher zurückblättern.

Auffädeln

Das Häkeln mit Perlen ist nicht wie das normale Häkeln, denn Sie müssen für die Projekte einiges an Vorarbeiten leisten. Als erstes müssen Sie die Perlen auf das Garn auffädeln. Wenn Sie sich einige größere Stück ansehen, werden Sie von selbst bemerken, dass das Auffädeln in Abschnitten geschehen muss. Und bevor wir weitergehen folgt hier der wichtigste Leitspruch für das Häkeln mit Perlen:

Die zuletzt aufgefädelte Perle eines Abschnitts wird die zuerst gehäkelte sein und die zuerst aufgefädelte Perle wird die zuletzt gehäkelte Perle sein.

Da die hier gezeigten Stücke alle am Boden begonnen werden, ist der erste Abschnitt der unterste und dann arbeiten Sie sich nach oben hoch. Den Fortschritt einer Arbeit können Sie in den Grafiken A bis D beobachten.

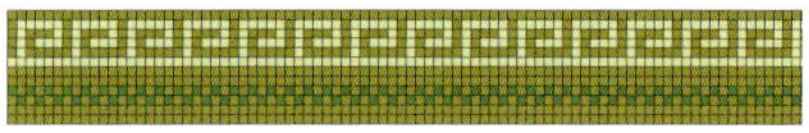

A

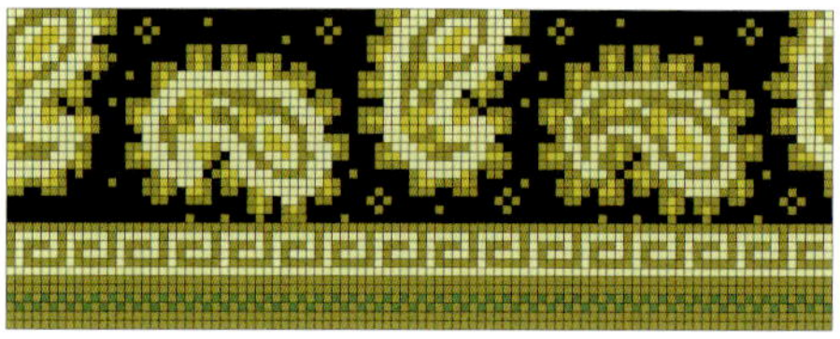

B

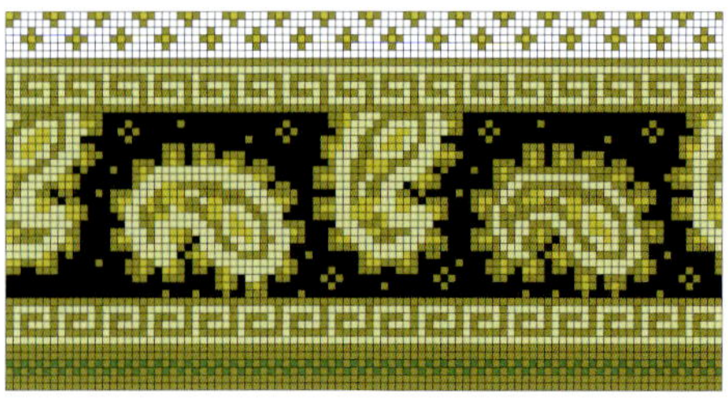

C

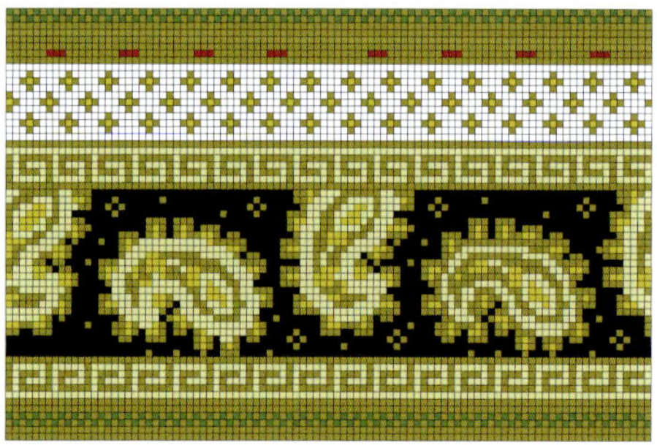

D

Die Muster für die Designs sind wie beim Kreuzstich dargestellt. Sie häkeln in waagerechten Runden und müssen somit auch in waagerechten Reihen auffädeln. Ich fädele meine Perlen immer von rechts nach links auf (beginnend mit der obersten Zeile des jeweiligen Abschnitts), da ich Rechtshänderin bin. Wäre ich Linkshänderin, würde ich vielleicht von links nach rechts auffädeln. Muster mit Buchstaben oder Zahlen sollten gespiegelt aufgefädelt werden, aber in den meisten Fällen spielt es keine Rolle, wie das Muster aufgenommen wird. Die meisten Vorlagen sehen in beiden Richtungen gut aus. Werfen Sie als Beispiel einen Blick auf die beiden Seiten des „Phoenix“ (siehe Seite 32); Sie werden sehen, dass der Vogel sowohl nach rechts, als auch nach links schauend gut aussieht.

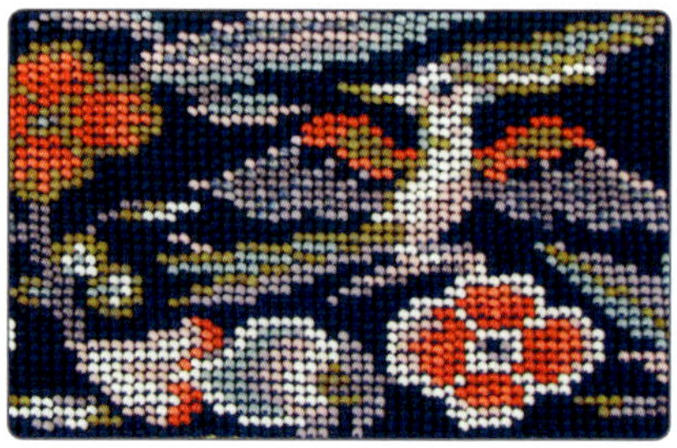

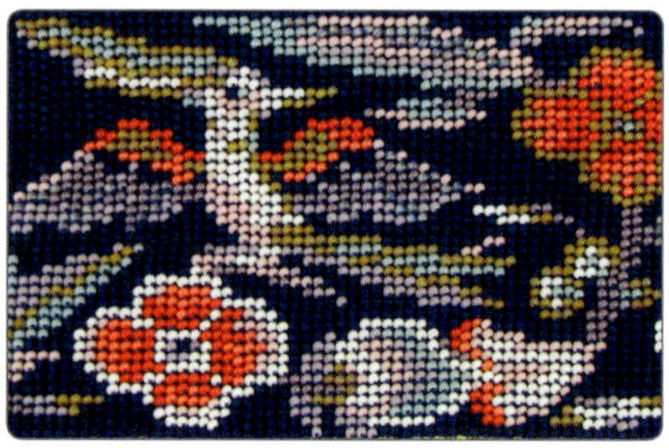

Ihre Auffädelrichtung müssen Sie für das gesamte Stück beibehalten. Normalweise fädele ich sieben bis zehn Runden am Stück auf, abhängig von der Länge der Runden. Wenn die Runden sehr lang sind, sagen wir 100 oder mehr Perlen, nehme ich nur drei bis vier Runden am Stück auf. Sie werden die für Sie bequeme Länge mit der Zeit herausfinden.

Beginnen Sie mit der obersten Runde des Abschnitts (denken Sie daran, die zuerst aufgefädelte Perle ist die zuletzt zu häkelnde Perle) und fügen Sie weitere Runden des Abschnitts von oben nach unten hinzu. Für den Fall einer Tasche mit zwei Seiten, fädeln Sie den Abschnitt zweimal auf, einmal für die Vorder- und einmal für die Rückseite, wenn die Anleitung nichts anderes sagt oder zwei verschiedene Muster vorgibt.

Tipp

Die Nadel einfädeln

Unabhängig von der gewählten Nadelsorte folgt ein Tipp, der das Einfädeln erleichtert: Feuchten Sie das Nadelöhr an, bevor Sie einfädeln. Die Feuchtigkeit im Nadelöhr wird das Garn hineinziehen. Feuchten Sie auch das Garnende an, drücken Sie es zwischen Ihren Fingerspitzen platt und schneiden Sie das Garn in einem leichten Winkel ab.

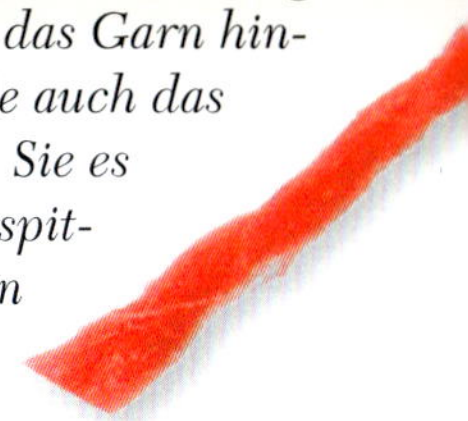

Die Runden verfolgen

Sie arbeiten jede Runde mit einer genau festgelegten Maschenanzahl; dieser sehr wichtige Teil ist auf Seite 19 beschrieben. Sie müssen in der Lage sein, das Ende einer Runde zu identifizieren, um den Aufschritt arbeiten und dann mit der nächsten Runde beginnen zu können. Es ist ebenso wichtig zu wissen, ob Ihre Runde korrekt aufgefädelt wurde. Wenn Sie beim Aufschritt keine Perlen übrig haben, stehen Ihre Chancen gut, dass Sie richtig aufgefädelt und gehäkelt haben. Sie müssen also einen Rundentrenner in Ihre Arbeit integrieren.

Wenn Sie Rundentrenner aus Papier verwenden, ist dies ganz einfach. Nehmen Sie eine alte Zeitung, schneiden Sie sich einen unbedruckten Streifen ab, nicht breiter als ca. 8 mm (Foto 1) und schneiden Sie diesen in kleine Quadrate (Foto 2). Beginnen Sie das Auffädeln eines Abschnitts oben und arbeiten Sie in der von Ihnen gewählten Richtung entlang der Reihe. Stechen Sie am Ende der Reihe die Nadel durch die Mitte eines Papierschnipsels und schieben Sie diesen immer gemeinsam mit den Perlen das Garn hinunter (Foto 3). Beim Häkeln reißen Sie das Stück Papier einfach heraus, wenn Sie das Ende der Runde erreicht haben.

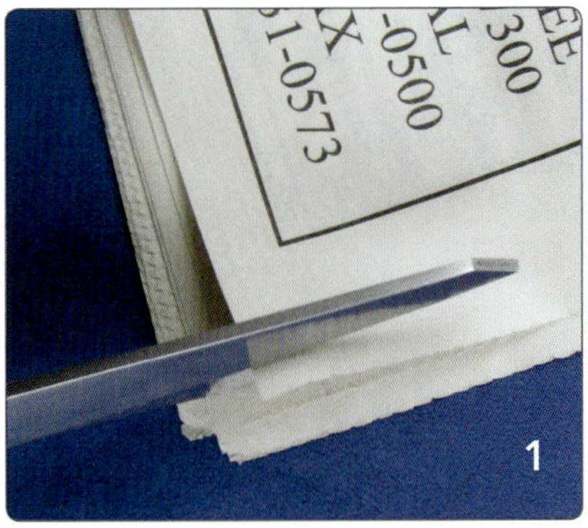

1

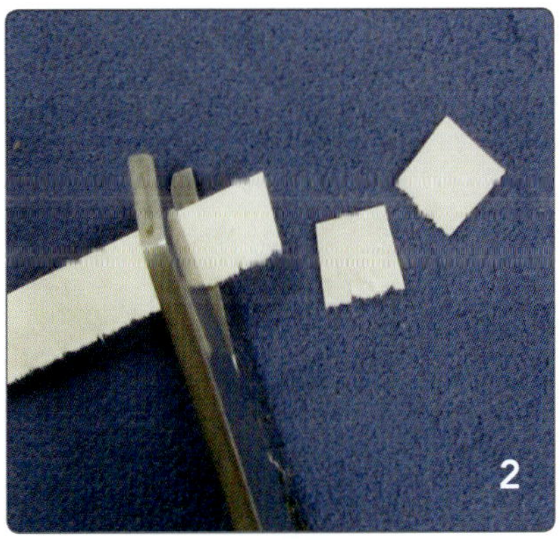

2

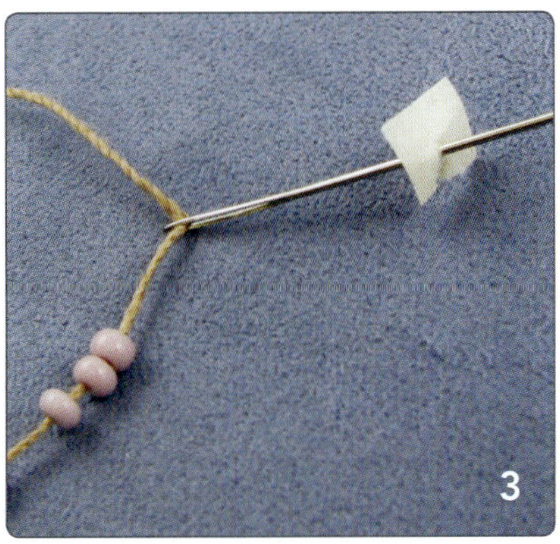

3

Fehler beheben

Es gibt verschiedene Wege, um mit Auffädel-Fehlern umzugehen. Wenn Sie Ihren Fehler entdecken, nachdem Sie erst einige wenige Perlen aufgefädelt haben, entfernen Sie sie einfach und fädeln erneut auf. Wenn Sie schon sehr viele Perlen nach der falschen Perle aufgefädelt haben, können Sie die falsche einfach mit einer Zange herausdrücken (dabei bitte immer einen Augenschutz tragen) (Foto 4). Wenn Sie eine Perle vergessen haben, binden Sie an der Stelle ein kleines Stück Faden um ihr Garn und wenn Sie die Stelle in der Runde erreichen, häkeln Sie die Masche ohne Perle und nähen diese später an ihren Platz (Foto 5).

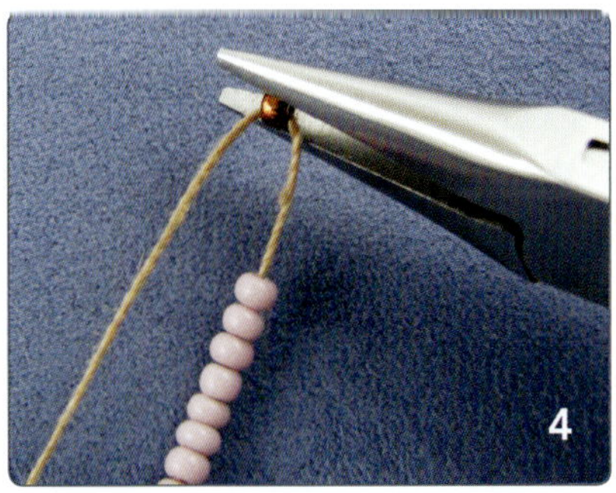

4

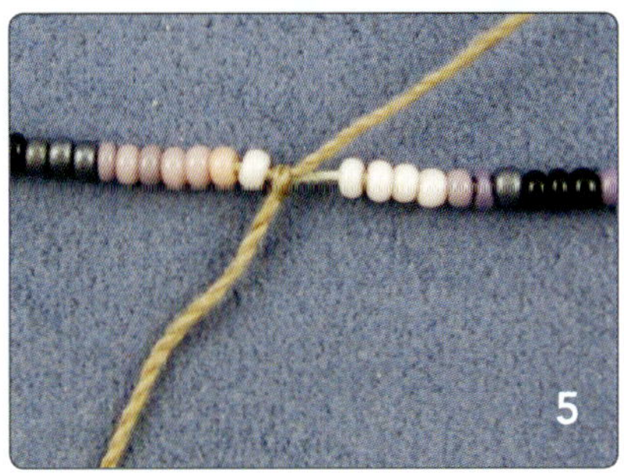

5

Glasperlenketten häkeln

Obwohl das Häkeln von Perlentaschen das eigentliche Thema des Buches ist, werden Sie die Technik des Glasperlenkettenhäkelns für einige Projekte benötigen. Vielleicht sind Sie damit schon vertraut, wenn nicht, beleuchten wir dies nun genauer.
Bevor Sie mit dem Häkeln beginnen können, müssen Sie die Anweisungen des jeweiligen Designs beachten und das Fädelmuster sowie die Anzahl der benötigten Wiederholungen nachschlagen. Nach dem Auffädeln machen Sie eine Schlinge, als würden Sie eine Luftmaschenkette beginnen wollen.
Arbeiten Sie sechs Luftmaschen mit Perlen darin. Schieben Sie dazu eine Perle bis an die Häkelnadel heran, wickeln Sie das Garn um die Häkelnadel und ziehen Sie es durch die Schlaufe.

Nach der Anfangsrunde besteht jede Masche aus fünf verschiedenen Schritten: REIN, RÜBER, RUNTER, RUM und DURCH.

Schritt 1: REIN

Führen Sie die Häkelnadel in die erste Luftmasche mit Perle. Stechen Sie dabei nicht mit der Häkelnadel durch das Garn oder das Fädelloch der Perle (Grafik 1).

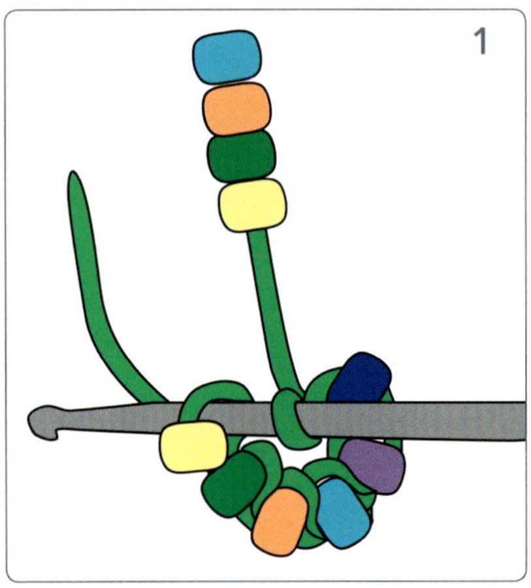

Schritt 2: RÜBER

Schieben Sie die Perle auf die Ihnen abgewandte Seite der Häkelnadel rüber. Dies ist ein wichtiger Schritt für das Gelingen des gesamten Prozesses, denn alle Perlen müssen auf der Außenseite der Röhre „landen". Das Garn, welches die aufgefädelten Perlen hält, muss sich rechts von dieser Perle befinden, wie Grafik 2 zeigt.

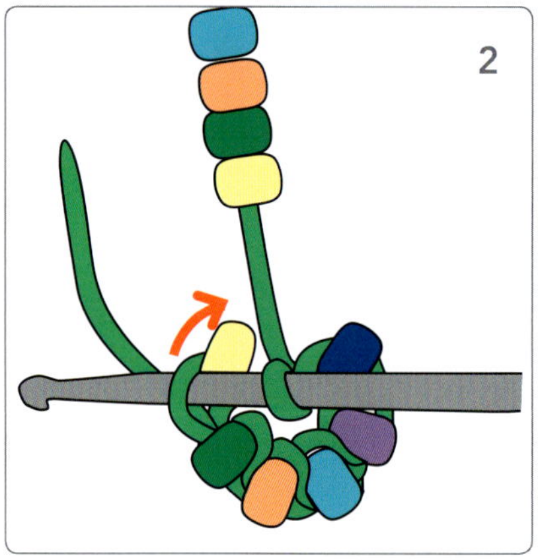

Schritt 3: RUNTER

Schieben Sie wie gezeigt eine Perle an die Häkelnadel. Das Garn muss sich rechts neben der Perle befinden, die in Grafik 2 über die Häkelnadel geschoben wurde. Wenn das Garn nicht rechts liegt, wird die Perle im Inneren der Röhre enden, wenn die Masche fertig ist.

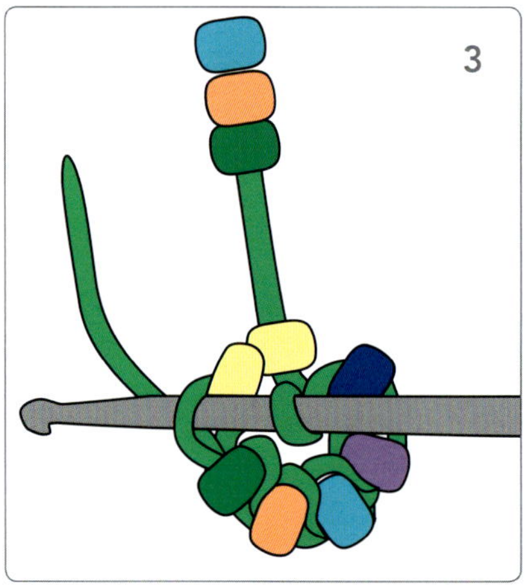

Schritt 4: RUM

Wickeln Sie das Garn von hinten nach vorn (zu Ihnen hin) um die Häkelnadel, sodass die neue Perle und die in Grafik 2 über die Häkelnadel geschobene Perle, sich berühren. Das neue Garn wird sich über die Schlaufe auf der Häkelnadel legen.

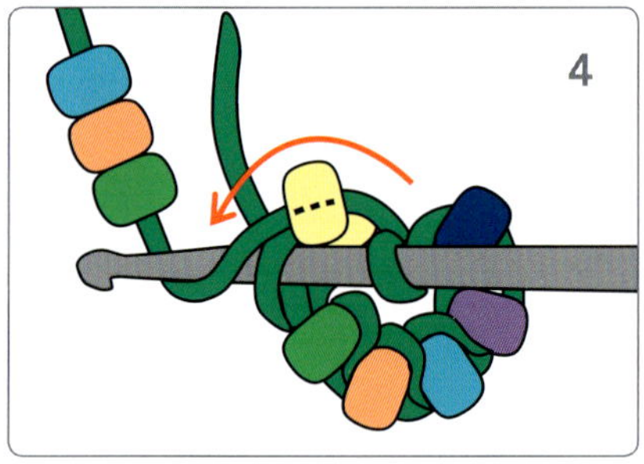

Schritt 5: DURCH

Sie haben jetzt zwei Schlaufen auf der Häkelnadel und das Garn ist um die Nadel gewickelt. Ziehen Sie das gewickelte Garn durch beide Schlaufen.
Hinweis: Sie können das gewickelte Garn auch einzeln durch die Schlaufen ziehen und zwei Bewegungen machen, bis Sie etwas mehr Übung haben.

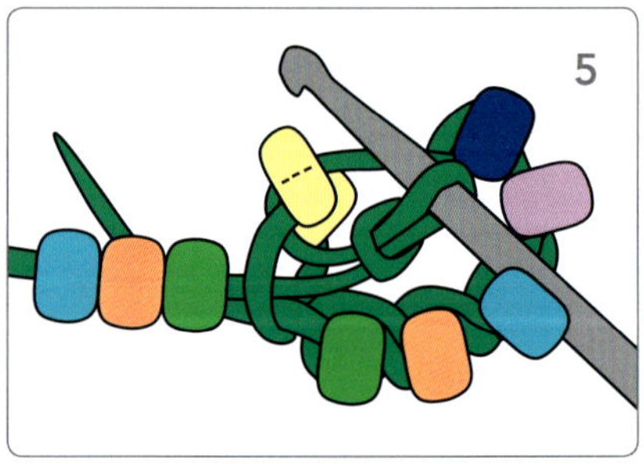

Dies vollendet die Runde: Wiederholen Sie die fünf Schritte bis Sie sechs Maschen gearbeitet haben. Das Foto rechts zeigt die Kette nach einigen Runden.

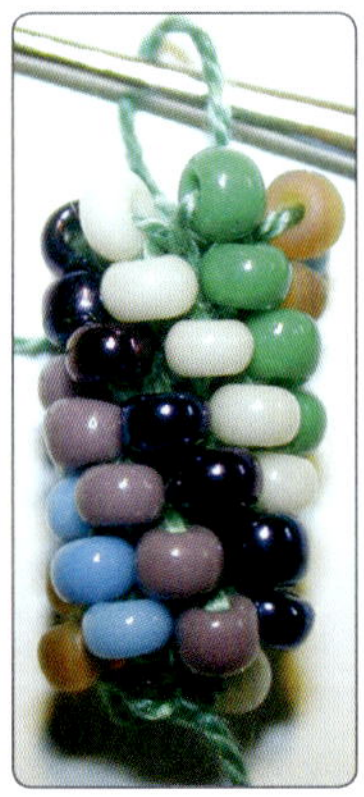

Unsichtbares Verbinden

Manchmal müssen Sie Ihre Häkelkette zu einem Ring verbinden. Die Technik dazu ist in den folgenden drei Schritten mit Grafiken erklärt.

Ein wichtiger Hinweis: Sie müssen Ihre Kette mit der letzten Perle des Rapports beenden. Dies ist erforderlich, damit das Muster nach dem Verbinden vollständig bleibt. In den gezeigten Grafiken stellen die blauen Perlen die zuletzt gehäkelte und die beigefarbenen die zuerst gehäkelte Runde dar.

Schritt 1

Achten Sie darauf, dass, wenn Sie eine Kette mit Muster arbeiten, sich der Anfang und das Ende der Kette im Muster ergänzen. Mit anderen Worten, wenn Sie am Ende der Kette mit den Perlen der ersten Runde weiter häkeln würden, wäre das Muster korrekt. Wenn Sie dies sichergestellt haben, lassen ca. 30 cm Garnrest übrig, schneiden Sie den Endfaden (in rot dargestellt) ab, und sichern Sie diesen, indem Sie ihn durch die Schlaufe auf Ihrer Häkelnadel ziehen. Fädeln Sie den Garnrest vom Anfang der Kette in eine Nadel ein und lassen Sie diesen verschwinden, indem Sie die Nadel in die Kette hinein und dann ein Stück weiter durch das Häkelgewebe nach draußen ziehen. Passen Sie auf, dass Sie die Nadel nicht durch die Fädellöcher der Perlen stechen, dies würde die Kette verziehen.

Fädeln Sie den Garnrest vom Ende der Kette in eine Nadel und führen Sie ihn durch die letzte Perle der vorletzten Runde. Legen Sie das Ende und den Anfang der Kette passend zusammen, wie Grafik 1 zeigt.

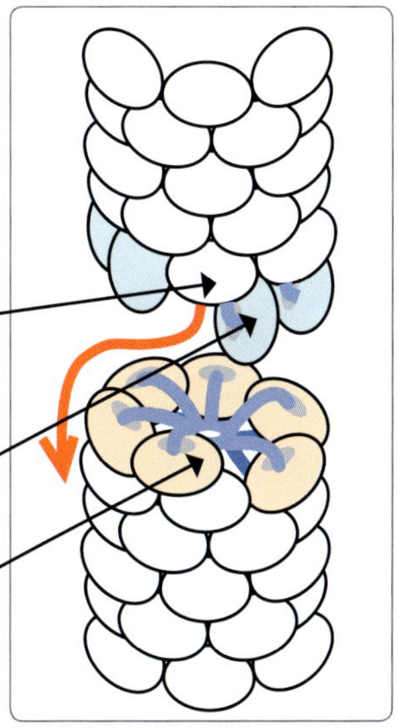

1

Schritt 2

Folgen Sie dem in Grafik 2 dargestellten Fadenlauf. Die dunkelblauen Punkte zeigen das Garn, welches die jeweilige Perle an ihrem Platz hält. Der Faden muss nach genau diesem Muster geführt werden, damit die Verbindung nahtlos erscheint.

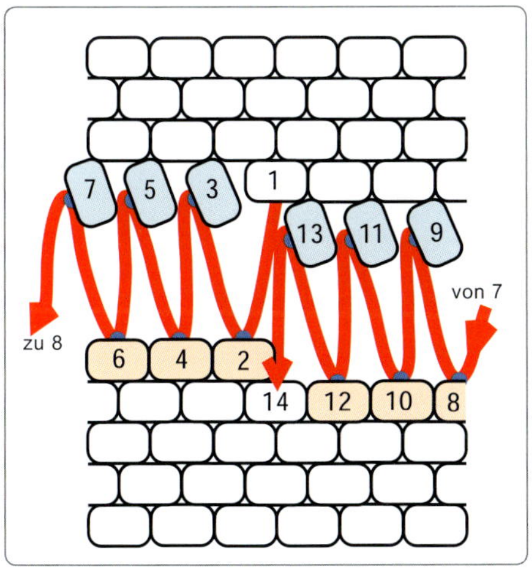

2

Schritt 3

Halten Sie, wenn Sie fortfahren, die Kettenenden dicht beieinander und ziehen Sie am Faden. Nun sollten Sie bemerken können (siehe Grafik 3, Perle Nummer 3), dass sich die Perlen der letzten Runde (blau) in ihre waagerechte Position schieben und so erscheinen, als wären Sie mit den Perlen der Anfangsrunde (beige) verhäkelt. Fahren Sie um die Kette herum fort, bis beide Enden gut miteinander verbunden sind. Vielleicht sind Sie versucht, weiter durch die Perlen zu fädeln, um die Verbindung noch zu verstärken; Sie können eine weitere komplette Runde arbeiten. Sichern Sie das übrige Garn im Gewebe und achten Sie dabei auf, dass Sie nur durch das Gewebe stechen und nicht durch die Perlen. Wenn Sie sicher sind, dass der Faden gut vernäht ist, schneiden Sie ihn ab und achten Sie darauf, dabei nicht in das Garn zu schneiden, welches die Perlen hält.

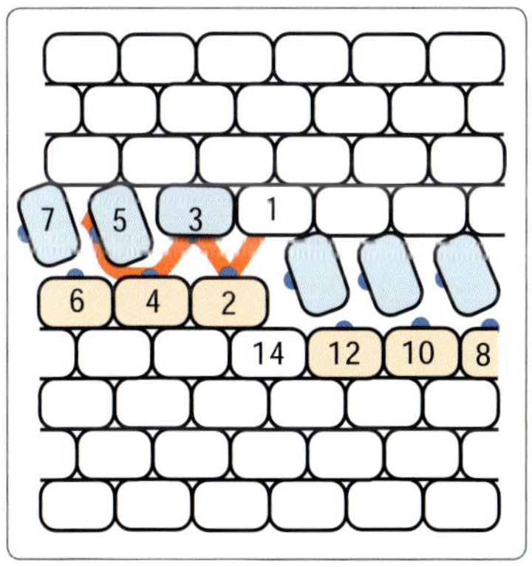

3

Umschläge hinzufügen

Abhängig davon, wofür Ihr Häkelprojekt benutzt werden wird, möchten Sie vielleicht an einem offenen Ende einen Umschlag hinzufügen. Ein kleiner Umschlag stabilisiert die Öffnung und erzeugt ein professionelles Aussehen.

Arbeiten Sie einfach mit Ihrem Garn drei oder vier Runden feste Maschen ohne Perlen. Lassen Sie ein sehr langes Garnende, vielleicht 1 m oder mehr übrig. Sichern Sie das Garn, indem Sie es durch die letzte Schlaufe ziehen.

Arbeiten Sie nun verdeckte Stiche mit einer spitzen Nadel, um den Umschlag flach auf die Innenseite der Häkelarbeit zu nähen. Sie brauchen nicht mehr als drei Stiche pro 1 cm. Ziehen Sie nicht zu fest am Garn, da der Umschlag sich sonst kräuselt; ziehen Sie sanft, sodass der Umschlag sich auf die Häkelarbeit legt. Sichern Sie das Garn, wenn der Umschlag angenäht wurde, in der Häkelarbeit und schneiden Sie es ab.

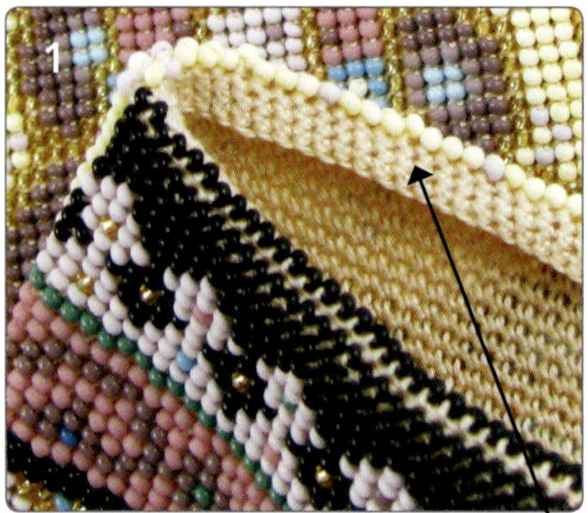

Drei oder vier Reihen fester Maschen ohne Perlen

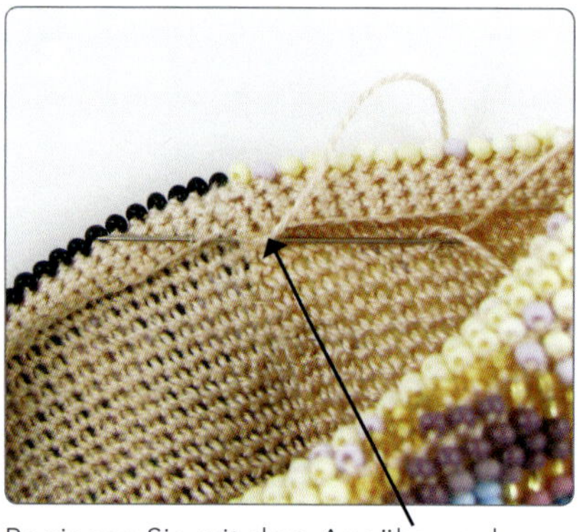

Beginnen Sie mit dem Annähen nah beim Aufschritt.

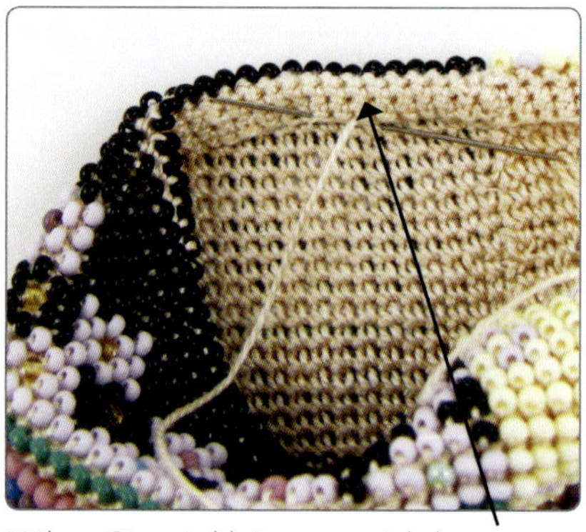

Nähen Sie mit kleinen, unsichtbaren Stichen und dem selben Garn.

Ein offenes Ende schließen

In manchen Fällen ist der Anfangsbereich automatisch geschlossen, so wie bei einem Projekt mit einer sechs- oder rechteckigen Basis. Wenn Sie aber eine einfache Röhre, wie bei einer Tasche für einen MP3-Player oder einem Brillenetui, arbeiten, haben Sie am Ende zwei offene Seiten. Vielleicht versehen Sie die Oberseite mit einem Umschlag, die Unterseite werden Sie schließen müssen.

Wie beim Umschlag erzielen Sie das beste Ergebnis, wenn Sie das Häkelgarn verwenden, um die Öffnung zu schließen. Es ist nahezu unmöglich, einen perfekten Anfang zu erreichen, also ist es eine gute Idee, das offene Ende zu bügeln, bevor es zusammengenäht wird. Dies bändigt ungenaue Maschen und macht es leichter handhabbar.

Drücken Sie das Ende der Häkelarbeit zwischen Ihren Fingerspitzen zusammen und nähen Sie durch die Endreihe, um sie zu verbinden. Ihr Häkelgarn wird unsichtbar sein. Arbeiten Sie Ihre Stiche weniger als 6 mm auseinander, damit sie stabil sind, und nähen Sie am Ende in der Gegenrichtung zurück, um weitere Stabilität zu erhalten. Wenn das Ende gut geschlossen ist, vernähen Sie das Garn und schneiden es ab.

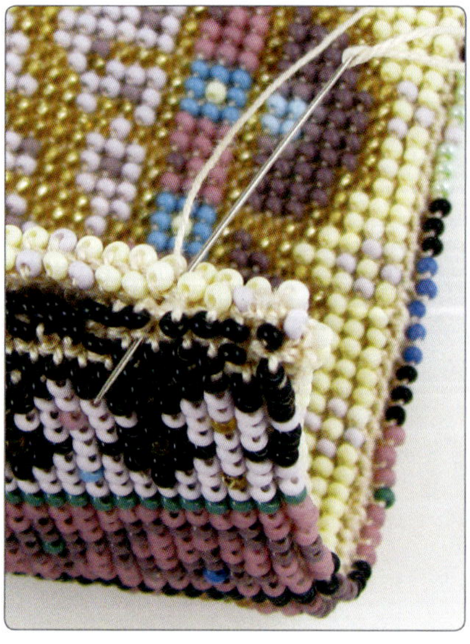

Eine rechteckige Basis anfertigen

Ein wichtiger Teil der Konstruktion eines dreidimensionalen Stückes mit Seitenteilen und Ecken ist die rechteckige Basis. Bei den Hin- und Rückreihen auf Seite 20 wurde dies kurz beleuchtet. In Runden gearbeitete Designs mit Seitenteilen beginnen normalerweise mit einer rechteckigen Basis, welche bei einem in Runden gearbeiteten, flachen Design den Platz der Luftmaschenkette einnimmt. Sie werden Ihre erste Runde des Musterbereichs am äußeren Rand der rechteckigen Basis beginnen. Grafik A und B zeigen einen Überblick, wie die Seitenteile auf einer rechteckigen Basis aufgebaut sind.

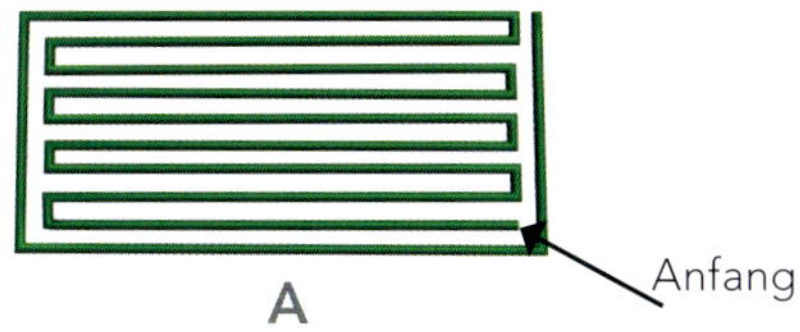

A

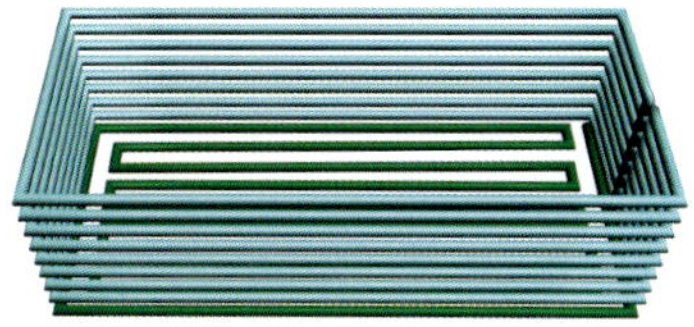

B

Grafik C zeigt die Richtung der Maschen, beginnend an der inneren Ecke rechts unten. Die rot eingefärbten Symbole zeigen die Eckwenden beim Aufbau der rechteckigen Basis.

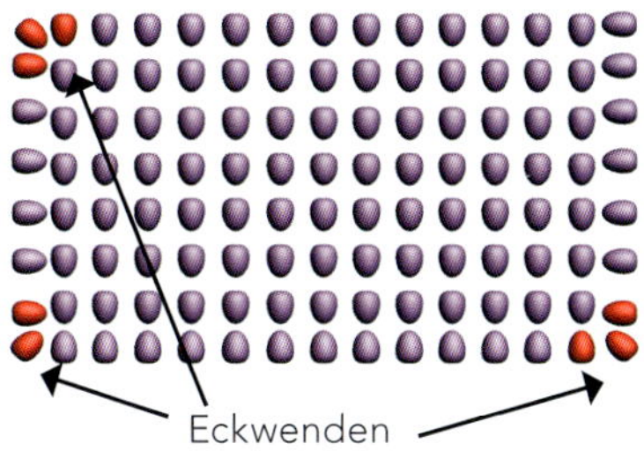

C

Das Rechteck selbst beginnt mit einer Luftmaschenkette. Für die Projekte im Buch, die eine rechteckige Basis beinhalten, ist die dafür benötigte Anzahl der Luftmaschen angegeben. Wenn Sie eigene Muster entwerfen, beginnen Sie mit einer Luftmaschenkette, die eine Masche weniger als die Anzahl der Maschen der ersten Musterreihe enthält.

Sie arbeiten in Hin- und Rückreihen. Die Anzahl der Reihen ist eine weniger als die Breite des Seitenteils. Schauen Sie auf Grafik D, wenn Sie folgende Schritte arbeiten:

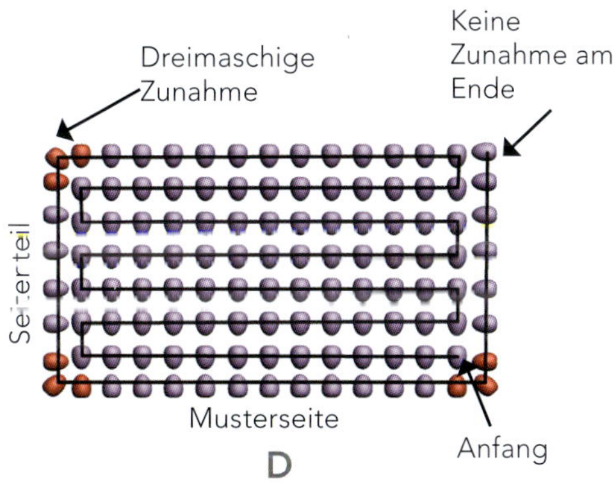

D

Schritt 1

Arbeiten Sie Hin- und Rückreihen, bis Sie eine Reihe weniger als die benötigte Anzahl an Reihen für die Breite des Seitenteils haben.

Schritt 2

Arbeiten Sie in der letzten Masche der letzten Reihe drei feste Maschen mit Perlen und somit eine rechtwinklige Ecke (rote Perlen).

Schritt 3

Arbeiten Sie die Seite entlang und häkeln Sie jeweils eine feste Masche mit Perle in jede Masche jeder Reihe, bis auf die letzte. Arbeiten Sie wieder drei feste Maschen mit Perlen in die Endmasche und somit die zweite rechtwinklige Ecke.

Schritt 4

Arbeiten Sie Masche auf Masche die dritte Seite entlang, bis auf die letzte Masche. Häkeln Sie dort nochmals drei festen Maschen mit Perlen in die Endmasche und somit die dritte rechtwinklige Ecke.

Schritt 5

Arbeiten Sie die letzte Seite entlang; wieder je eine Masche in jede Masche und häkeln Sie eine feste Masche mit Perle in die letzte Masche.

Schritt 6

Die Seite der rechteckigen Basis hat dieselbe Anzahl Maschen wie die Musterseite, wie Grafik E zeigt.

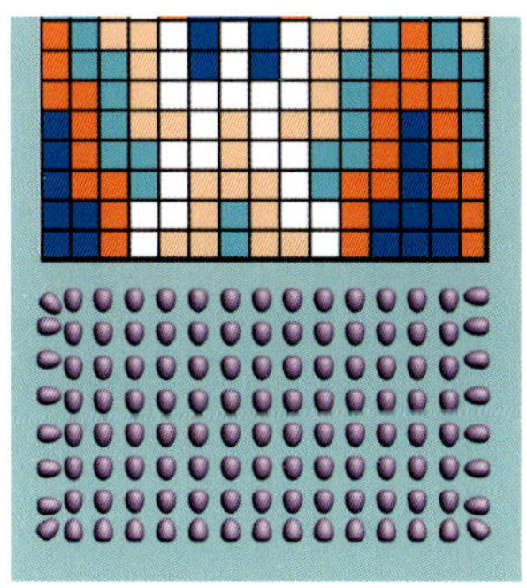

E

Eine sechseckige Basis anfertigen

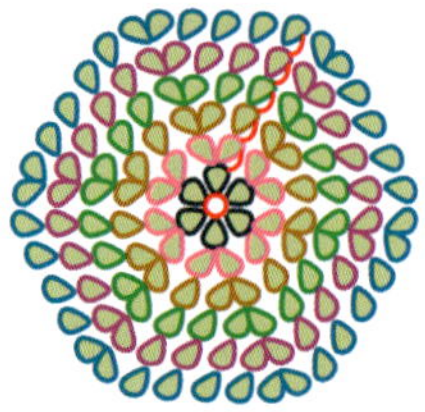

Sämtliche runde Designs des Buchs sind auf einer sechseckigen Basis aufgebaut. Wie der Name schon sagt, ist dies ein geometrisches Muster, basierend auf sechs Seiten. Da das Garn sehr flexibel ist, wird aus dem Sechseck ein Kreis. Wenn Sie mit nur einer Farbe arbeiten, folgen Sie der Anleitung des Projekts hinsichtlich der Anzahl der Runden und der angegebenen Perlenfarbe. Wenn ein Muster gearbeitet werden soll, folgen Sie einer Grafik, wie der rechts gezeigten.

Die sechseckige Basis beginnt mit einer Luftmaschenkette aus sechs Luftmaschen ohne Perlen (Foto 1). Diese Kette wird mit einer Kettmasche zu einem Kreis verbunden (Foto 2 und 3). Arbeiten Sie eine Luftmasche ohne Perle und dann sechs feste Masche mit Perlen (Foto 4 und 5). Verbergen Sie den Garnrest in diesen Maschen, während Sie häkeln, und passen Sie auf, dass Sie nicht durch das Garn stechen (Foto 6). Sie benötigen das Garn später, um den Anfangskreis zusammenzuziehen. Verbinden Sie die Runde und machen Sie den Aufschritt.

Arbeiten Sie eine feste Masche mit Perle in die erste Masche (die erste Masche der Vorrunde). Häkeln Sie dann zwei feste Maschen mit Perle in die zweite Masche. Sie haben eine Zunahme gearbeitet und aus zwei Maschen drei Maschen gemacht. Arbeiten Sie eine in die nächste und zwei Maschen in die folgende Masche. Wiederholen Sie dieses „Eine Masche, zwei Maschen“-Muster die Runde herum und beenden Sie die Runde.

Arbeiten Sie den Aufschritt, wie auch bei jeder folgenden Runde. Der Aufschritt wird in der sechseckigen Basis genauso wie gewohnt gearbeitet. Verbinden Sie die letzte mit der ersten Masche mit einer Kettmasche. Beginnen Sie die Runde mit einer festen Masche mit Perle in derselben Masche wie die Kettmasche. Arbeiten Sie jetzt eine weitere Masche mit Perle in dieselbe Masche und somit eine Zunahme. Häkeln Sie je zwei Maschen mit Perlen in die verbliebenen fünf Maschen der Runde (Foto 7).

Arbeiten Sie wieder einen Aufschritt. Häkeln Sie eine Masche mit Perle in die erste Masche, dann zwei Maschen in die nächste Masche. Wie Sie sehen, liegen alle Zunahmen der sechseckigen Basis in der zweiten Masche der Vorrunde.

Machen Sie nun Gebrauch vom eingehäkelten Garnende. Foto 9 zeigt die Außenseite bevor Sie am Fadenende ziehen und Foto 10 zeigt wie die Außenseite aussieht, nachdem Sie das Garn stramm gezogen haben. Wie Sie sehen, macht dies einen Unterschied im Erscheinungsbild.

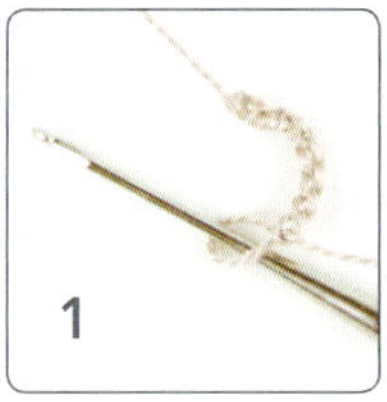

Sechs Luftmaschen

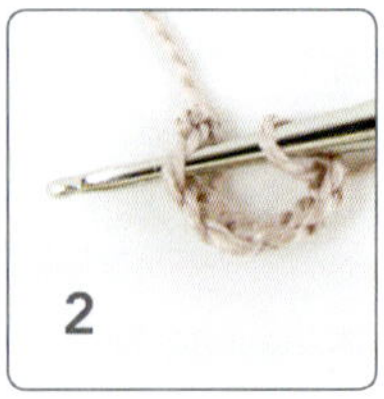

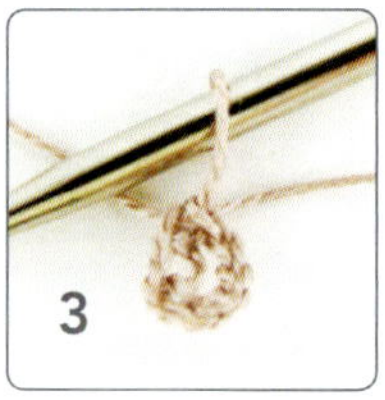

Mit einer Kettmasche verbunden

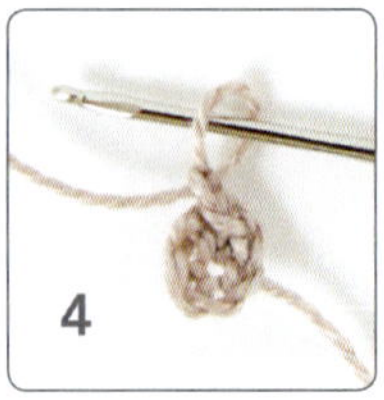

Eine Luftmasche

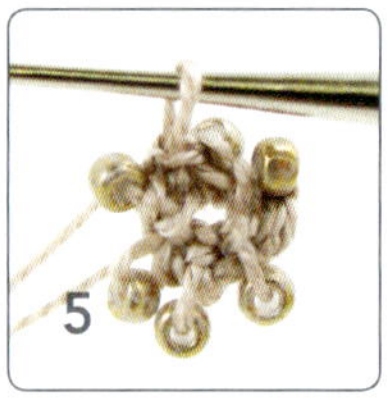

Sechs feste Maschen mit Perlen

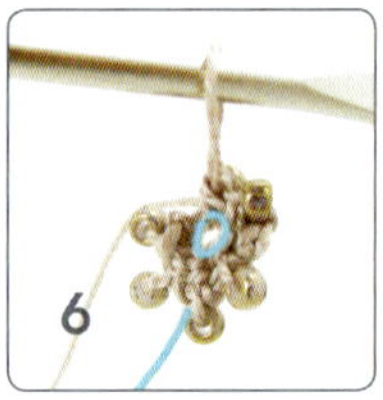

Den Garnrest in die Maschen einhäkeln.

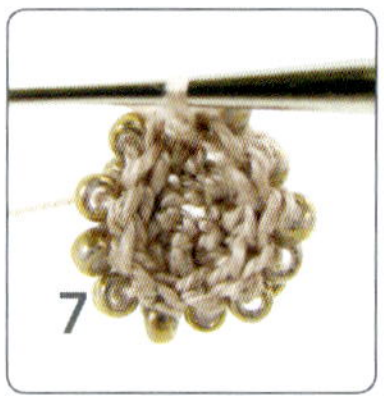

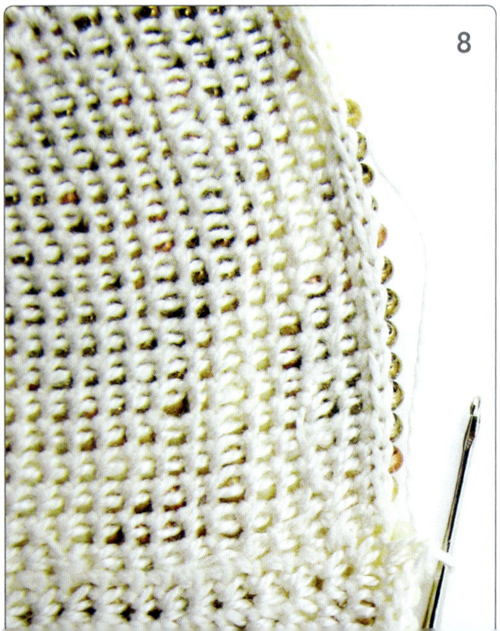

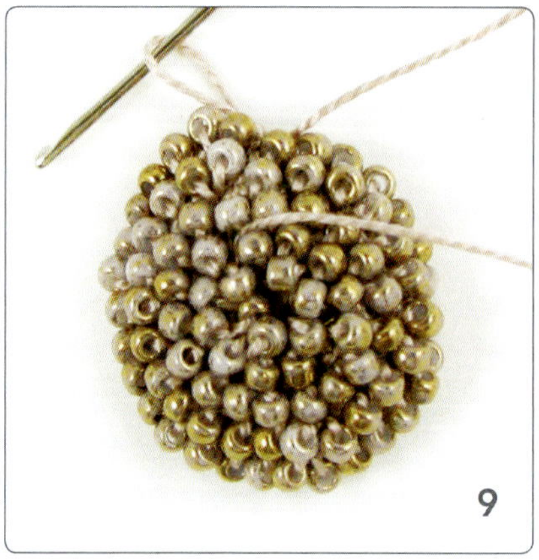

Noch nicht am Garnrest gezogen

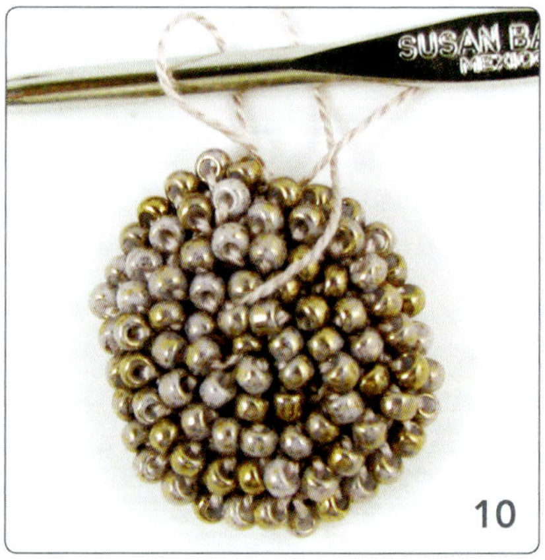

Nachdem am Garnrest gezogen wurde

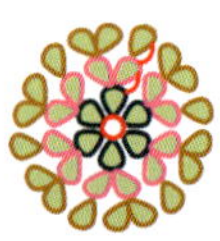

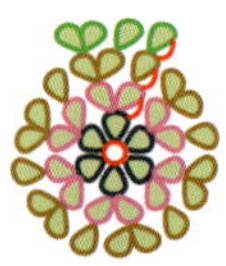

Der Rand des Sechsecks neigt dazu, sich nach innen zu rollen, besonders, wenn Ihre Fadenspannung hoch ist, oder Ihre Perlen eher groß ausfallen. Sie können dies einfach korrigieren, indem Sie das Stück Aufspannen oder Dämpfen (siehe Seite 20). Das Sechseck kann für eine kleine Tasche verwendet werden, wie bei dem links unten gezeigten Täschchen. In vielen Fällen jedoch werden Sie aus der Außenrunde des Sechsecks Seitenwände heraushäkeln, wie hier bei der Unterseite der „Lotus Purse" gezeigt (unten rechts). Das Muster der Seitenwand sollte dieselbe Anzahl an Maschen haben, wie die äußere Runde der Basis.

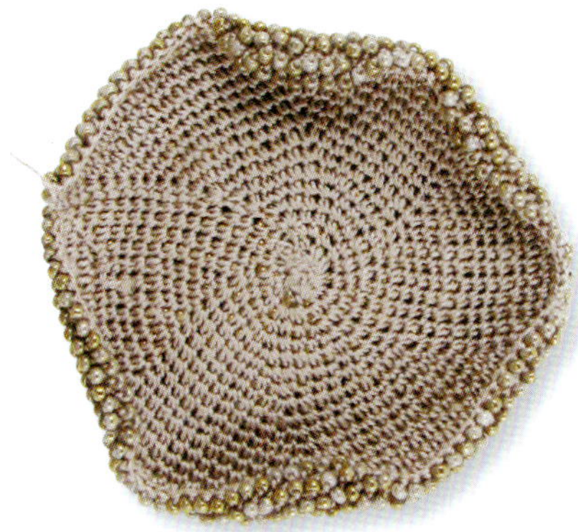

Ungebügelt

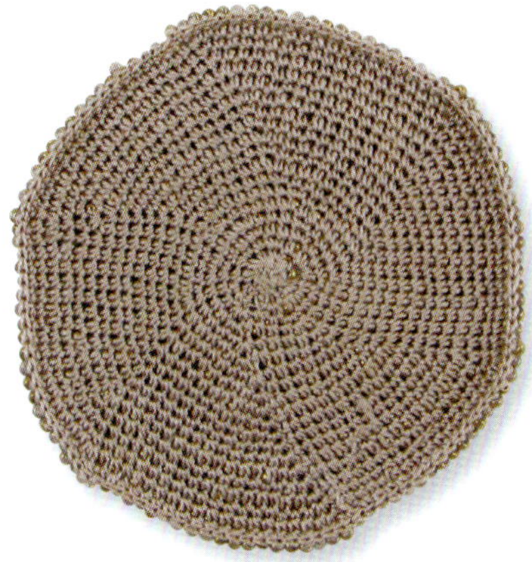

Gebügelt

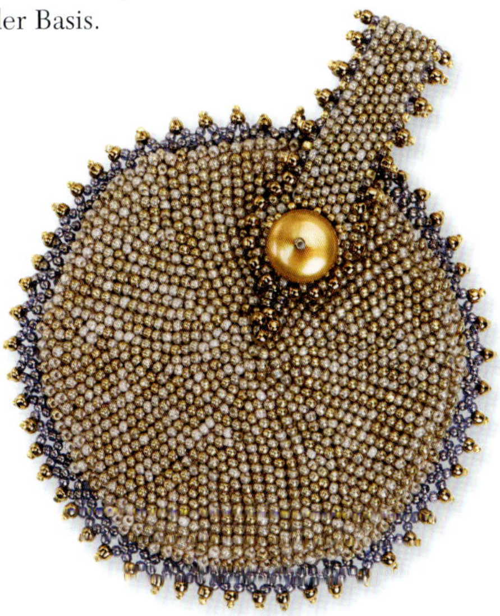

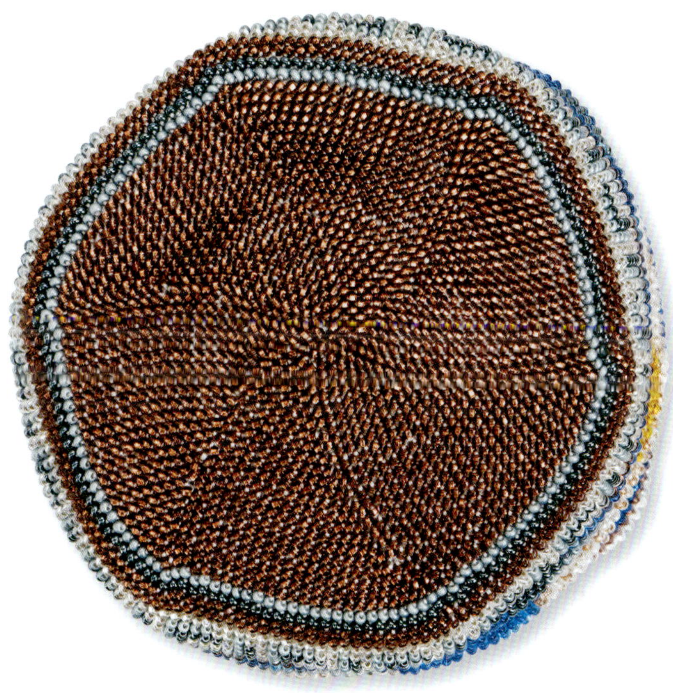

Kapitel 4

Basismuster

Dies sind die Muster, mit denen Sie beginnen sollten. Lassen Sie sich nicht durch die aufwendigen Designs täuschen – für die Anfertigung dieser Schätze brauchen Sie keine besonderen Tricks!

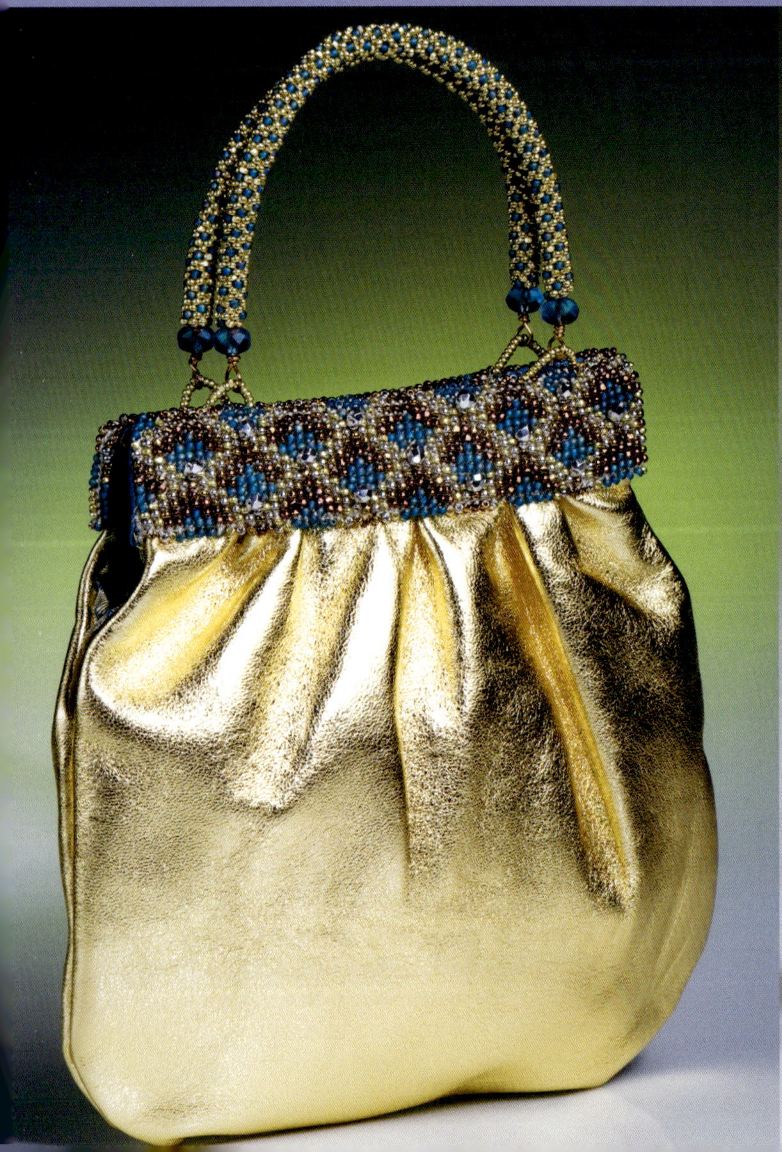

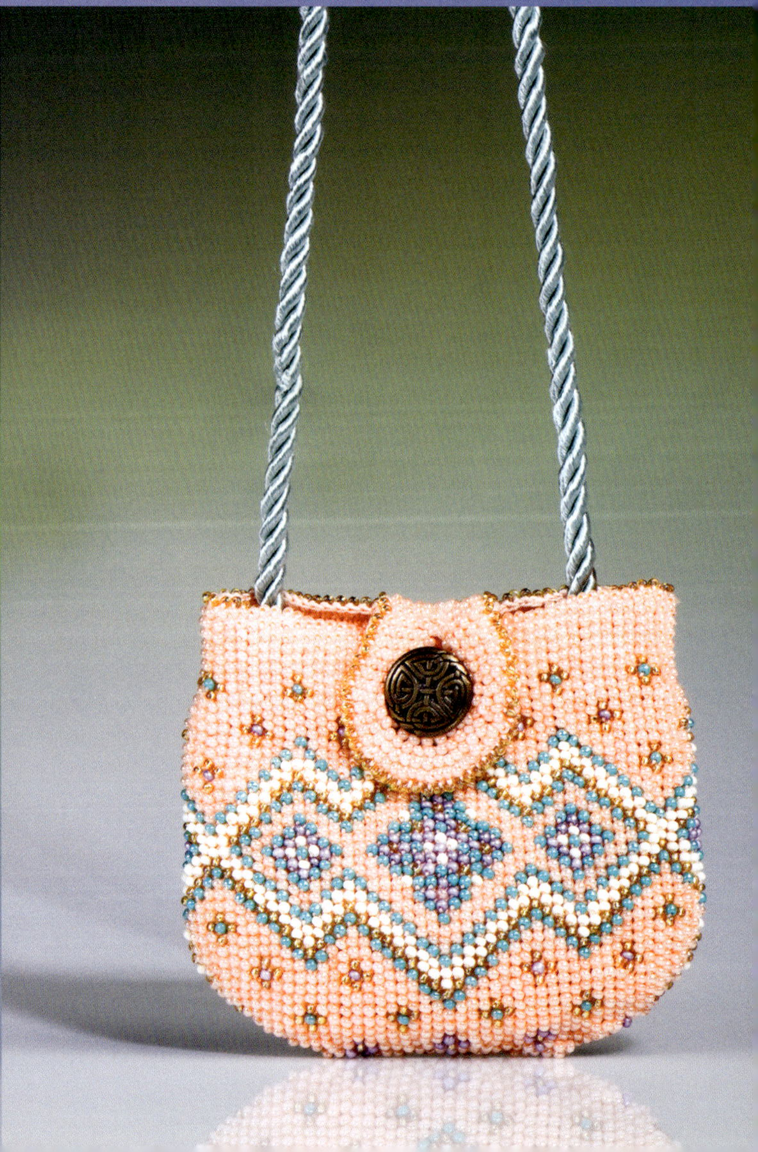

Phoenix

Ring-Quartett

Sunflower & Feathers

Listen up!

Castle Tapestry Bag

A Peach of a Bag

Aztec & Bargello

Leder-Bargello Bag

Brillenetui

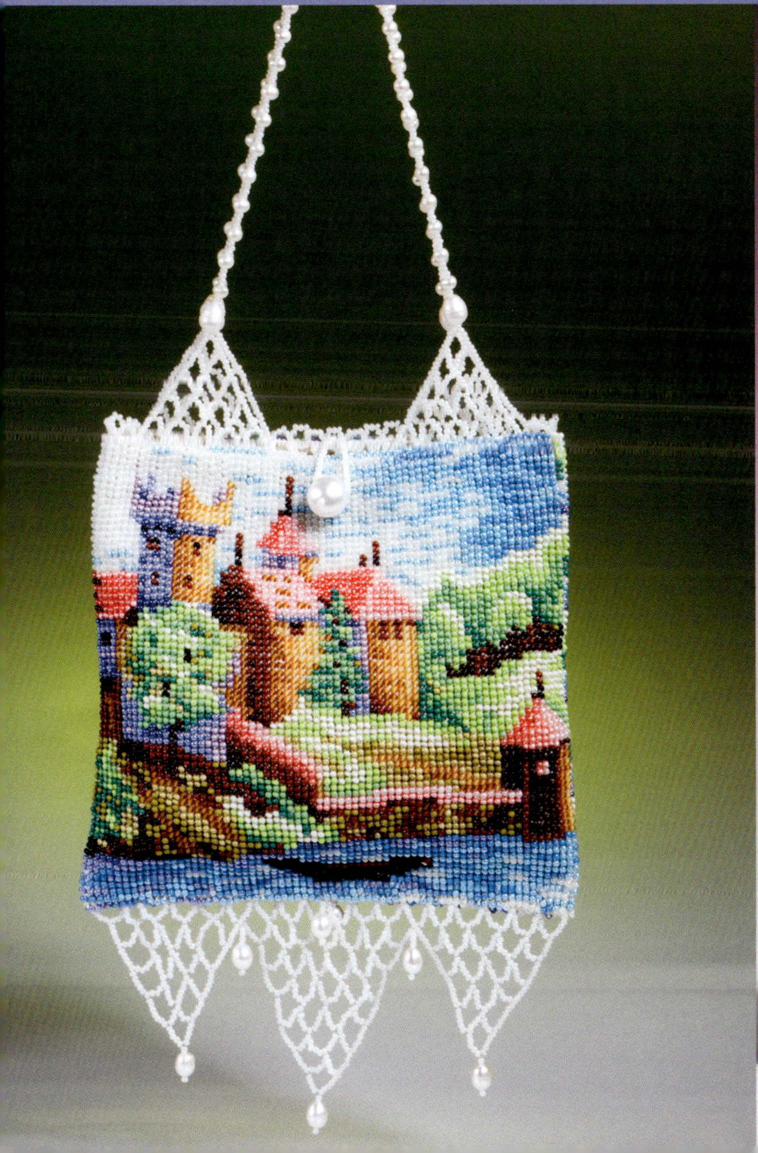

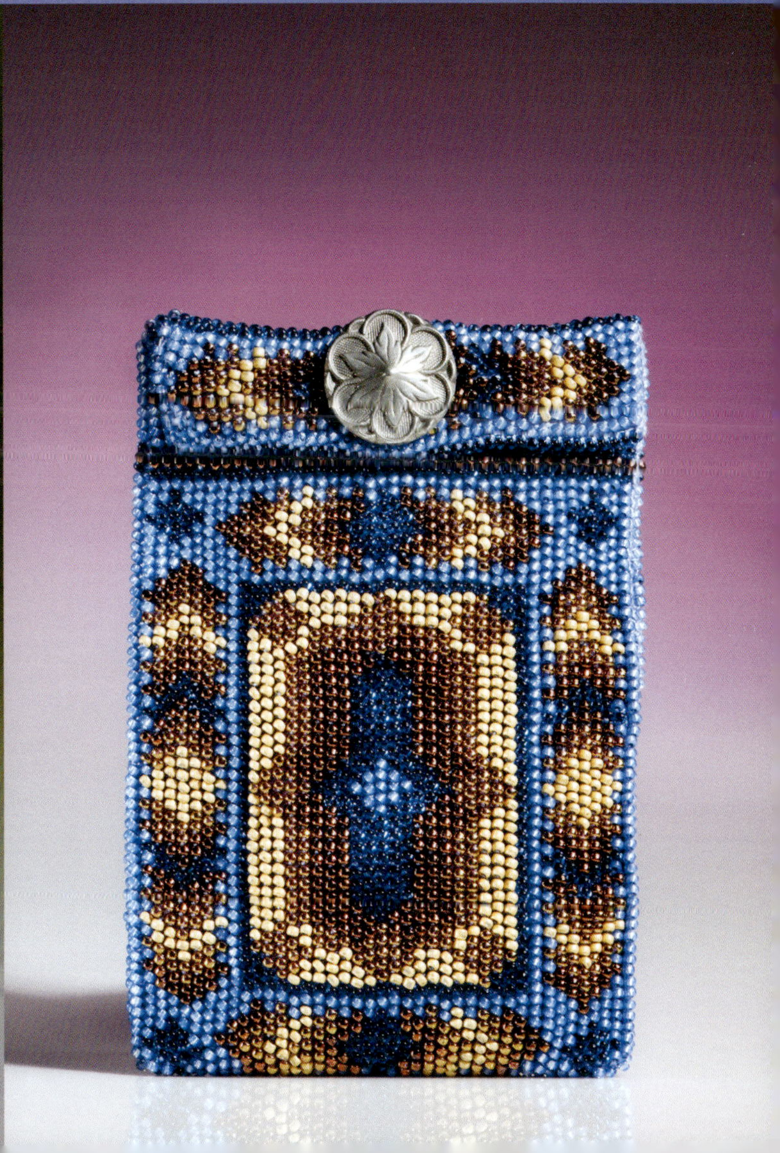

Ein leicht anzufertigendes Design – diese Phoenix-Tasche ist ein tolles Anfängerprojekt. Neben dem normalen Häkeln werden Sie u.a. lernen, wie ein Reißverschluss eingesetzt wird.

Phoenix

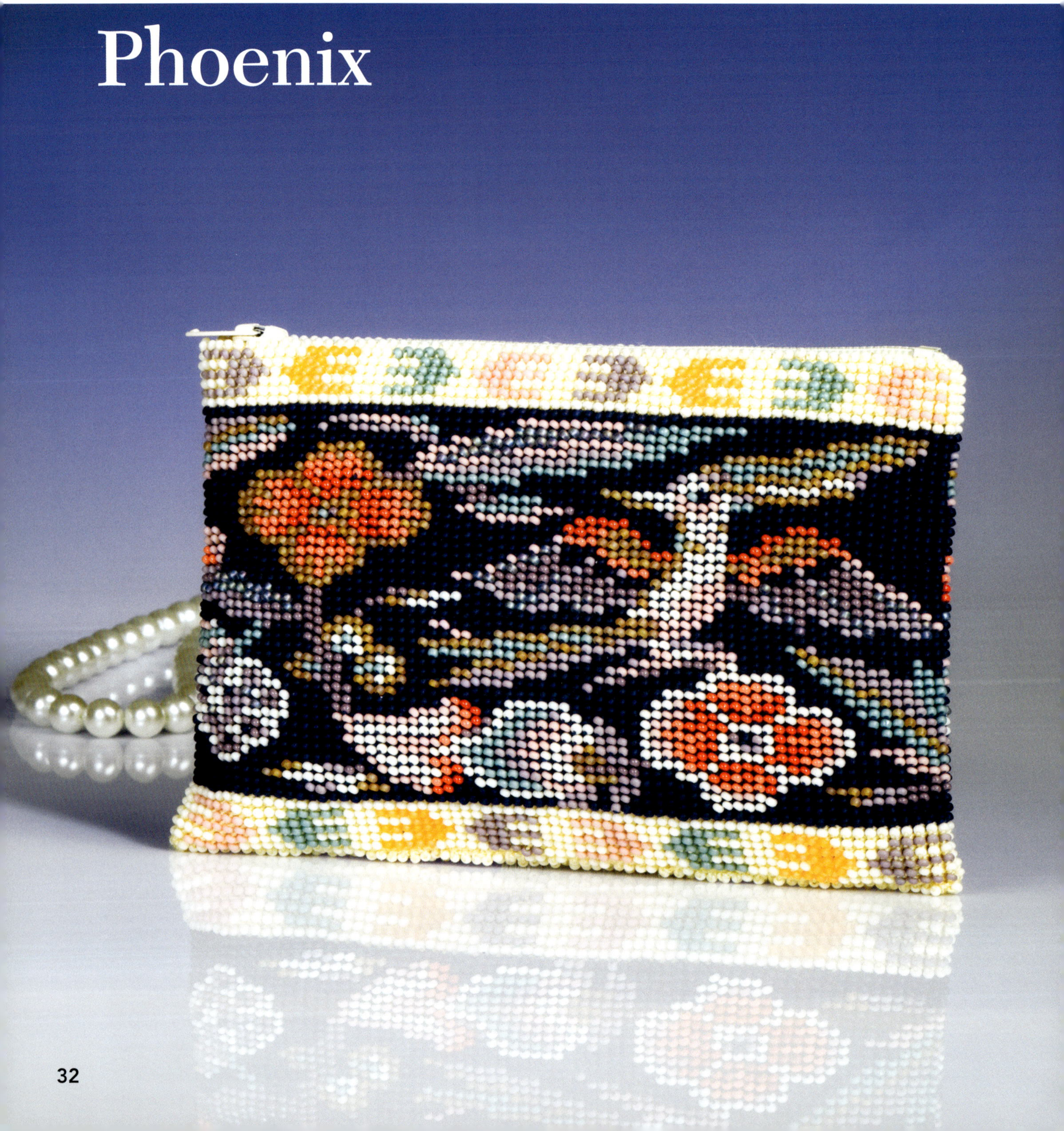

Phoenix

Vor dem Beginn

Es ist sehr einfach, eine solche Tasche herzustellen. Fädeln Sie das Muster auf und wiederholen Sie dabei jede Reihe ein weiteres Mal. Dann häkeln Sie in Runden, mit dem Aufschritt in der Seitennaht. Beim Phoenix-Muster werden Sie zwei Garnfarben verwenden: Buttergelb für den geometrischen Streifen und Marineblau für den mittleren Musterteil. Beachten Sie, wie sich die goldene Perlenfarbe bei den unterschiedlichen Garnfarben verändert.

Material

Perlen (für beide Seiten)

- 11/0 (Tschechien), matte bright gold AB (806 Perlen)
- 11/0 (Miyuki #2028), matte seafoam (570 Perlen)
- 11/0 (Tschechien), matte dusty rose (668 Perlen)
- 11/0 (Tschechien), matte opaque light amethyst AB (704 Perlen)
- 11/0 (Toho #8DF), matte navy (2.230 Perlen)
- 11/0 (Tschechien), opaque persimmon (240 Perlen)
- 11/0 (Tschechien), opaque bright red (244 Perlen)
- 11/0 (Toho #176F), matte pale gray AB (170 Perlen)
- 11/0 (Tschechien), opaque medium amethyst (306 Perlen)
- 11/0 (Tschechien), opaque buttercream (1.828 Perlen)

Weiteres Material / Hilfsmittel

#12 Perle Cotton, butter yellow, 5 g

#12 Perle Cotton, navy blue, 15 g

Reißverschluss, 17,8 cm, light yellow

Nähgarn in zum Reißverschluss passender Farbe

Futterstoff, ca. 20,3 x 25,4 cm

Häkelnadel, Perlennadel und Schere

Nähnadel

Klebstoff für Textilien

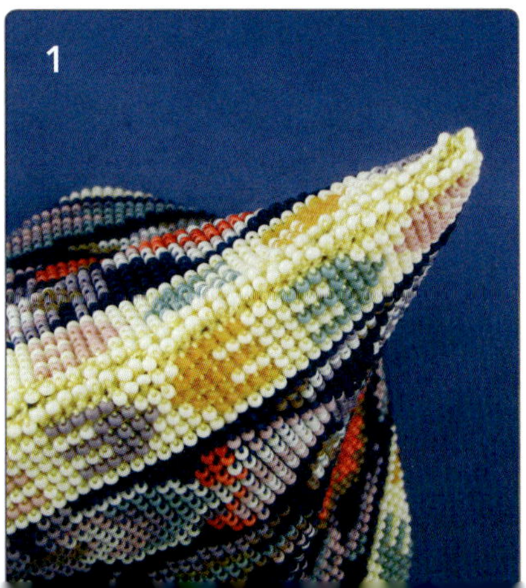

1

Anleitung

1 Schauen Sie sich noch einmal das Basiskapitel auf Seite 15 (und die folgenden Seiten über die Basismaschen) und das Kapitel zum Auffädeln auf Seite 22 an. Werfen Sie dann einen Blick auf das Muster auf Seite 35. Die anfängliche Luftmaschenkette für dieses Design ist 142 Maschen lang. Am besten fädeln Sie alle sieben Runden des unteren gelben Abschnitts zu Beginn auf und dann fügen Sie den dunkelblauen Bereich in fünf oder sechs Abschnitten hinzu.

2 Fädeln Sie auch den oberen gelben Abschnitt in einem Mal auf. Das Muster zeigt, an welcher Stelle die Garnfarbe gewechselt wird.

3 Sichern Sie alle losen Fäden in der Häkelarbeit und schneiden Sie sie ab. Legen Sie das Stück mit der Perlenseite nach innen auf ein dickes Handtuch und durchtränken Sie das Gewebe mit Dampf aus Ihrem Bügeleisen. Ziehen Sie es in Form und halten Sie es, bis es abgekühlt ist. Beachten Sie, dass die Glasperlen die Hitze für einige Minuten speichern können. Verwenden Sie die Nähnadel, um die untere Kante mit dem Häkelgarn zusammenzunähen (Foto 1).

Phoenix

Den Reißverschluss hinzufügen

4 Schneiden Sie den Reißverschluss so ab, dass er ca. 1,3 cm länger als die Breite der Tasche ist (Foto 2).

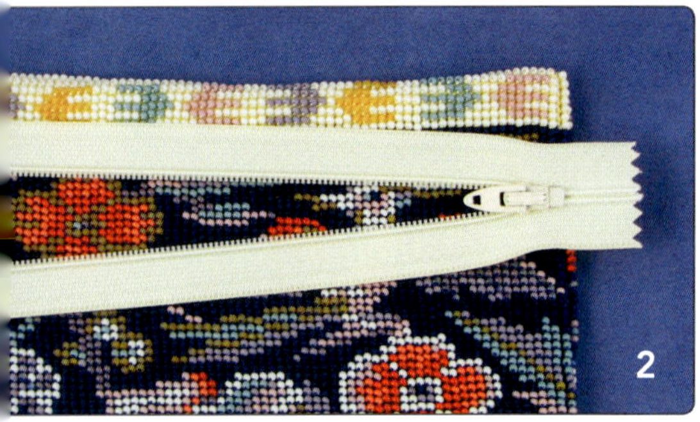

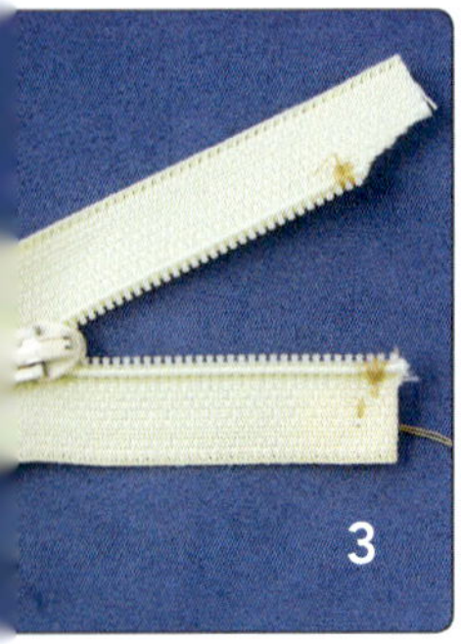

5 Verwenden Sie Nähfaden und arbeiten Sie an dem abgeschnittenen Ende Stopp-Stiche (Foto 3). Schneiden Sie überschüssige Zähnchen nach den Stoppstichen ab und legen Sie die Enden um. Sichern Sie diese mit einigen Stichen (diese werden nicht zu sehen sein). Ein kleiner Tropfen Klebstoff bewahrt die abgeschnittenen Enden vor dem Ausfransen.

6 Nähen Sie den Reißverschluss so an, dass die Perlen der letzten Runde ca. 3 mm von den Zähnchen des Reißverschlusses entfernt sind (Foto 4). Heften Sie ihn zunächst an und nähen Sie ihn dann an die Oberseite, indem Sie nur die obere Oberfläche des Reißverschlussgewebes durchstechen. Führen Sie den Nähfaden nicht durch Perlen.

Das Futter hinzufügen

7 Falten Sie Ihr Innenfutter mit der falschen Seite nach innen in der Mitte zusammen. Legen Sie die Tasche auf das Futter, sodass sich der zusammengenähte Boden auf einer Höhe mit dem gefalteten Futter befindet. Nehmen Sie die Tasche als Vorlage und schneiden Sie das Futter ca. 1,3 cm größer auf der Ober- und den beiden Seiten als Nahtzugabe aus (Foto 5).

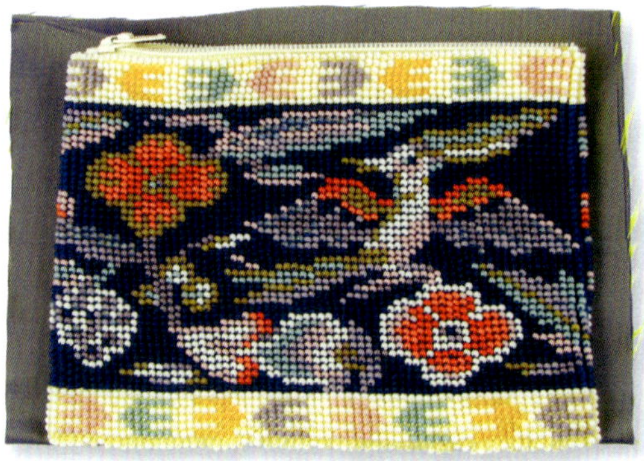

5

8 Nähen Sie die Seiten so zusammen, dass das Futter in die Innenseite der Tasche passt (Foto 6).

9 Schneiden Sie die unteren Ecken ein und bügeln Sie die Nähte, sodass die Nahtzugaben flach auf dem Futter liegen (Foto 7). Bügeln Sie die oberen Kanten so, dass das Futter mehr als 3 mm von den Zähnchen des Reißverschlusses entfernt sein wird. Ist das Futter dichter dran, kann es in den Reißverschluss geraten.

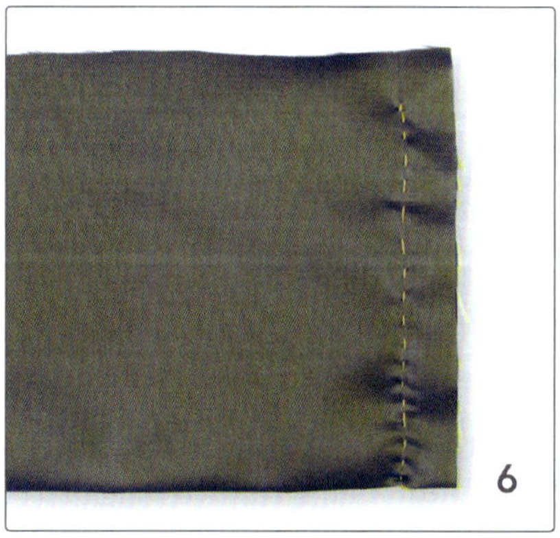

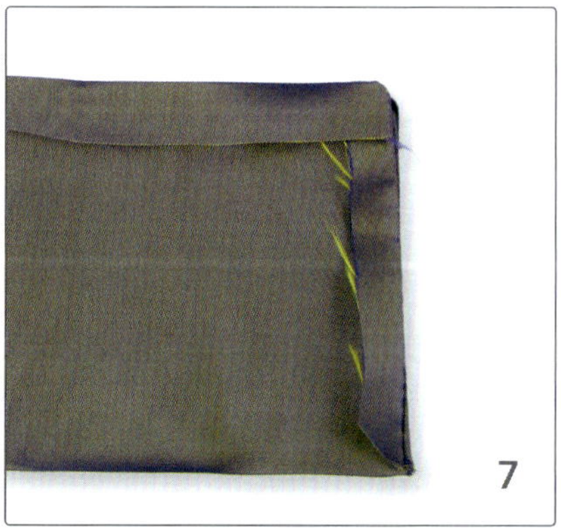

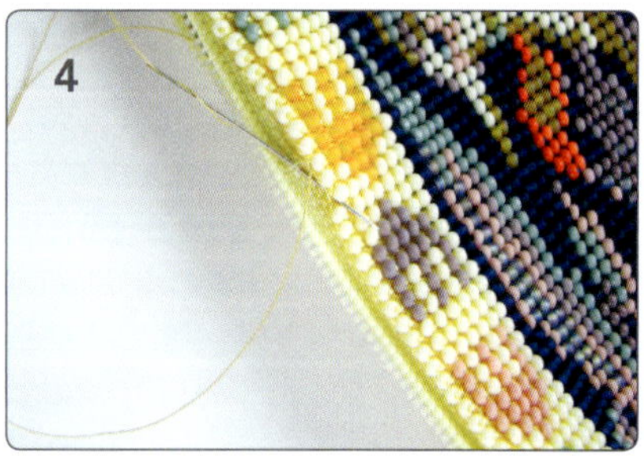

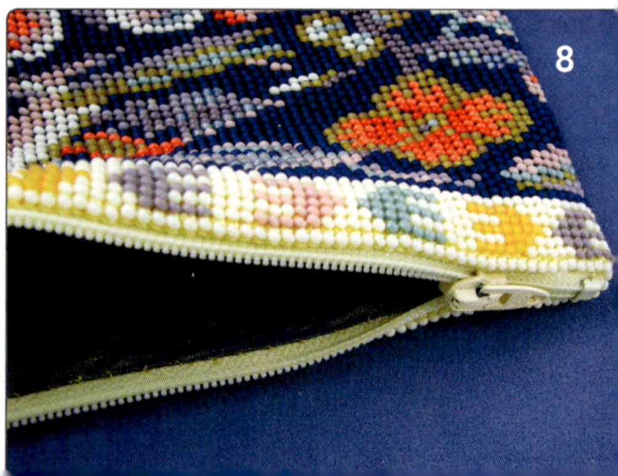

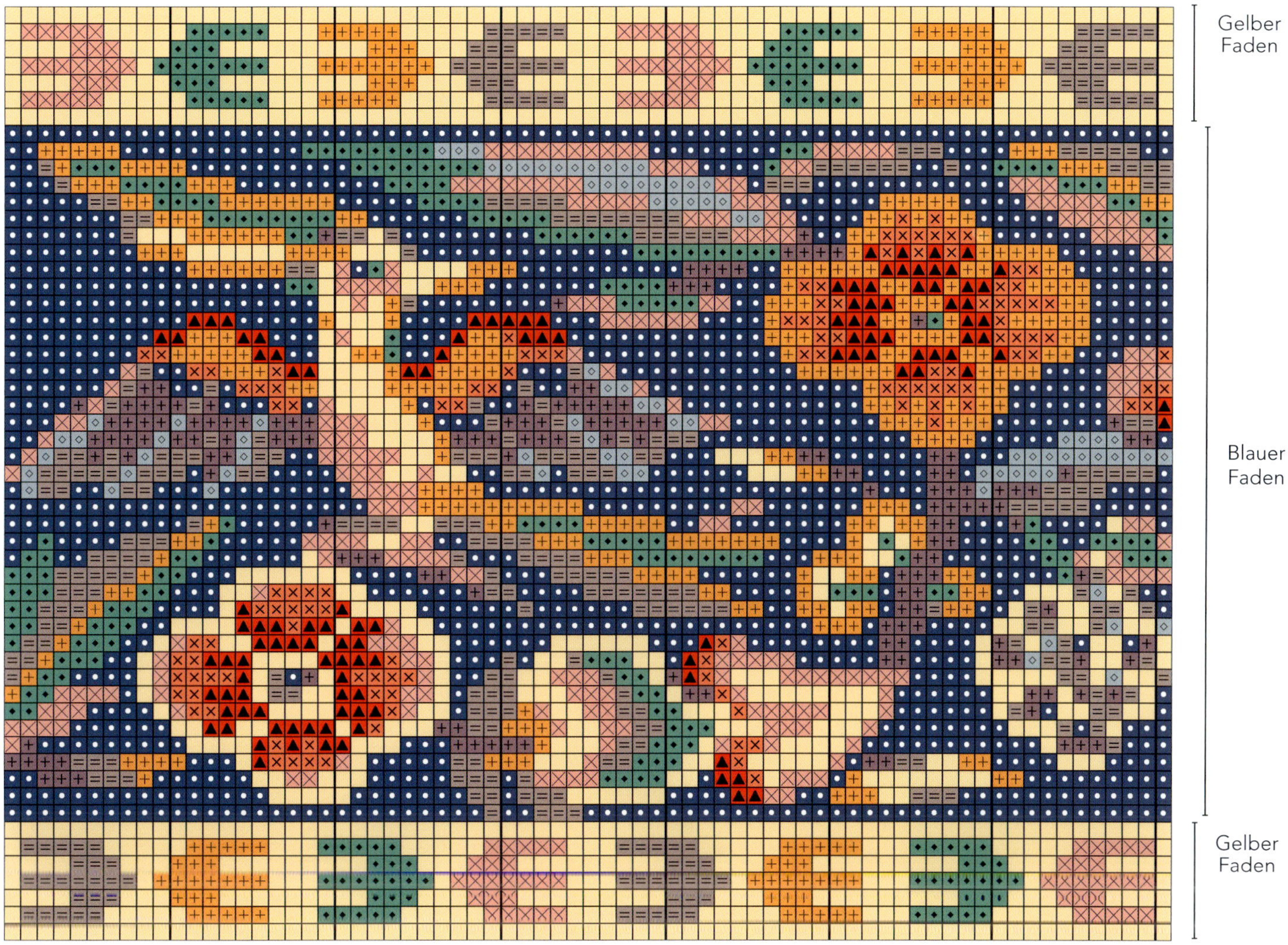

- matte bright gold AB (806 Perlen)
- matte seafoam (570 Perlen)
- matte dusty rose (668 Perlen)
- matte opaque light amethyst AB (704 P.)
- matte navy (2.230 Perlen)
- opaque persimmon (240 Perlen)
- opaque bright red (244 Perlen)
- matte pale gray AB (170 Perlen)
- opaque medium amethyst (306 Perlen)
- opaque buttercream (1.828 Perlen)

Die eleganten Serviettenringe sind gute Übungsstücke. Sie lassen sich einfach auffädeln und da das Muster geometrisch und sofort sichtbar ist, sehen Sie sehen gleich, wenn Sie einen Fehler gemacht haben.

Ring-Quartett

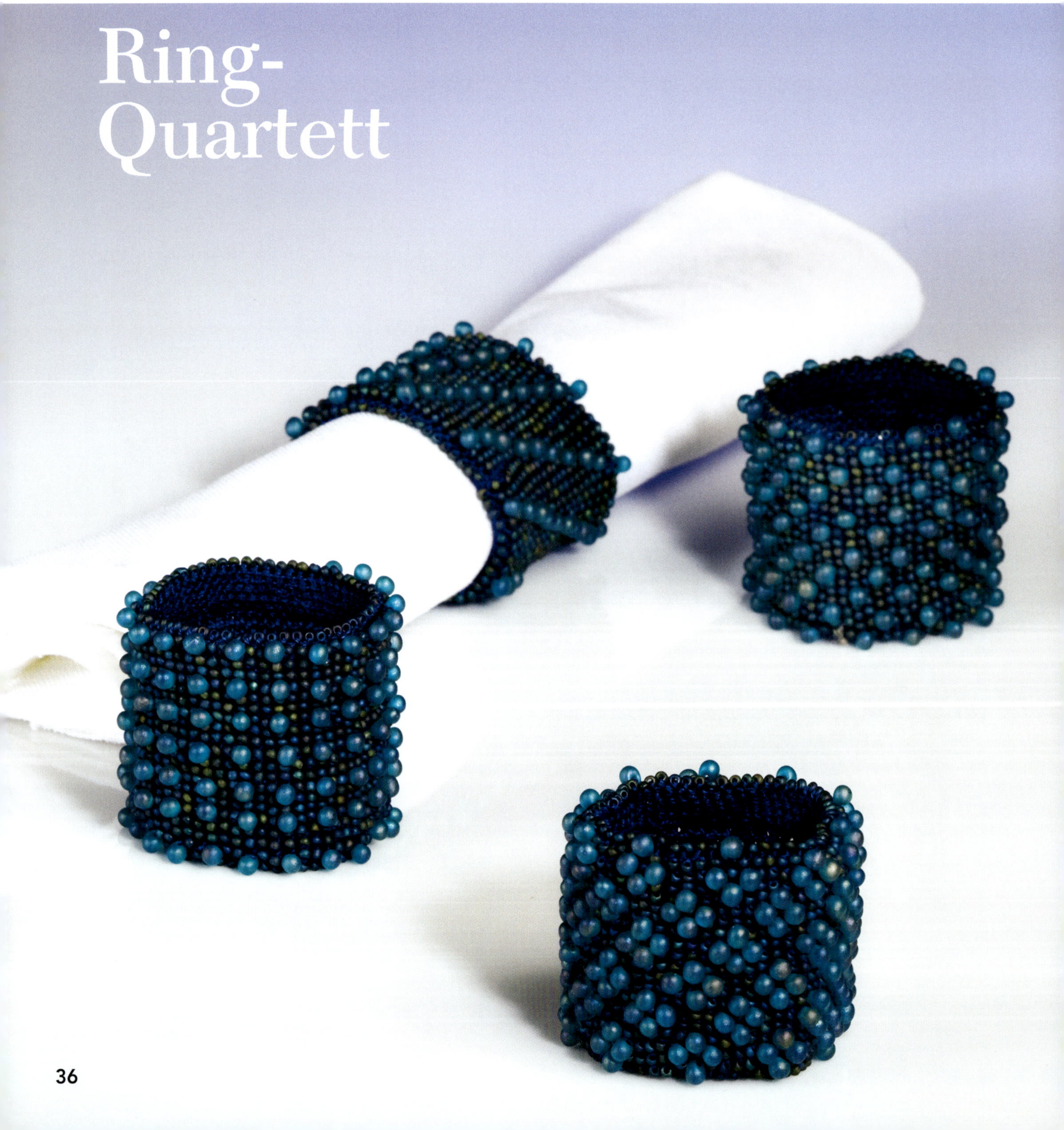

Ring-Quartett

Vor dem Beginn

Diese Ringe werden mit je einer Farbe Saat- und Tropfenperlen Ihrer Wahl gearbeitet, sodass Sie sie passend zu jeder Tischwäsche herstellen können. Die Farben im gezeigten Beispiel – für den Fall, dass sie perfekt zu Ihren Servietten passen – sind ein mattes Aqua für die 11/0 Saatperlen und und mattes Teal für die Tropfen. Der Anfang der Ringe ist sehr einfach, da Sie mit drei Runden ohne Perlen beginnen und Sie dann schon etwas in der Hand haben. Außerdem sind sie sehr leicht fertigzustellen – einfach mit einem dreireihigen Umschlag an beiden Seiten.

Material

Perlen

Zwei Farben nach Wahl:

11/0 Saatperlen (Tschechien)

3,4 mm Tropfenperlen (Miyuki)

(Die Perlenanzahl ist auf Seite 38 neben dem jeweiligen Muster vermerkt.)

Weiteres Material / Hilfsmittel

#12 Perle Cotton in einer zu den 11/0 Saatperlen passenden Farbe, 3 g pro Serviettenring

Häkelnadel, Perlennadel und Schere

Anleitung

1 Es ist hilfreich, die Perlen in zwei separate Gefäße zu füllen und sie dann dem Auffädelmuster folgend herauszunehmen. Legen Sie sich Ihr Material zurecht und folgen Sie einem der Muster auf Seite 38. Wickeln Sie Ihr Garn um ein Wickelkärtchen (siehe Seite 14) und werfen Sie, falls nötig, noch mal einen Blick in das Basiskapitel auf Seite 22.

2 Da die Ringe recht klein sind, können Sie sie in zwei oder gar in nur einem Abschnitt auffädeln. Die anfängliche Luftmaschenkette ist 60 Maschen lang. Lassen Sie einen ca. 15 cm langen Fadenrest übrig, den Sie später noch benötigen werden.

3 Beginnen Sie bei jedem Muster mit drei Runden ohne Perlen. Arbeiten Sie dann weiter, bis alle Perlen verarbeitet wurden, und häkeln Sie dann drei weitere Runden ohne Perlen. Verwenden Sie die Runden ohne Perlen auf beiden Seiten als Umschlag, schneiden Sie das Garn ca. 15 cm von der Häkelarbeit entfernt ab und ziehen Sie den Faden durch die letzte Schlaufe. Mit diesem Fadenrest werden Sie später die Umschläge annähen.

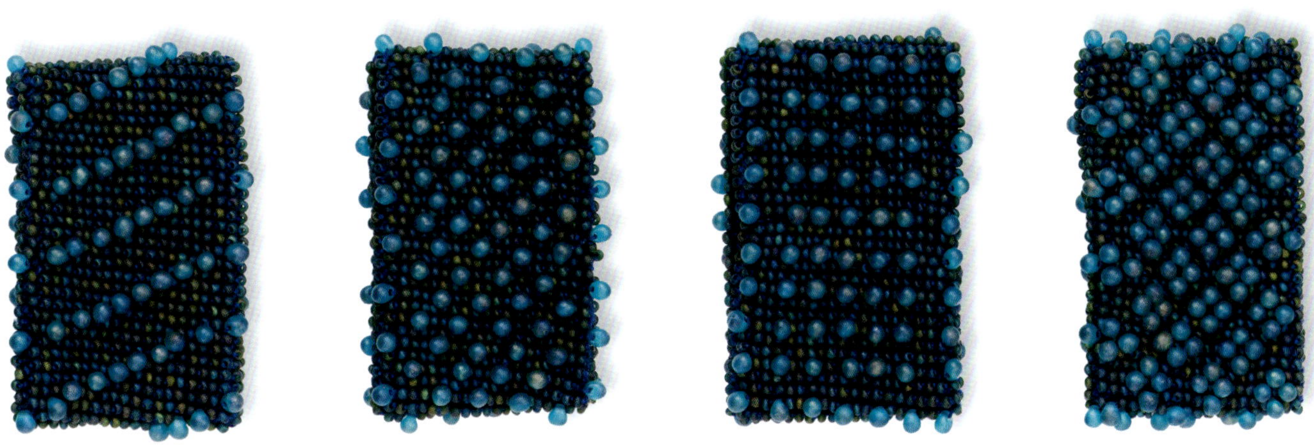

Ring-Quartett

4 Wenden Sie den Umschlag, um den Serviettenring fertigzustellen, einfach ins Innere des Rings und nähen Sie ihn mit den Fadenresten und unsichtbaren Stichen an beiden Seiten an.

Muster 1

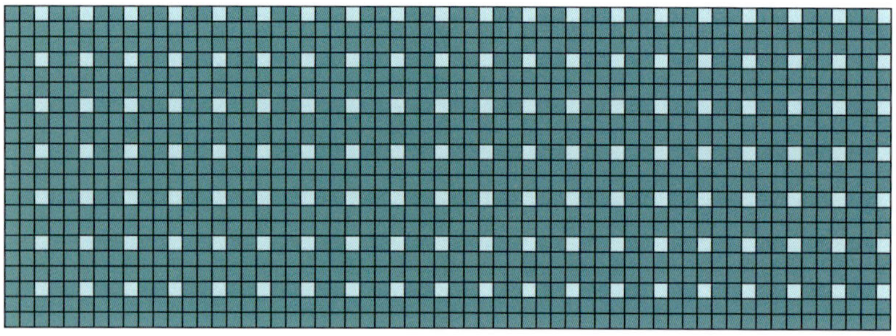

11/0 Saatperlen (1.120 Perlen)

3,4 mm Tropfenperlen (140 Perlen)

Muster 2

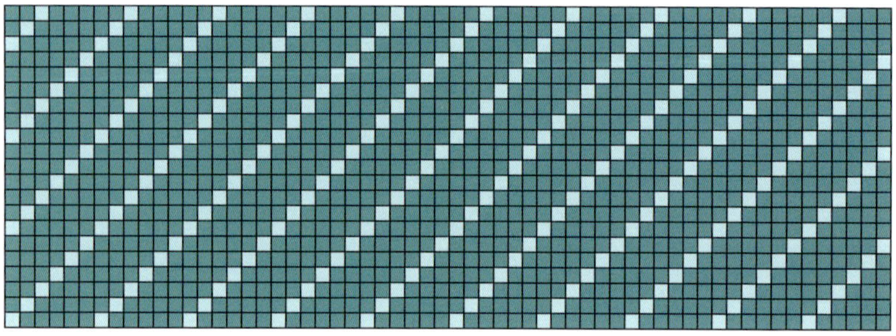

11/0 Saatperlen (1.050 Perlen)

3,4 mm Tropfenperlen (210 Perlen)

Muster 3

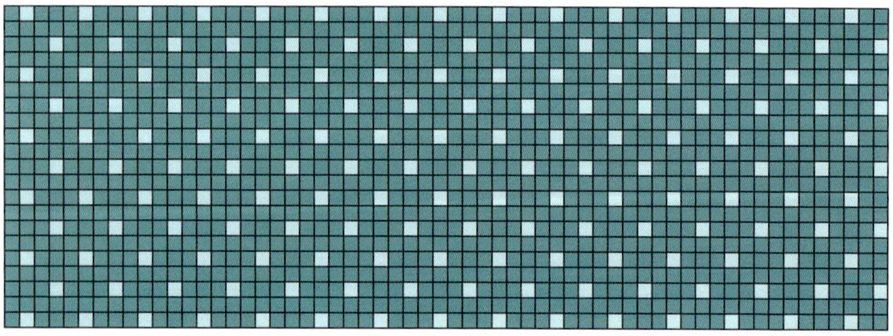

11/0 Saatperlen (1.095 Perlen)

3,4 mm Tropfenperlen (165 Perlen)

Muster 4

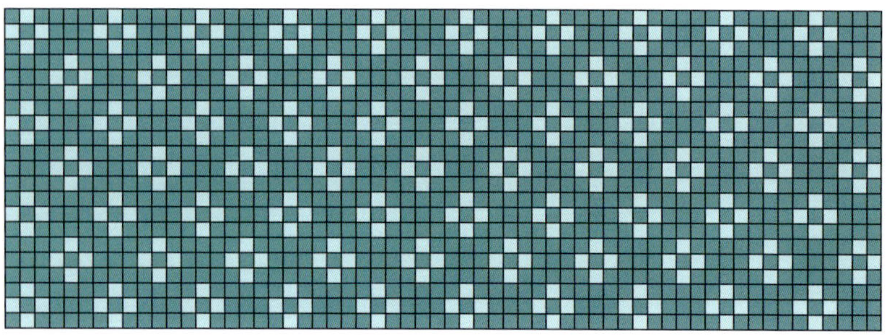

11/0 Saatperlen (980 Perlen)

3,4 mm Tropfenperlen (280 Perlen)

Sunflower & Feathers

Sonnenblumen und Federn sind eine natürliche Kombination. Denken Sie an die wunderschönen gelben Finken, die sich auf den üppigen Blüten niederlassen und die Sonnenblumenkerne stehlen – das ist der Sommer in seiner prächtigsten Form.

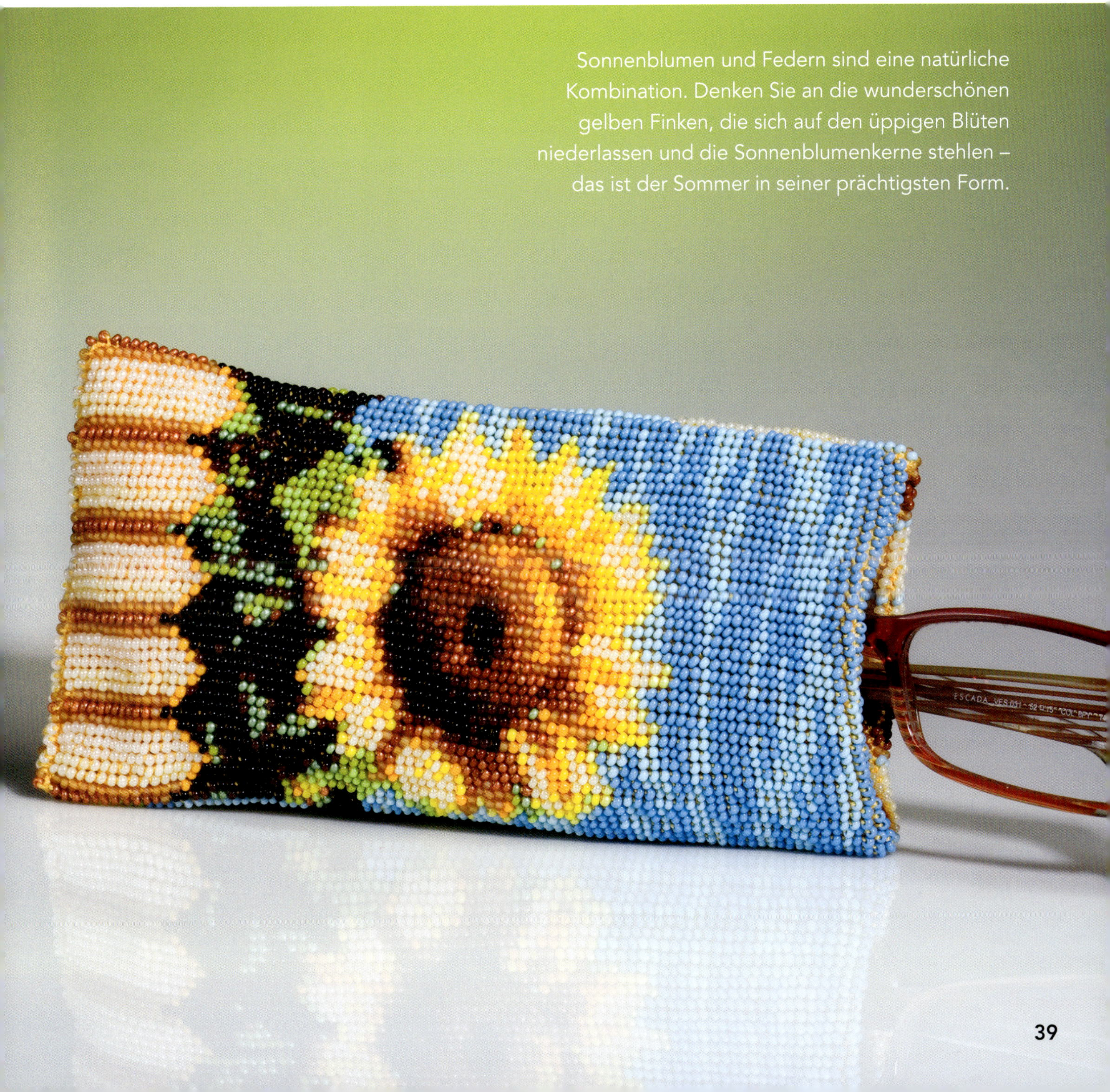

Sunflower & Feathers

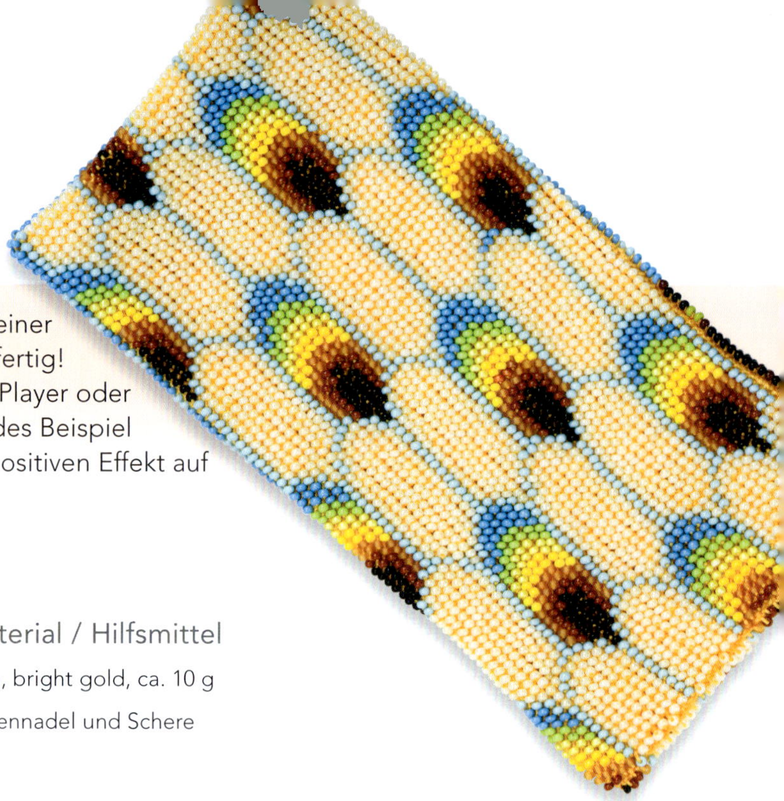

Vor dem Beginn

Dieses Projekt ist eine einfache, flache Hülle, die keiner weiteren Verarbeitung bedarf. Einfach häkeln und fertig! Sie passt perfekt für ein kleines Handy, einen MP3-Player oder auch eine Brille. Außerdem ist sie ein hervorragendes Beispiel dafür, wie die Garnfarbe einen bemerkbaren und positiven Effekt auf die Wirkung der Perlen haben kann.

Material

Perlen

11/0 Saatperlen (Tschechien):

- silk pale yellow (2.295 Perlen)
- opaque medium yellow (318 Perlen)
- opaque orange-gold (159 Perlen)
- matte topaz AB (449 Perlen)
- silk light copper (176 Perlen)
- opaque rust (239 Perlen)
- opaque dark brown (221 Perlen)
- black (585 Perlen)
- opaque light blue (1.058 Perlen)
- opaque medium blue (954 Perlen)
- silk pale lime (181 Perlen)
- opaque light green (179 Perlen)
- opaque olive green (89 Perlen)
- silk pine green (99 Perlen)
- ceylon white (165 Perlen)

Weiteres Material / Hilfsmittel

#12 Perle Cotton, bright gold, ca. 10 g

Häkelnadel, Perlennadel und Schere

Nähnadel

Anleitung

1 Folgen Sie der Anleitung des Auffädelns ab Seite 22, und fädeln Sie den unteren Abschnitt des Musters auf der rechten Seite auf.

2 Lassen Sie, wenn Sie mit der 82 Maschen langen Luftmaschenkette beginnen, einen ca. 20 cm langen Garnrest übrig. Arbeiten Sie vom Boden nach oben und häkeln Sie die Reihen des Musters ab.

3 Arbeiten Sie an der Oberseite der Hülle vier weitere Runden als Umschlag. Rollen Sie den Umschlag nach innen und nähen Sie ihn mit dem Garnrest oder einem neuen Faden an.

4 Folgen Sie der Anleitung, wie offene Enden geschlossen werden (Seite 26), verwenden Sie den Garnrest vom Anfang oder eine neuen Faden und nähen Sie die untere Naht der Hülle zusammen.

Tipp

Als Variante können Sie oben einen Knopf und eine Schlaufe als Verschluss anbringen. Nähen Sie diese an, nachdem Sie den Umschlag angenäht haben.

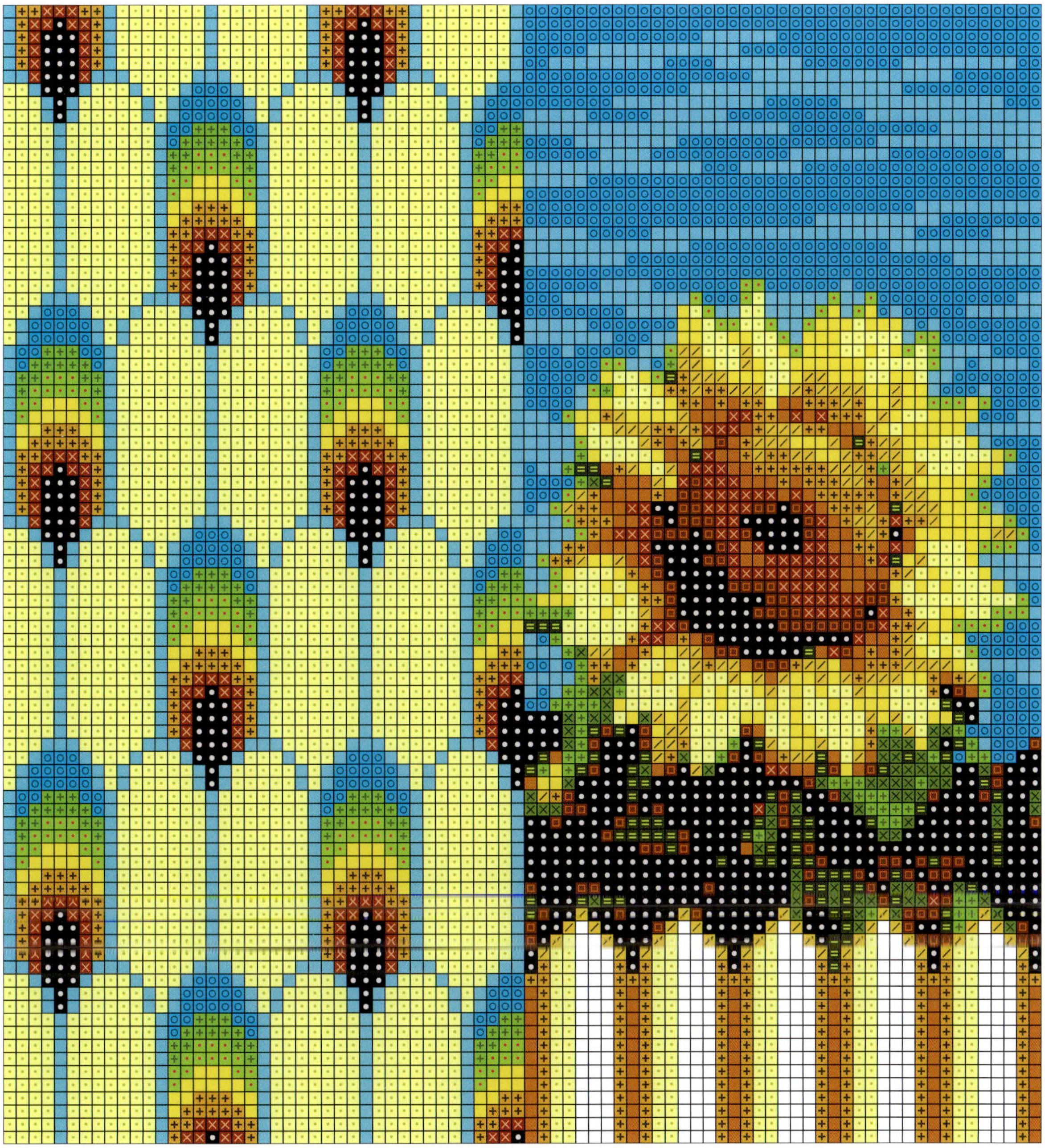

- silk pale yellow (2.295 Perlen)
- medium opaque yellow (318 P.)
- opaque orange-gold (159 P.)
- matte topaz AB (449 Perlen)
- silk light copper (176 Perlen)
- opaque rust (239 Perlen)
- opaque dark brown (221 P.)
- black (585 Perlen)
- opaque light blue (1.058 P.)
- opaque medium blue (954 P.)
- silk pale lime (181 Perlen)
- opaque light green (179 P.)
- opaque olive green (89 P.)
- silk pine green (99 Perlen)
- ceylon white (165 Perlen)

Ein gewöhnliches Handy oder ein MP3-Player werden sofort zu einem smarten Accessoire, wenn sie ihr Heim in diesem klassischen Design finden.

Listen up!

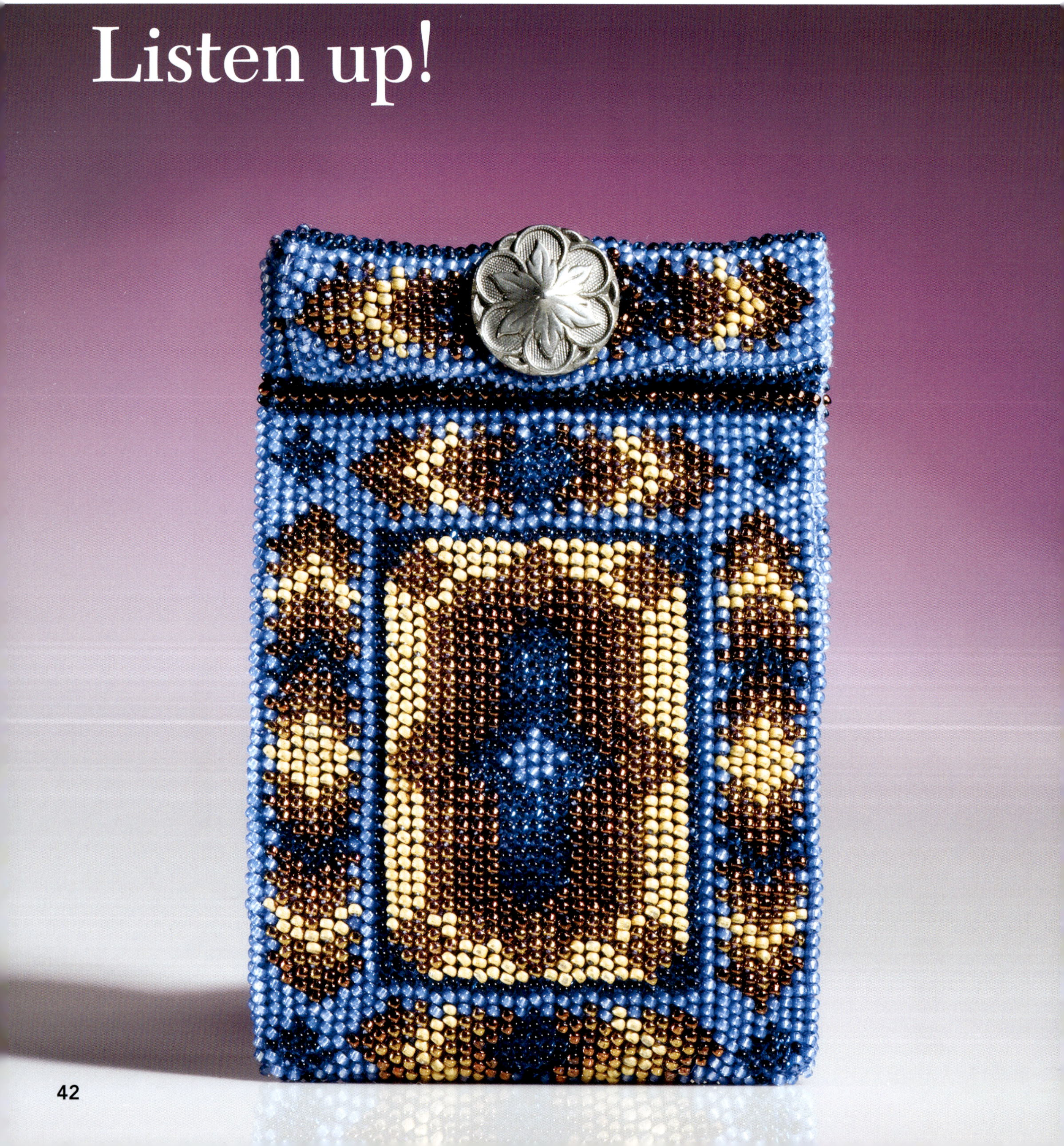

Listen up!

Vor dem Beginn

Nachdem Sie dieses tolle, von Lauen Miller entworfene Design nachgehäkelt haben, können Sie die leere Mustervorlage auf Seite 127 nutzen und ein eigenes Design entwerfen. Sie werden zwei wichtige Techniken verwenden: Ein Knopfloch und eine Öffnung für die Ohrhörer herstellen, sowie Hin- und Rückreihen arbeiten.

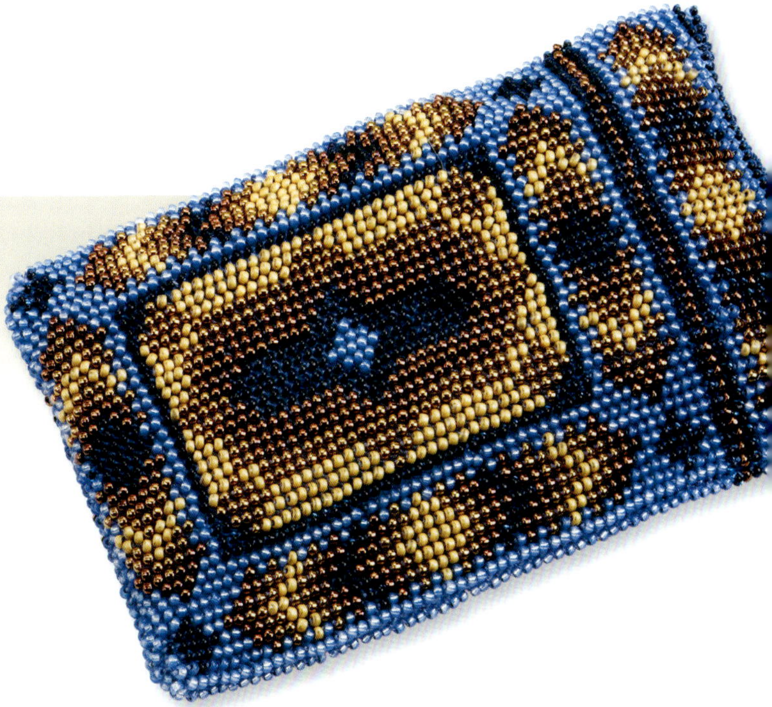

Material

Perlen

- 11/0 (Miyuki #648), light blue alabaster (1.666 Perlen)
- 11/0 (Tschechien), dark blue (1.118 Perlen)
- 11/0 (Toho #222), dark copper (1.105 Perlen)
- 11/0 (Toho #223), light bronze (1.076 Perlen)
- 11/0 (Toho #557F), matte galvanized gold (840 Perlen)

Weiteres Material / Hilfsmittel

#12 Perle Cotton, medium blue

Knopf mit Öse, 1,9 cm im Durchmesser

Nähfaden in passender Farbe

Häkelnadel, Perlennadel und Schere

Anleitung

1 Fädeln Sie die Perlen auf (siehe Seite 22) und häkeln Sie das Täschchen nach dem Muster von Seite 44 (beginnend am Boden) ab. Wechseln Sie zu Hin- und Rückreihen, wenn Sie an den Umschlagbereich kommen. Fädeln Sie, für den Umschlagbereich, die Perlen in Richtung der Pfeile auf, wie die Illustration unten zeigt, und nehmen Sie nach jeder Reihe eine kleine Papiermarkierung, wie auf Seite 23 beschrieben, auf. Die freien Bereiche des Musters werden das Knopfloch und das Loch für die Ohrhörer ergeben (siehe auch Seite 80).

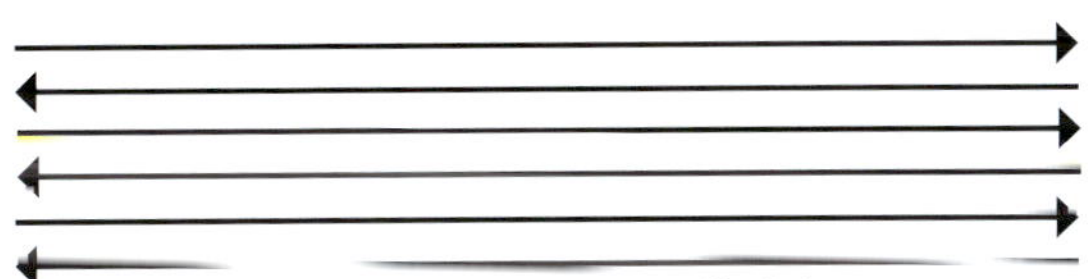

Hin- und Rückreihen auffädeln

2 Wenn alle Perlen abgehäkelt sind, häkeln Sie vier weitere Reihen ohne Perlen, ebenfalls in Hin- und Rückreihen, welche als Umschlag für den Umschlag dienen.

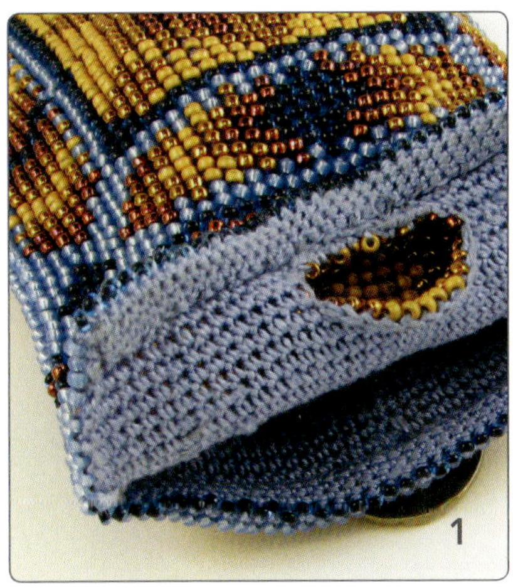

3 Beginnen Sie mit neuem Garn an der Außenkante der Vorderseite (in dem Muster auf der linken Seite) und arbeiten Sie vier Hin- und Rückreihen ohne Perlen, welche als Umschlag für die Innenkante des Täschchens dienen, wie das Foto auf der rechten Seite zeigt.

Listen up!

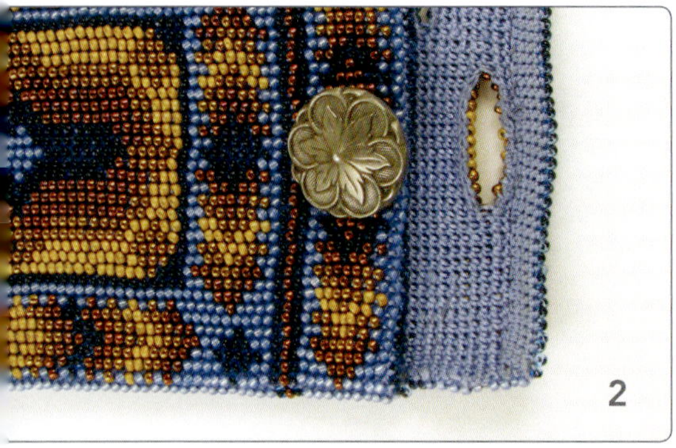

2

4 Nähen Sie, nachdem der Umschlag der Vorderseite fertiggestellt ist, den Knopf mit normalen Nähgarn in passender Farbe sorgfältig an. Achten Sie darauf, dass sich der Knopf in der richtigen Position, in der Mitte des Knopflochs, befindet (siehe Foto auf der linken Seite).

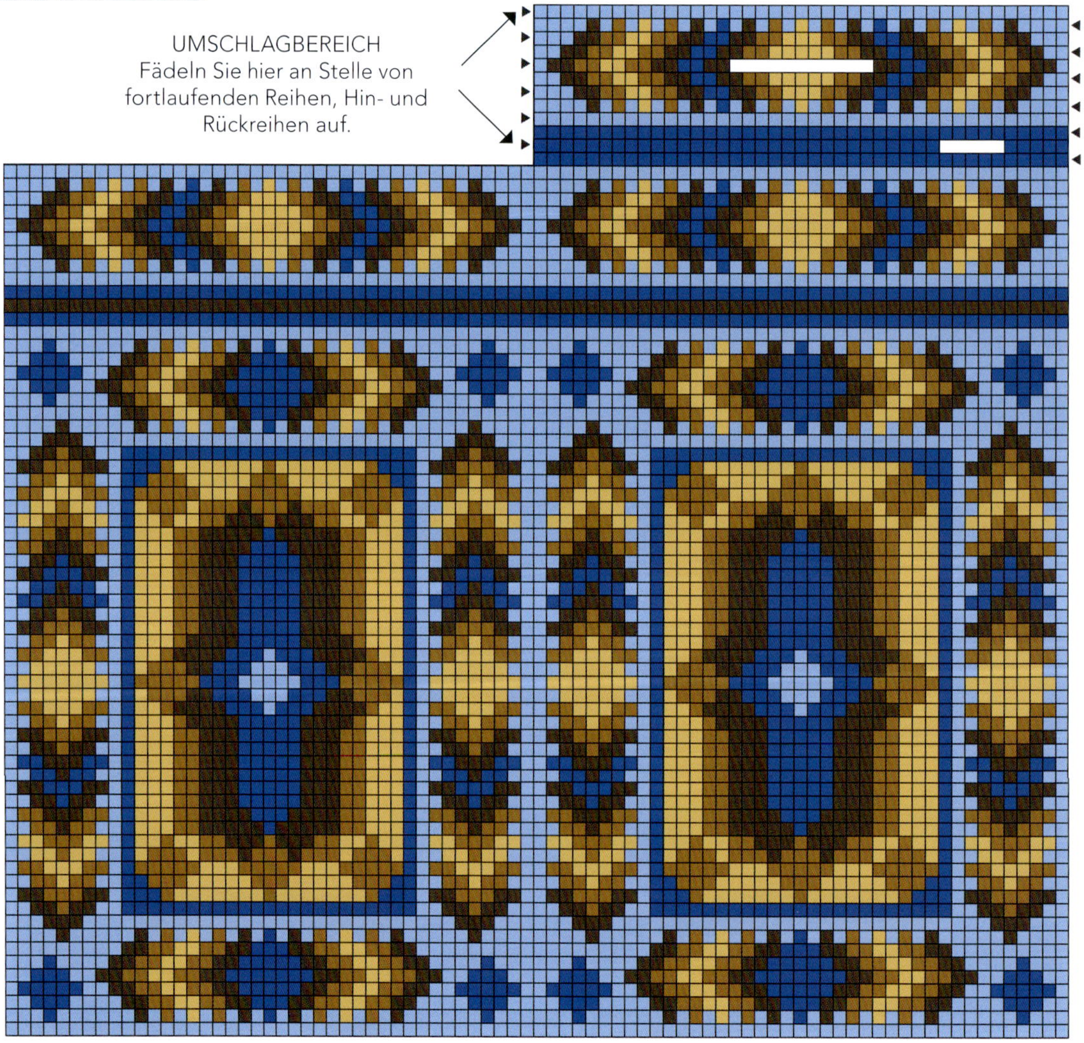

- light blue (1.666 P.)
- dark copper (1.105 P.)
- matte galvanized gold (840 Perlen)
- dark blue (1.118 P.)
- light bronze (1.076 Perlen)

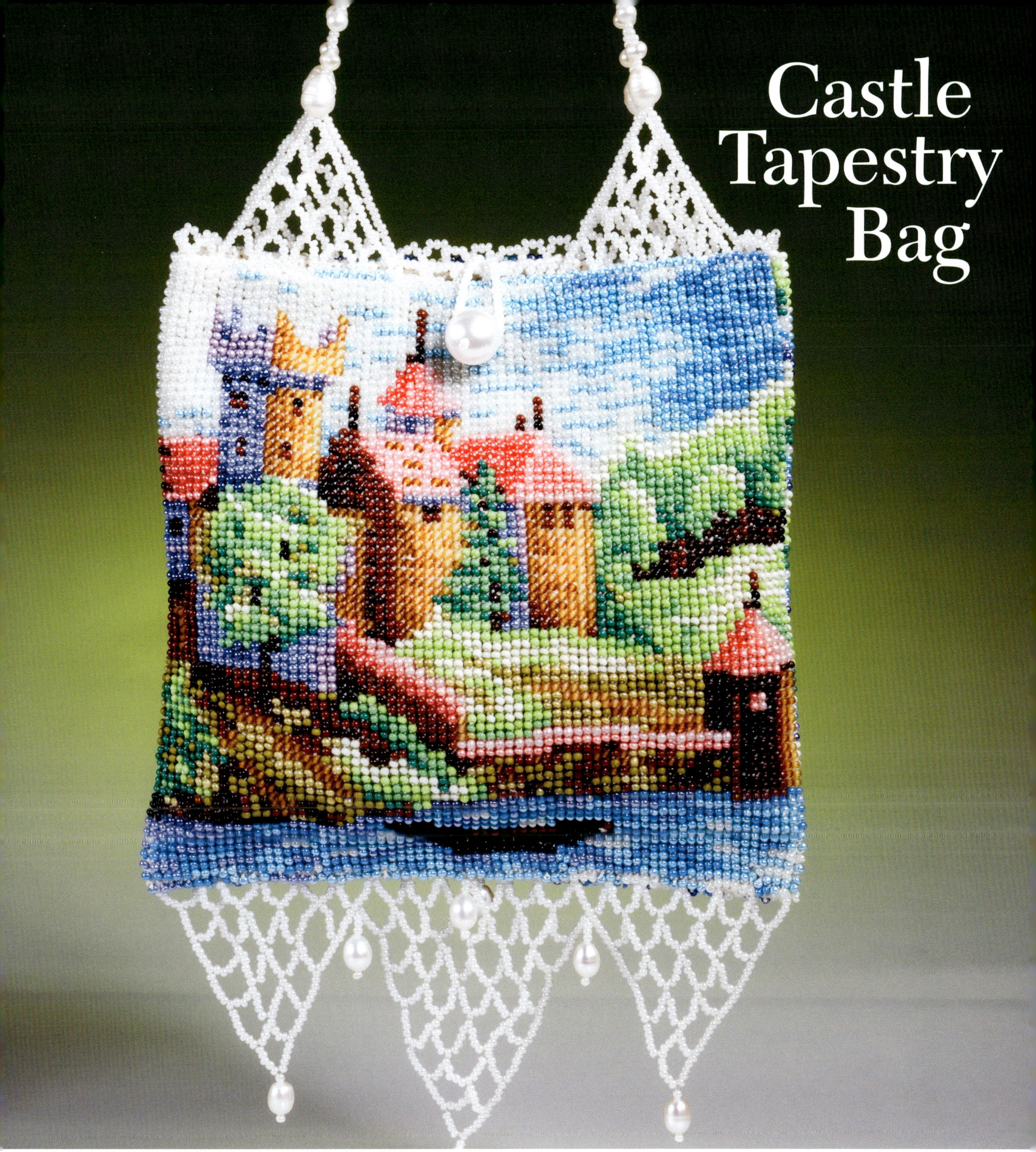

Castle Tapestry Bag

Diese exquisite Tasche zeigt nicht nur ein Schloss, sie erinnert auch an die wunderschönen, historischen Wandteppiche, die man im Innern findet.

Castle Tapestry Bag

Vor dem Beginn

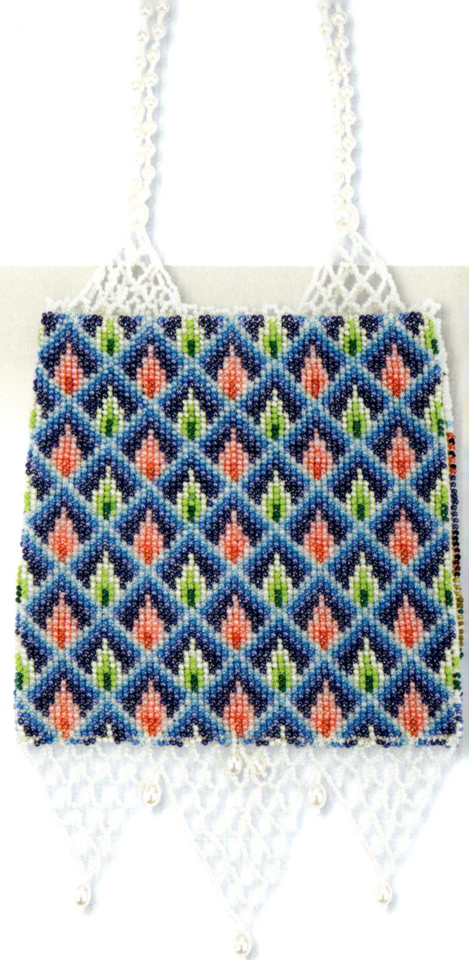

Trotz des aufwendigen Erscheinungsbilds ist dieses flache Täschchen sehr einfach herzustellen. Da die Runden in diesem Projekt sehr lang sind (142 Maschen pro Runde), sollten Sie nicht mehr als sechs oder sieben Runden auf einmal aufnehmen.

Material

Perlen (für beide Seiten)

11/0 Perlen (Tschechien, wenn nichts anderes vermerkt ist):

- matte light topaz (55 Perlen)
- matte medium topaz (155 Perlen)
- matte deep topaz (222 Perlen)
- pale ceylon blue (1.341 Perlen)
- lustered light blue (659 Perlen)
- lustered medium blue (1.214 Perlen)
- silk light orchid (58 Perlen)
- lustered medium periwinkle (624 Perlen)
- lustered sapphire blue (1.290 Perlen)
- silk light rose (504 Perlen)
- silk medium rose (473 Perlen)
- silk deep rose (189 Perlen)
- opaque pale olive (634 Perlen)
- opaque lime (591 Perlen)
- opaque bright grass green (305 Perlen)
- opaque teal green (255 Perlen)
- silk light khaki (202 Perlen)
- 11/0 (Toho #513F), matte light olive (169 Perlen)
- opaque rust (334 Perlen)
- opaque dark brown (269 Perlen)
- opaque black (158 Perlen)

Weitere Materialien / Hilfsmittel

#12 Perle Cotton, beige oder eggshell, 10 g

Für den Griff und die Netzfransen:

- 11/0 Saatperlen (Tschechien), lustered transparent crystal (1.485 oder mehr Perlen für einen längeren Griff)
- 4 oder 5 mm Süßwasserperlen (80 Stück oder mehr für einen längeren Griff)
- 8 x 10 mm Süßwasserperlen in Reiskornform (8 Stück)
- 12 mm Rundperle, white (1 Stück)
- Nylon-Perlenfaden in einer neutralen Farbe

Häkelnadel, Perlennadel und Schere

Anleitung

Die Tasche häkeln

1 Die Vorder- und Rückseite des Täschchens werden gleichzeitig nach dem Muster auf den Seiten 48 und 49, beginnend am Boden, gehäkelt. Die beiden Muster sind gleich hoch und breit (71 x 71). Die anfängliche Luftmaschenkette besteht aus 142 Maschen. Lassen Sie einen Garnrest von ca. 30 cm übrig; diesen benötigen Sie später, um die Bodennaht zu schließen.

2 Wenn die Häkelarbeit fertig ist, fügen Sie als Umschlag noch drei Runden ohne Perlen hinzu. Nähen Sie die Bodennaht mit dem Garnrest zusammen.

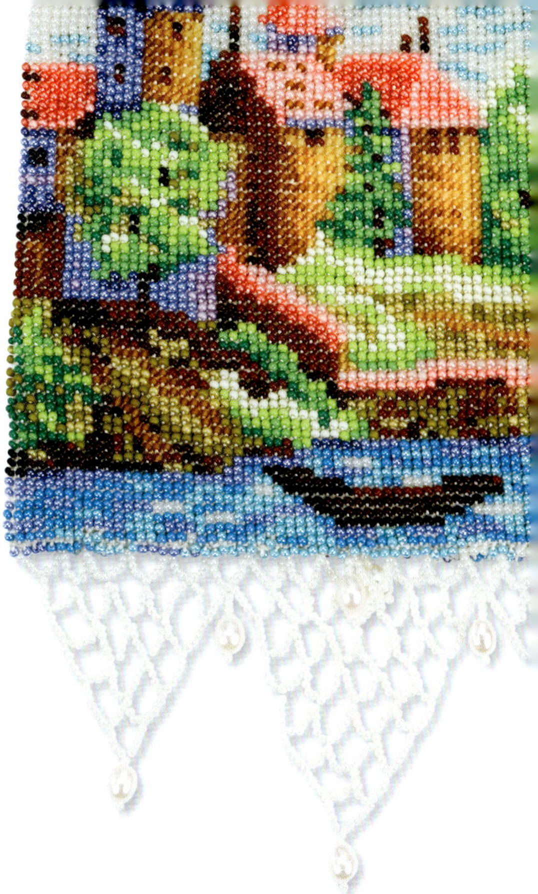

Die Netzfransen anfertigen

3 Um die Netzfransen herzustellen (Foto auf der rechten Seite), schneiden Sie zuerst 1,5 m Perlenfaden ab und befestigen diesen an der unteren, rechten Ecke des Täschchens. Sichern Sie den Faden, indem Sie ihn ein paar Mal vor und zurück vernähen.

4 Nehmen Sie 11x 11/0 Perlen lustered transparent crystal auf und führen Sie die Nadel unter der vierten Perle durch die Bodennaht.

5 Fädeln Sie durch die zuletzt aufgenommene Perle zurück und nehmen Sie 10x 11/0 Perlen auf. Führen Sie die Nadel wieder vier Perlen entfernt durch die Bodennaht.

6 Arbeiten Sie auf diese Weise entlang der Bodennaht weiter, indem Sie immer 10 Perlen aufnehmen, drei Perlen auslassen und durch die Bodennaht unter der vierten Perle stechen, bis Sie 17 Bögen gearbeitet haben. Für den 18. und letzten Bogen nehmen Sie wieder 10 Perlen auf und stechen durch die Bodennaht in der linken Ecke des Täschchens. Fädeln Sie durch die fünf zuletzt aufgenommenen Perlen zurück. Dies ist in der Grafik unten als roter Fadenlauf dargestellt.

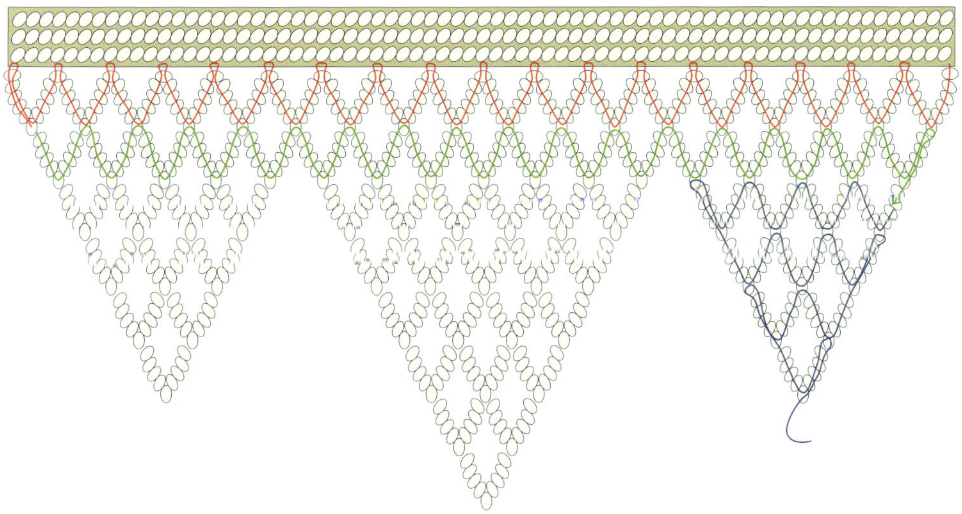

Netzfransen

7 Nehmen Sie 9x 11/0 Perlen auf und fädeln Sie durch die mittlere Perle des nächsten Bogens. Wiederholen Sie dies die Reihe entlang, wie der grüne Fadenlauf in der Grafik zeigt. Wenn Sie den letzten Bogen erreichen, fädeln Sie wieder durch die fünf zuletzt aufgenommenen Perlen zurück.

8 Arbeiten Sie die rechte Spitze wie der blaue Fadenlauf in der Grafik zeigt. Auf dieselbe Weise werden auch die beiden anderen Spitzen gearbeitet.

9 Wenn Sie neuen Faden ansetzen müssen, so vernähen Sie diesen in der Bodennaht und fädeln durch das Perlennetz bis zum Anschlusspunkt vor.

Castle Tapestry Bag

Rückseite der Tasche

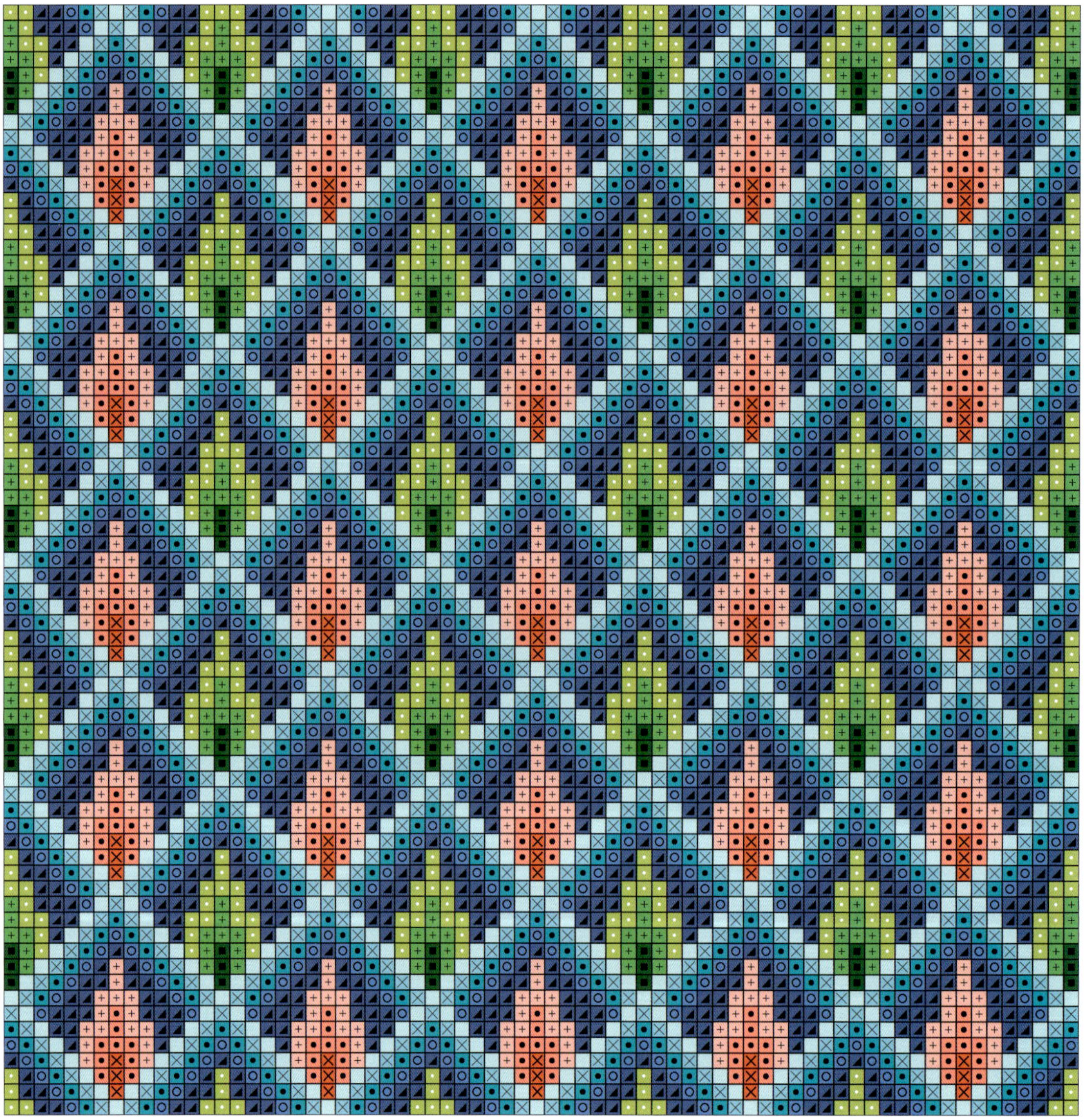

- matte light topaz (55 Perlen)
- matte medium topaz (155 Perlen)
- matte deep topaz (222 Perlen)
- pale ceylon blue (1.341 Perlen)
- lustered light blue (659 Perlen)
- lustered medium blue (1.214 Perlen)
- silk light orchid (58 Perlen)
- lustered medium periwinkle (624 P.)
- lustered sapphire blue (1.290 P.)
- silk light rose (504 Perlen)
- silk medium rose (473 Perlen)
- silk deep rose (189 Perlen)

Vorderseite der Tasche

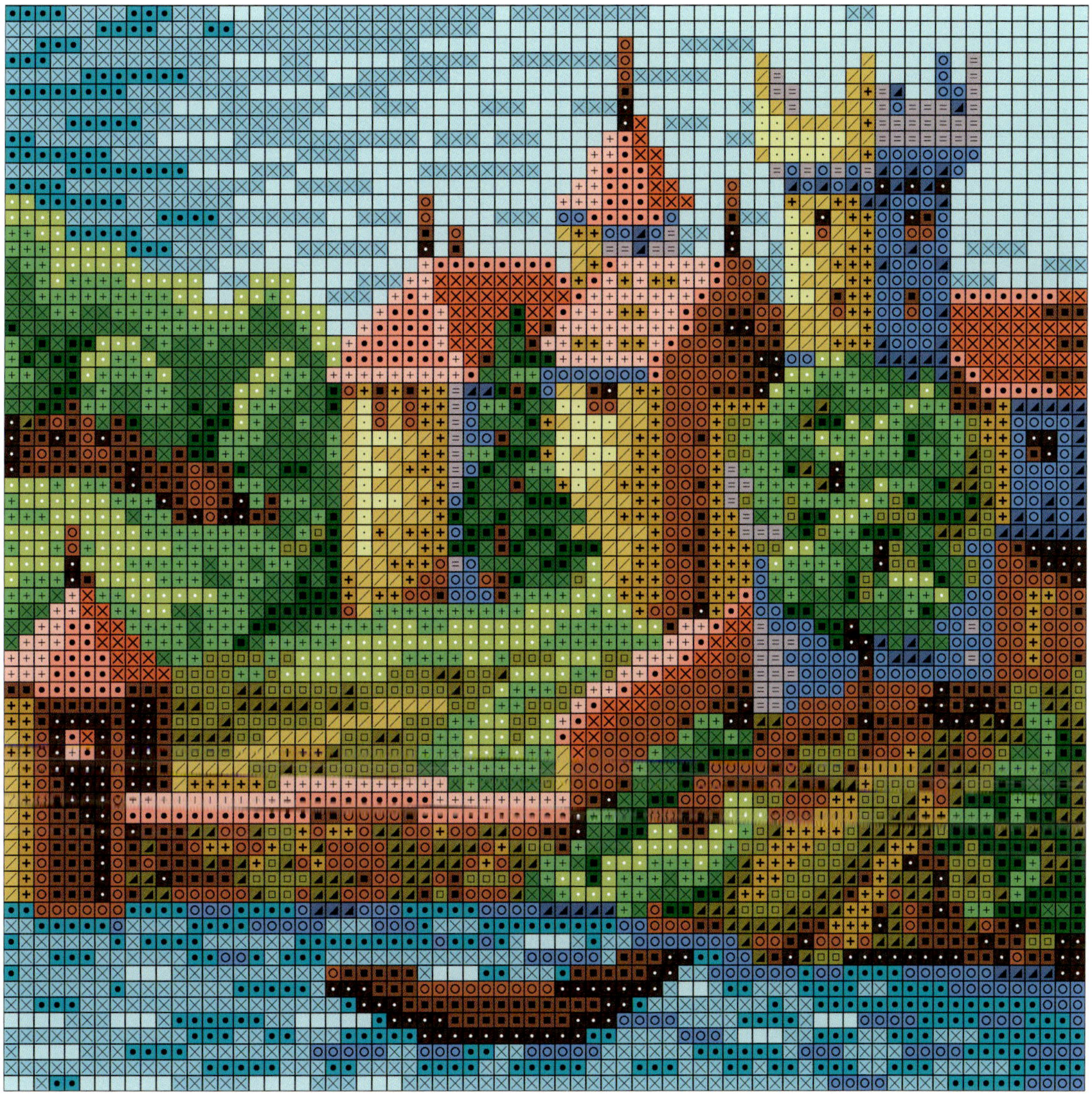

- opaque pale olive (634 Perlen)
- opaque lime (591 Perlen)
- opaque bright grass green (305 P.)
- opaque teal green (255 Perlen)
- silk light khaki (202 Perlen)
- matte light olive (169 Perlen)
- opaque rust (334 Perlen)
- opaque dark brown (269 Perlen)
- opaque black (158 Perlen)

Castle Tapestry Bag

Den Handgriff mit der Netzverzierung anfertigen

10 Nachdem Sie der Unterkante die Netzfransen hinzugefügt haben, arbeiten Sie eine Reihe Bögen am oberen Ende des Täschchens in dergleichen Art. Schauen Sie auf die Grafik mit den Netzfransen und dem Griff (unten) und fügen Sie die beiden Spitzen wie gezeigt hinzu. Sichern Sie den Faden, wenn Sie die Spitzen fertiggestellt haben. Die Griffe können Sie auf beiden Seiten oder nur auf einer anfügen (siehe Foto rechts).

11 Verwenden Sie einen neuen Faden und nehmen Sie die Süßwasserperlen im Wechsel mit 11/0 Saatperlen auf. Fahren Sie fort, bis der Griff die gewünschte Länge erreicht hat; eine Länge von 30 bis 35 cm ist gut. Fädeln Sie nach der letzten Süßwasserperle 1x 11/0 Perle und dann die größere, Reiskornförmige Perle auf. Führen Sie die Nadel durch die äußerste 11/0 Saatperle der Spitze.

12 Fädeln Sie durch alle Perlen des Griffs zurück und fügen Sie nach der letzten Süßwasserperle 1x 11/0 Saatperle und die größere, reiskornförmige Perle hinzu. Fädeln Sie durch die äußerste Perle der Spitze, zurück durch alle Perlen des Griffs und die 11/0 Saatperle der ersten Spitze, sodass Sie mindestens zweimal komplett durch den Griff gefädelt haben.

13 Kommen Sie am Ende an derselben Stelle heraus, an der sich der Fadenrest vom Anfang befindet. Verknoten Sie beide Fäden und führen Sie sie in entgegengesetzter Richtung durch den Griff, bzw. das Perlennetz und schneiden Sie sie ab.

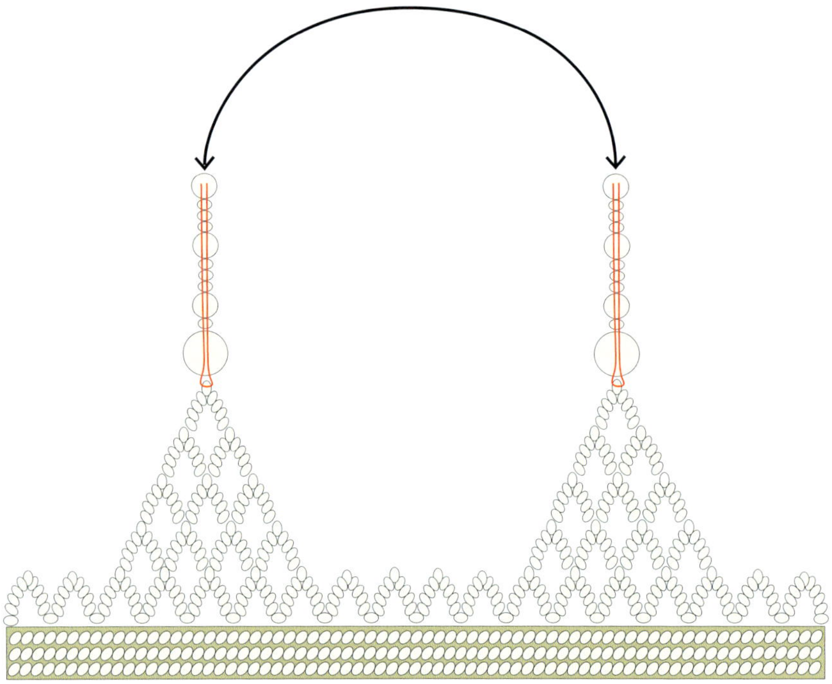

Handgriff mit Netzverzierung

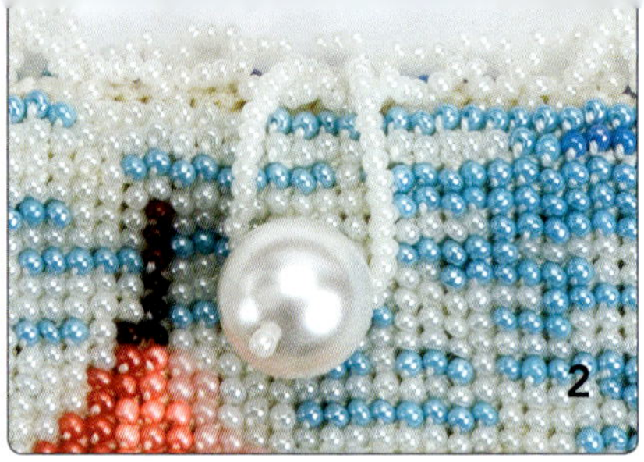

Fertigstellung

14 Nähen Sie, um den Verschluss anzufertigen, die 12 mm Rundperle in der Mitte des Täschchens, ca. 1,3 cm vom Rand entfernt, an (siehe Foto oben). Nehmen Sie dazu die Rundperle und 1x 11/0 Perle auf, lassen Sie die 11/0 Perle aus und fädeln Sie zurück durch die Rundperle zum inneren Umschlag und vernähen Sie den Faden.

15 Kommen Sie mit einem neuen, doppelten Faden aus der Mitte des hinteren Umschlags und nehmen Sie so viele 11/0 Saatperlen auf, dass diese um die Rundperle passen, ohne diese nach oben zu ziehen. Fädeln Sie so oft wie möglich durch die Perlen der Schlaufe; vernähen Sie den Faden und schneiden Sie ihn ab.

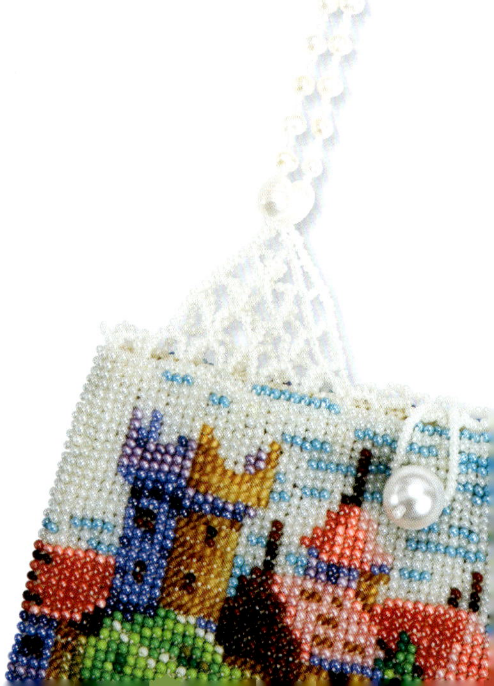

Eine elegante, kleine Tasche mit einem Knopfverschluss – dieses Projekt sieht schwieriger aus, als es ist (das müssen Sie natürlich niemandem erzählen). Arbeiten Sie das gezeigte Muster nach, oder entwerfen Sie ihr eigenes Muster auf der leeren Mustervorlage auf Seite 127.

A Peach of a Bag

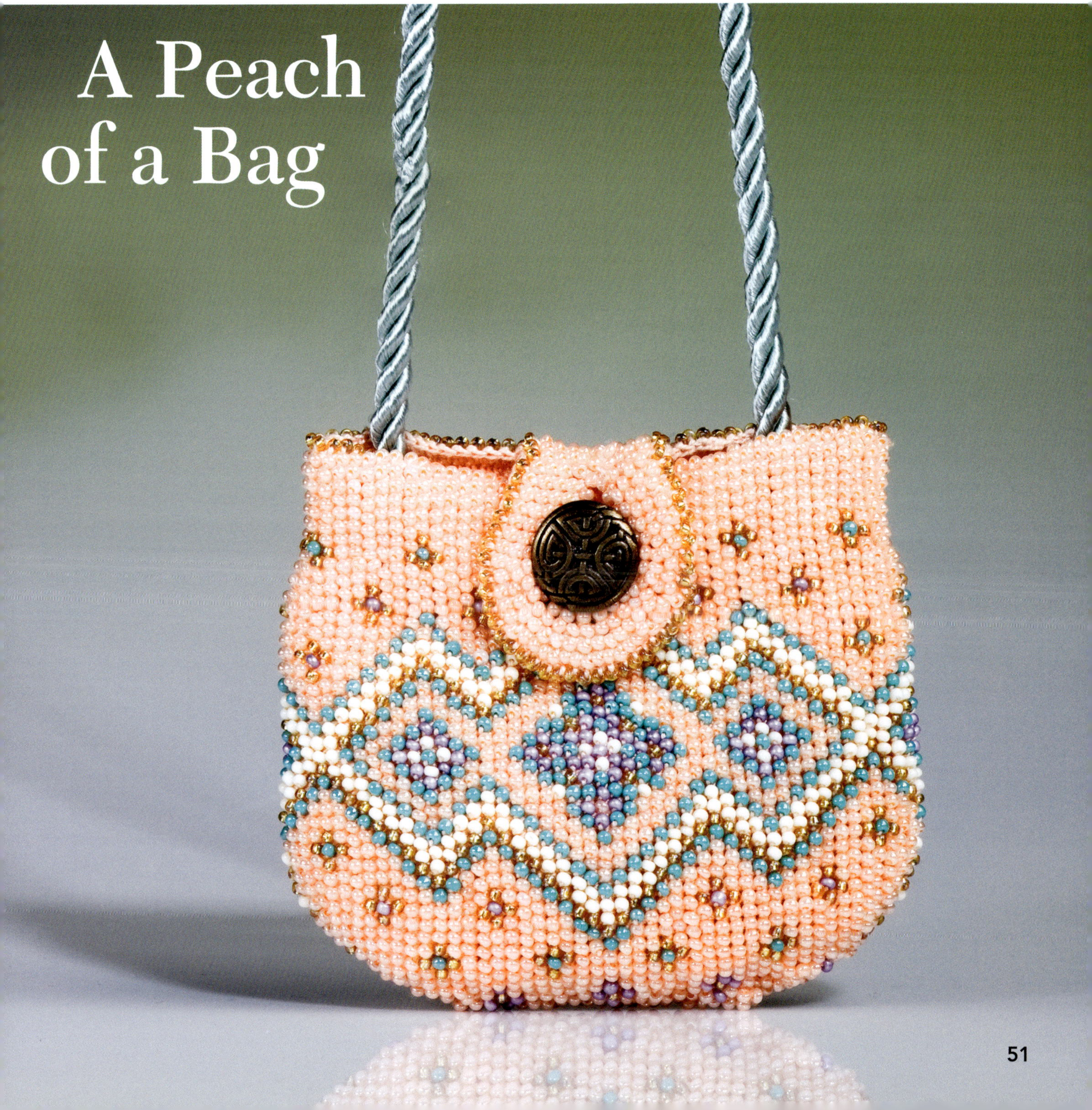

A Peach of a Bag

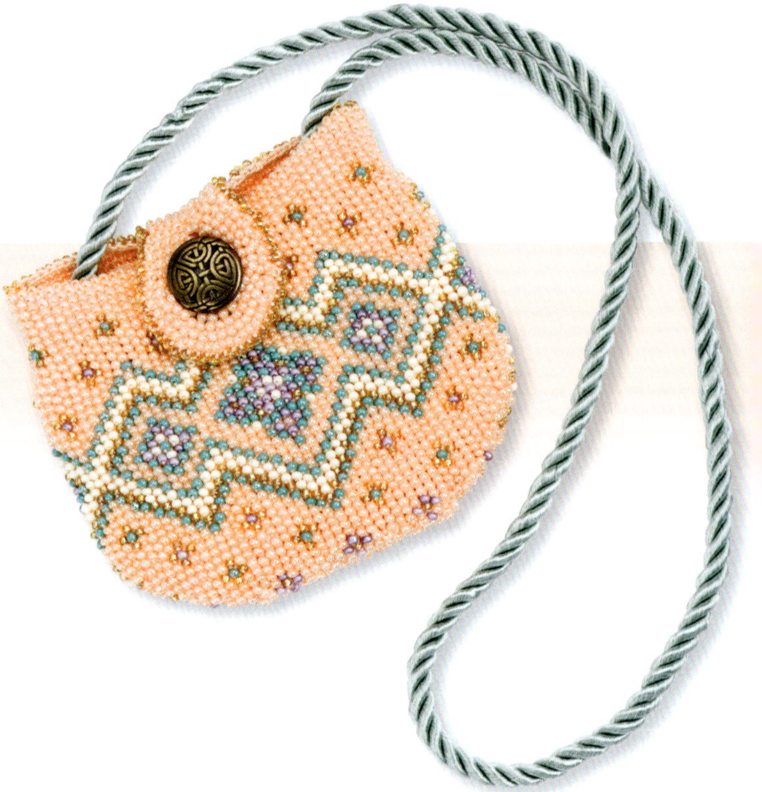

Vor dem Beginn

Hier lernen Sie, wie Sie einen Knopfverschluss anfertigen und Innenecken arbeiten, indem Sie drei Maschen zusammenfassen. Zuerst wird der untere Teil gehäkelt und dann die Verschlusslasche separat gearbeitet. Der Aufschritt wird von seiner Position in der Mitte des unteren Bereichs zur Seite hin verschoben. Beachten Sie die farbigen Markierungen im Muster; diese zeigen die speziellen Schritte beim Häkeln an.

Material

Perlen

11/0 Saatperlen (Tschechien):

- opaque bone (235 Perlen)
- ceylon peach (3.758 Perlen)
- silver-lined gold AB (422 Perlen)
- opaque lustered turquoise (285 Perlen)
- silk medium lavender (52 Perlen)

Weitere Materialien / Hilfsmittel

#12 Perle Cotton, peach, 5 g

Knopf mit Öse, 1,3 cm im Durchmesser

Gedrehte Satin-Kordel als Handgriff, 60 cm (optional)

Häkelnadel, Perlennadel und Schere

Nähgarn und -nadel zum Annähen des Knopfes (optional)

Anleitung

Den unteren Bereich arbeiten

1 Fädeln Sie mindestens die untersten 14 Runden auf. Sie werden hier Zunahmen arbeiten und es ist einfacher, wenn Sie dabei kein neues Garn ansetzen müssen. Fügen Sie an den rot und grün gekennzeichneten Stellen keine Perlen hinzu.

2 Die anfängliche Luftmaschenkette ist 59 Maschen lang; verbinden Sie diese mit einer Kettmasche.

3 Arbeiten Sie 14 feste Maschen mit Perlen, dann zwei feste Maschen ohne Perlen. Diese beiden Lücken sind in der Grafik rot markiert. Häkeln Sie 27 feste Maschen mit Perlen und wieder zwei Maschen ohne Perlen. Stellen Sie die Runde mit 14 festen Maschen mit Perlen fertig und arbeiten Sie den Aufschritt.

4 Arbeiten Sie in der nächsten Runde 14 feste Maschen mit Perlen, dann zwei feste Maschen mit Perlen in jede der nächsten beiden Maschen (dies sind die Maschen ohne Perlen). Indem Sie die ersten Zunahmen in perlenlosen Maschen arbeiten, werden die Ecken runder.

5 Häkeln Sie 27 feste Maschen mit Perlen und dann wieder zwei feste Maschen mit Perlen in jede der beiden folgenden, perlenlosen Maschen. Stellen Sie die Runde mit 14 festen Maschen mit Perlen fertig und arbeiten Sie den Aufschritt.

6 Sie werden bemerken, dass sich Ecken geformt haben. In den nächsten acht Runden werden Sie je vier Zunahmen arbeiten, jeweils zwei nebeneinander an beiden Seiten des Musters. Der Aufschritt findet immer in der Mitte der Rückseite der Arbeit statt.

7 Häkeln Sie in der Runde nach den Zunahmen je eine feste Masche mit Perle in jede Masche und arbeiten Sie den Aufschritt.

8 Arbeiten Sie in der folgenden Runde je eine feste Masche mit Perle in jede Masche, jedoch nicht an den grün markierten Stellen, hier wird zusätzlich eine feste Masche ohne Perle gearbeitet.

9 Sie haben jetzt die Form der Tasche festgelegt. Fahren Sie mit dem Auffädeln und Abhäkeln fort, bis der gesamte Musterbereich gearbeitet wurde; arbeiten Sie an den orange markierten Stellen eine Abnahme. Vernähen Sie den Faden und schneiden Sie ihn ab.

Unterer Bereich des Musters

Führen Sie das Muster über die Lücken in der Grafik hinfort.

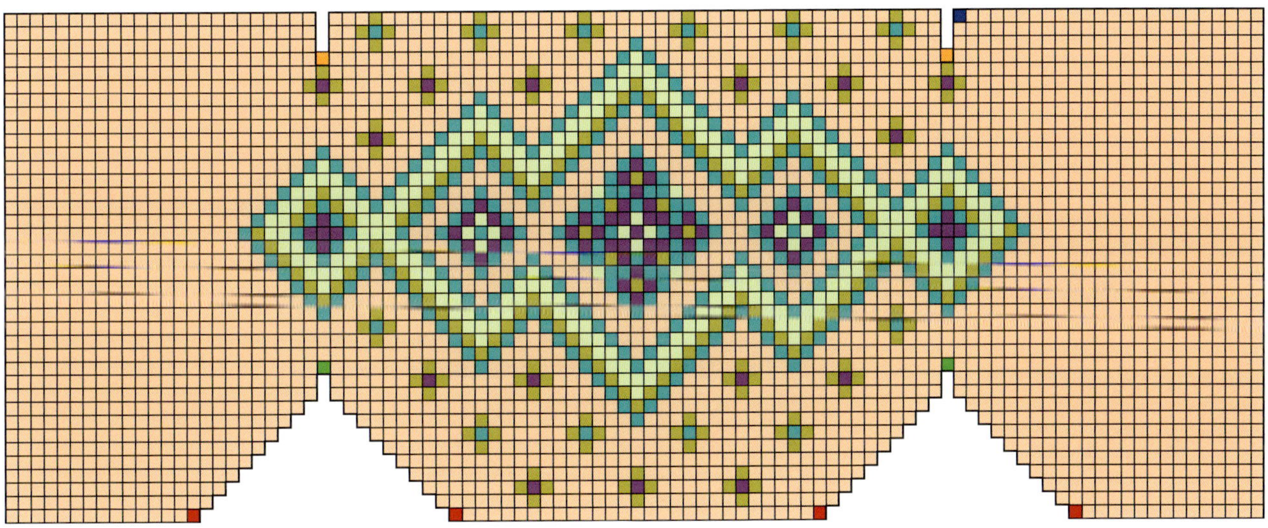

- opaque bone (235 Perlen)
- ceylon peach (3.758 Perlen)
- silver-lined gold AB (422 Perlen)
- opaque lustered turquoise (285 P.)
- silk medium lavender (52 Perlen)

- Eine feste Masche ohne Perle
- Zunahme: Zwei Maschen in die Masche
- Abnahme: Eine Masche in zwei Maschen

A Peach of a Bag

Den oberen Bereich anfertigen

10 Nehmen Sie ca. 800 peachfarbene Perlen auf (ca. 1,5 Teelöffel; 7,4 ml). Ziehen Sie an der im Muster auf Seite 53 blau markierten Stelle eine Schlaufe. Arbeiten Sie eine Luftmasche und die erste feste Masche in dieselbe Stelle. Arbeiten Sie zur Mitte der Rückseite (feste Maschen mit Perlen) bis Sie die vorige Aufschrittposition erreicht haben (in Grafik 1 mit einer blauen Linie markiert). Arbeiten Sie sechs Luftmaschen mit Perlen (in grün dargestellt) und 20 Luftmaschen ohne Perlen (in rot dargestellt).

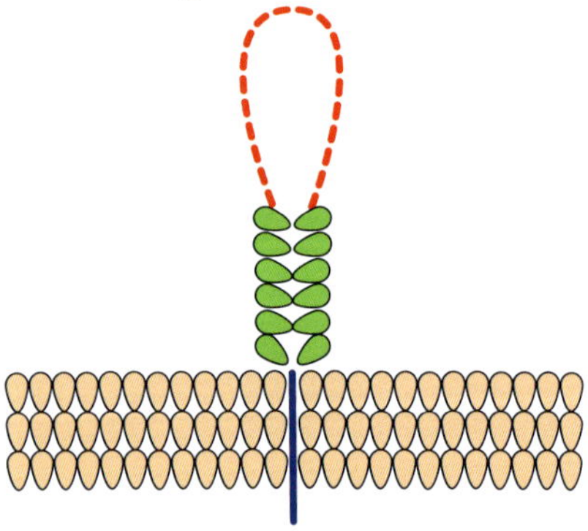

Grafik 1

11 Arbeiten Sie sechsmal je eine feste Masche mit Perle in jede Luftmasche mit Perle. Häkeln Sie dann mit festen Maschen mit Perlen weiter, bis Sie ihren neuen Aufschrittpunkt erreicht haben (im Muster blau markiert). Arbeiten Sie den Aufschritt.

12 Schauen Sie auf Grafik 2, welche die gesamte Rückseite darstellt. Häkeln Sie 21 feste Maschen mit Perlen. Der nächste Schritt ist, eine Innenecke zu arbeiten. Ziehen Sie je eine Schlaufe aus den nächsten zwei Maschen und aus der ersten Luftmasche mit Perle. Arbeiten Sie die feste Masche mit Perle und verwenden Sie dabei alle Schlaufen. Die daraus resultierende Masche ist in Grafik 2 gelb dargestellt. Häkeln Sie nun in die nächsten fünf Maschen mit Perlen feste Maschen mit Perlen. Arbeiten Sie 24 feste Maschen mit Perlen in den Ring aus 20 Luftmaschen. Häkeln Sie je eine feste Masche mit Perle in jeder der nächsten fünf festen Maschen mit Perlen.

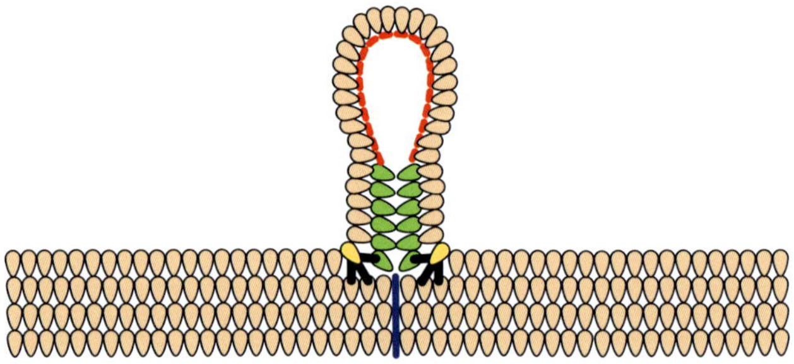

Grafik 2

13 Arbeiten Sie eine weitere Innenecke und verwenden Sie Schlaufen aus der letzten Masche der festen Masche mit Perle und der folgenden zwei festen Maschen mit Perlen. Arbeiten Sie wie gewohnt weiter, beenden Sie die Runde und fertigen Sie den Aufschritt.

14 Schauen Sie auf Grafik 3, beginnen Sie die nächste Runde mit 20 festen Maschen mit Perlen und arbeiten Sie dann eine Innenecke. Häkeln Sie 13 feste Maschen mit Perlen und arbeiten Sie dann eine Zunahme, indem Sie zwei Maschen mit Perlen in die folgende Masche häkeln. Arbeiten Sie vier feste Maschen mit Perlen und dann erneut eine Zunahme. Häkeln Sie 13 feste Masche mit Perlen und wiederholen Sie die Innenecke. Beenden Sie die Runde und arbeiten Sie den Aufschritt.

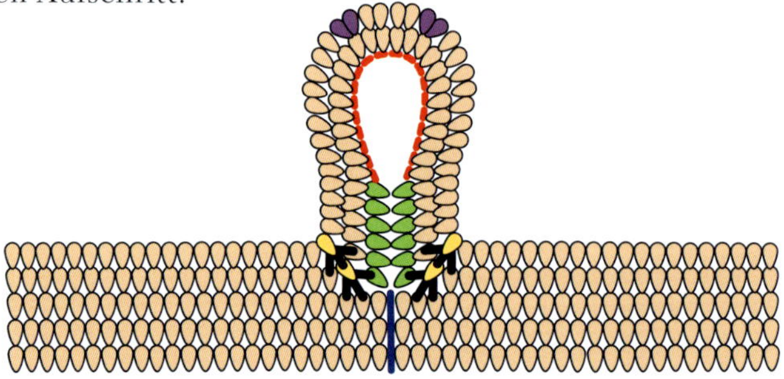

Grafik 3

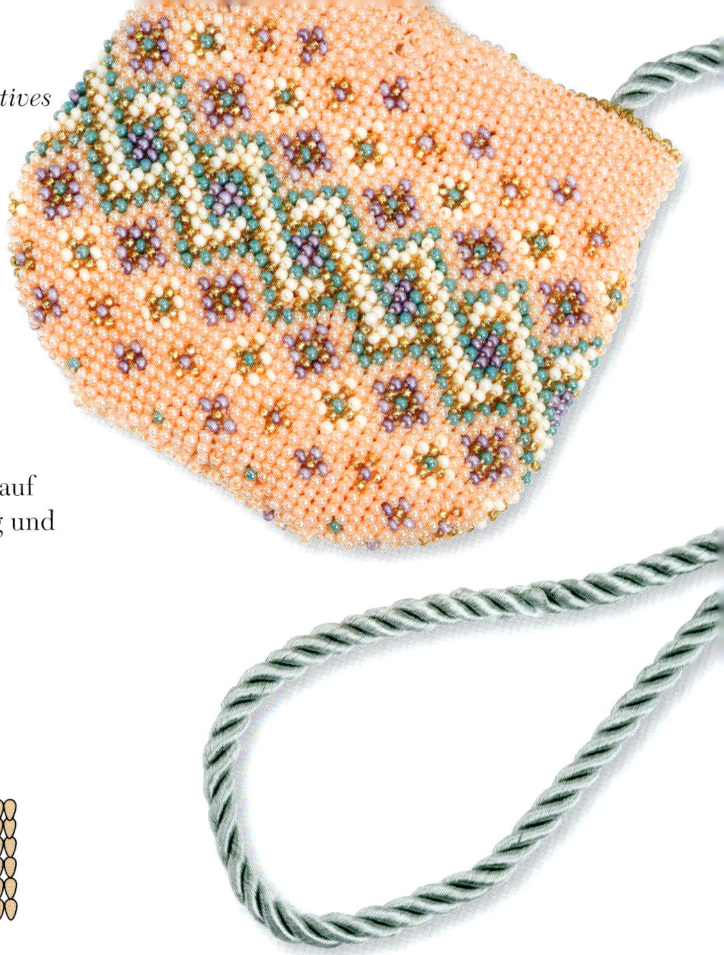

Das Foto zeigt ein alternatives Muster für die Rückseite.

15 Beginnen Sie die nächste Runde mit 19 festen Maschen mit Perlen und arbeiten Sie dann die Innenecke. Arbeiten Sie die Zunahmen wie in Grafik 4 gezeigt (lilafarbene Maschen). Spiegeln Sie die Zunahmen und die Innenecke auf der gegenüberliegenden Seite. Stellen Sie die Runde fertig und arbeiten Sie den Aufschritt.

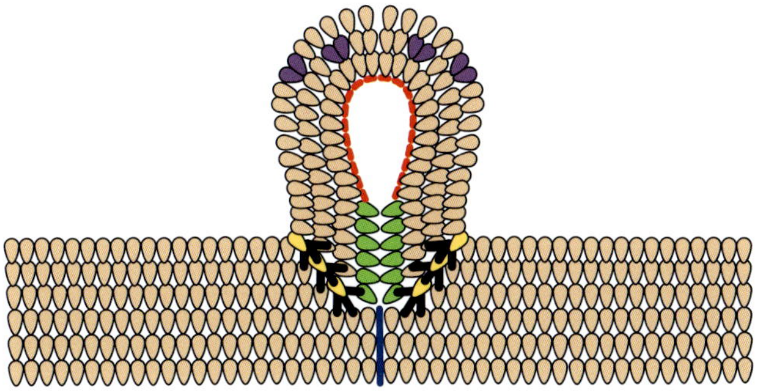

Grafik 4

16 Beginnen Sie die nächste Runde mit 18 festen Maschen mit Perlen. Arbeiten Sie die Innenecke und dann nur eine feste Masche mit Perle. Überspringen Sie die nächste Masche (in Grafik 5 pink dargestellt) und folgen Sie dann der Grafik mit den lilafarben markierten Zunahmen. Spiegeln Sie die Zunahmen, überspringen Sie wieder die Masche, arbeiten Sie die Innenecke und beenden Sie die Runde. Verbinden Sie die Runde mit einer Kettmasche, aber arbeiten Sie den Aufschritt nicht. Schneiden Sie das Garn ab und vernähen Sie es.

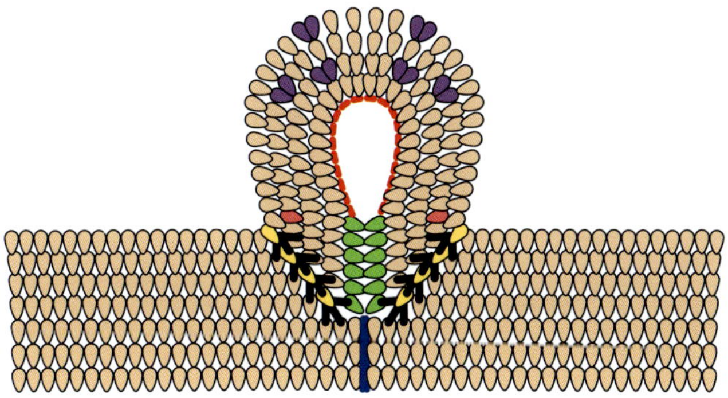

Grafik 5

17 Nehmen Sie 115x 11/0 Perle silver-lined gold AB auf und befestigen Sie das Garn am Aufschritt. Arbeiten Sie 17 feste Maschen mit Perlen. Arbeiten Sie eine Innenecke und häkeln Sie dann ohne Zunahmen um die Lasche herum. Arbeiten Sie wieder eine Innenecke und dann feste Maschen mit Perlen um den Rand herum. Verbinden Sie die Runde mit einer Kettmasche, schneiden Sie das Garn ab und vernähen Sie es.

18 Nähen Sie die Bodennaht mit dem Garn zusammen. Nähen Sie den Knopf so an (entweder mit dem Häkelgarn oder mit einem Nähgarn), dass er gut durch die Lasche passt. Wenn gewünscht, können Sie noch eine Satin-Kordel als Griff annähen.

Es ist Ihre Entscheidung: Sie können diese nützliche kleine Tasche entweder mit verschiedenen Mustern auf jeder Seite arbeiten, oder Sie folgen nur einem Design und lassen das Muster herum laufen.

Aztec & Bargello

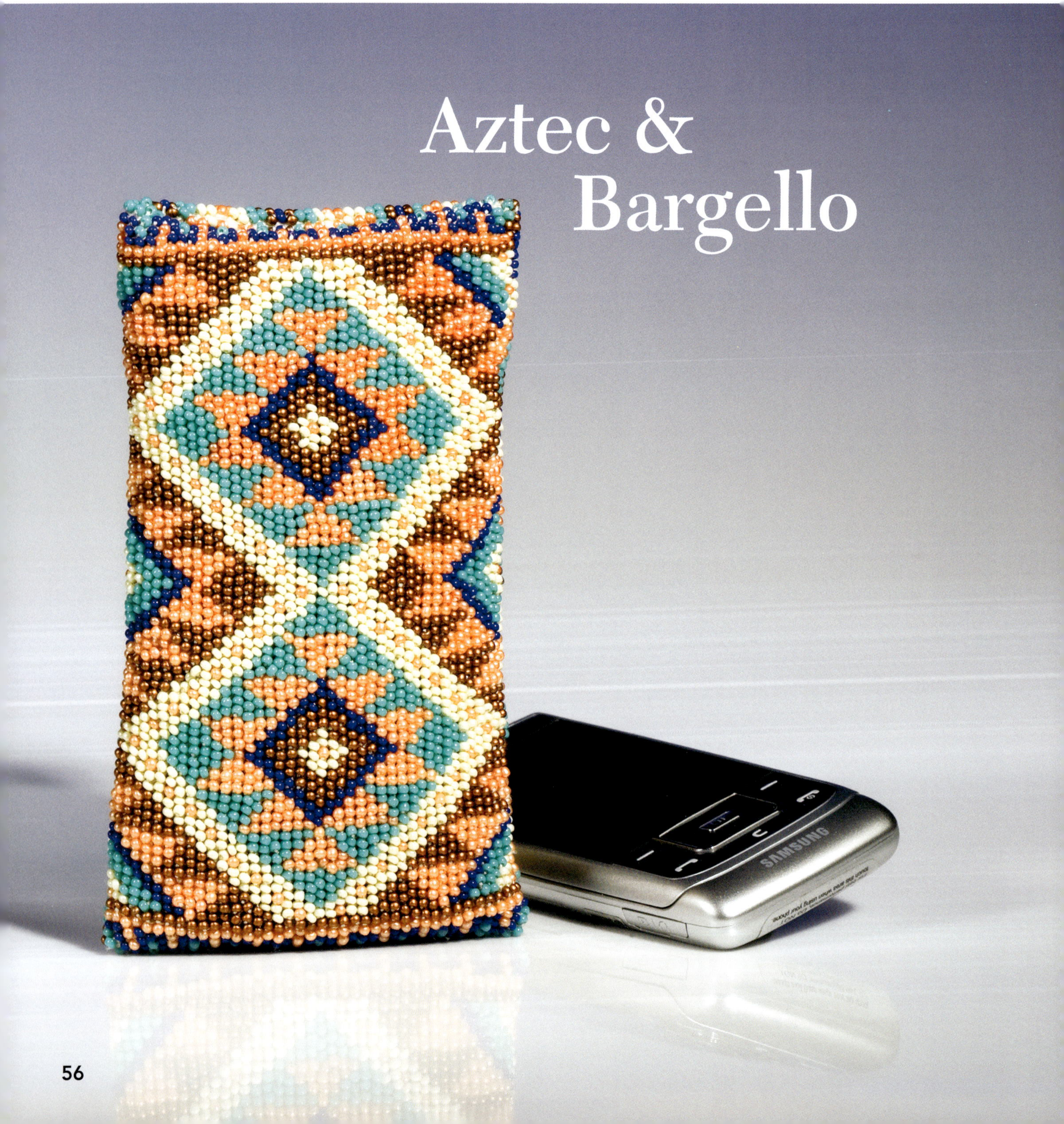

Aztec & Bargello

Vor dem Beginn

Dies ist ein weiteres, einfach herzustellendes, flaches Muster, bei dem die Grundanweisung „Häkeln und los!" lautet. Die Materialliste und das erste Muster beschreiben die Materialien, die für verschiedene Muster auf beiden Seiten benötigt werden. Ich habe aber auch zwei weitere Muster mit den benötigten Perlenmengen angegeben, falls Sie die Tasche mit nur einem Muster arbeiten möchten. Ein Futter wird hier nicht benötigt, da das Häkelgewebe weich ist.

Material

Perlen

Die Mengenangaben gelten für eine Seite im Aztec- und eine Seite im Bargello-Muster:

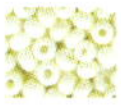
11/0 (Tschechien), silk eggshell (1.451 Perlen)

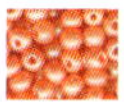
11/0 (Tschechien), silk salmon (1.555 Perlen)

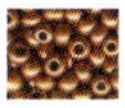
11/0 (Tschechien), silk copper (1.096 Perlen)

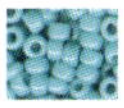
11/0 (Toho #55), opaque turquoise (1.266 Perlen)

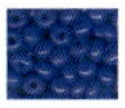
11/0 (Tschechien), opaque cobalt (866 Perlen)

Weiteres Material / Hilfsmittel

#12 Perle Cotton in einer neutralen Farbe wie beige, ca. 10 g

Häkelnadel, Perlennadel und Schere

Nähnadel

Anleitung

1 Entscheiden Sie zuerst, ob Sie das „Aztec und Bargello"- oder nur das „Aztec"- oder „Bargello"-Muster arbeiten möchten und legen Sie sich die Perlen zurecht. Fädeln Sie die Perlen in Abschnitten zu acht bis zehn Runden pro Abschnitt auf.

2 Da Sie den Garnrest der anfänglichen Luftmaschenkette aus 82 Maschen später zum Zusammennähen des Bodens benötigen, lassen Sie ca. 20 cm übrig.

3 Arbeiten Sie vom Boden nach oben und häkeln Sie die Runden ab.

4 Folgen Sie der Anleitung zum Schließen offener Enden (Seite 26) und verwenden Sie den Garnrest, um die Bodennaht zu schließen.

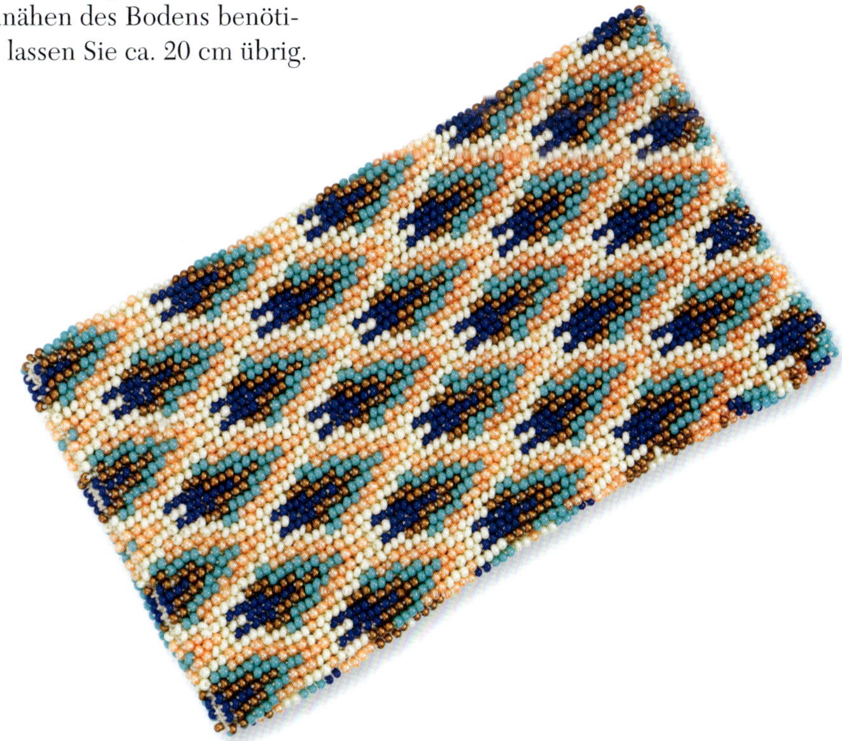

Aztec & Bargello

Aztec- und Bargello-Muster

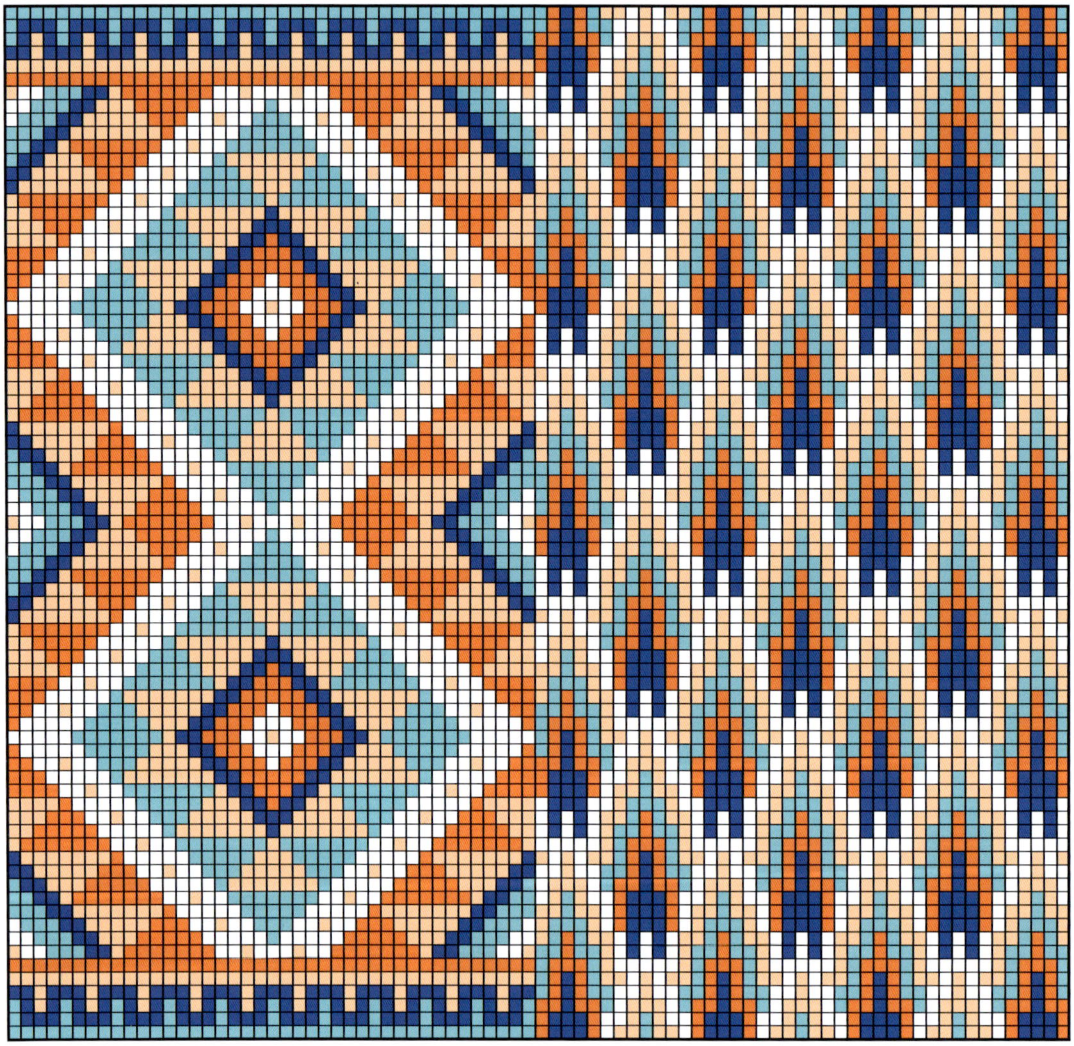

silk eggshell (1.451 Perlen)

silk salmon (1.555 Perlen)

silk copper (1.096 Perlen)

opaque turquoise (1.266 Perlen)

opaque cobalt (866 Perlen)

Aztec-Muster

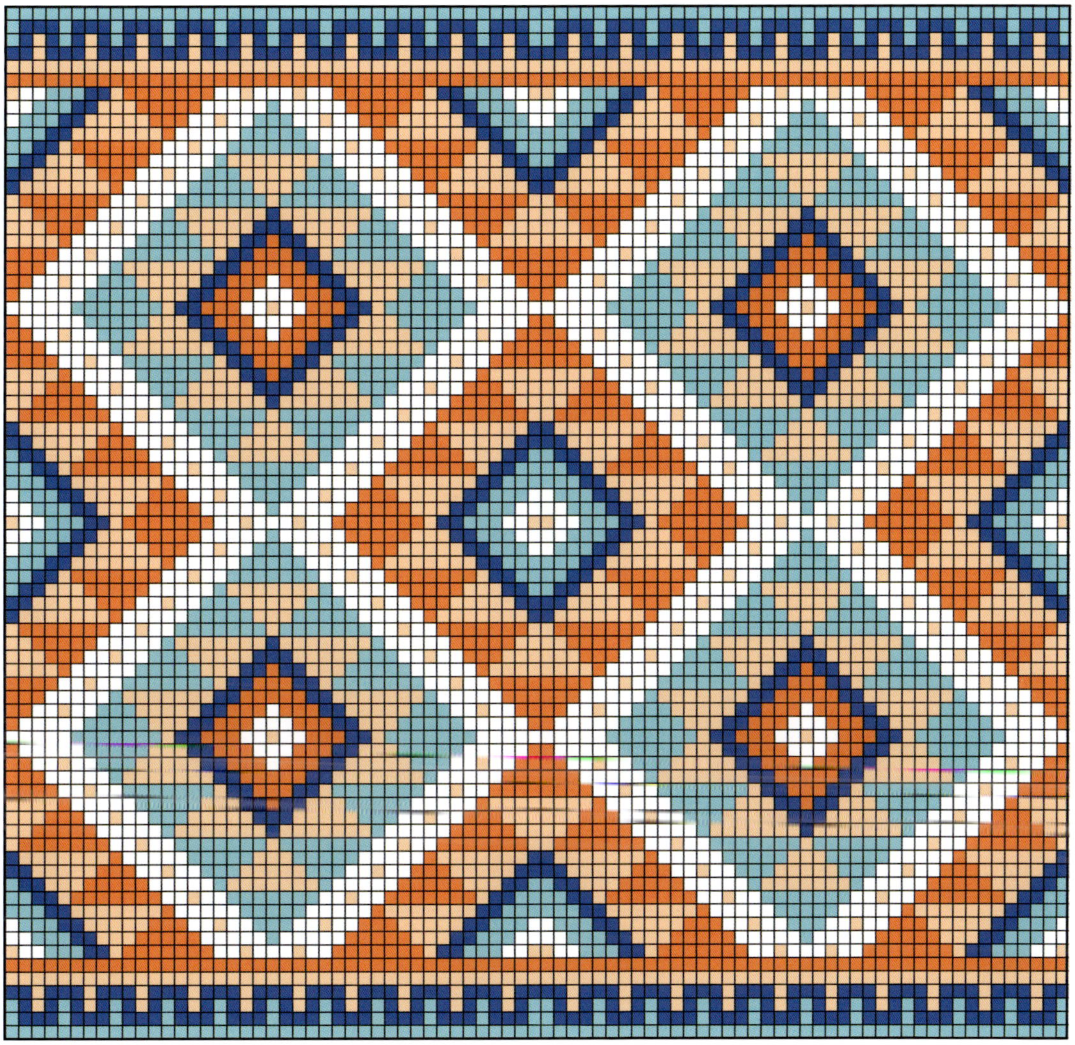

- silk eggshell (1.612 Perlen)
- silk salmon (1.425 Perlen)
- silk copper (1.096 Perlen)
- opaque turquoise (1.212 Perlen)
- opaque cobalt (958 Perlen)

Bargello-Muster

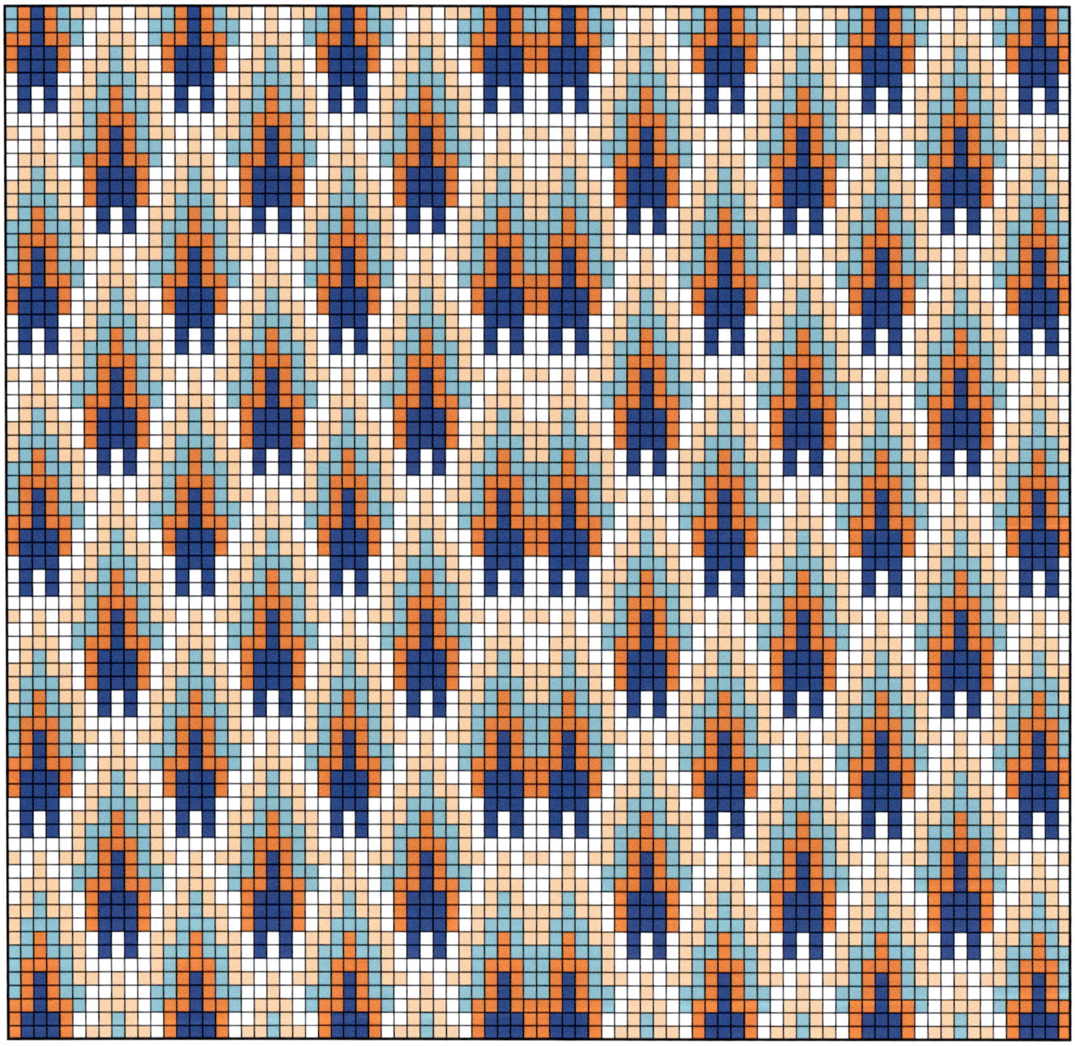

- silk eggshell (1.290 Perlen)
- silk salmon (1.684 Perlen)
- silk copper (1.256 Perlen)
- opaque turquoise (1.320 Perlen)
- opaque cobalt (764 Perlen)

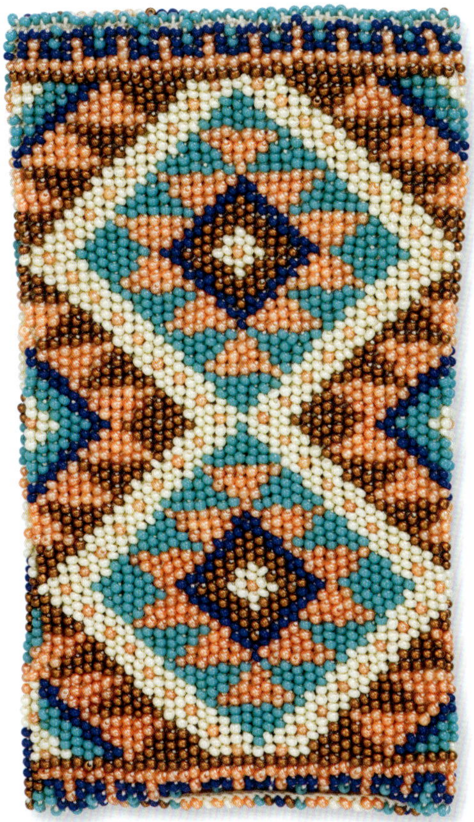 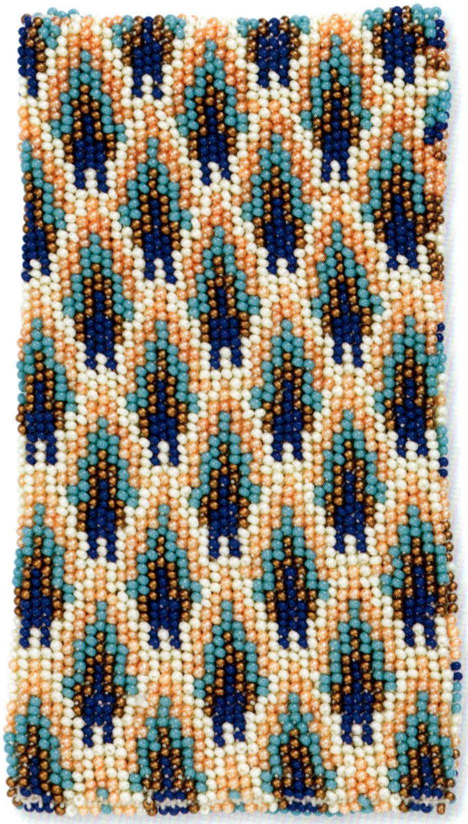

Tipp

Sie können den oberen Rand durch einen Knopfverschluss aufpeppen.

Was bedeutet der Name?

„Bargello“ ist eine traditionelle Sticktechnik, bei der lange Fäden senkrechten Mustern folgen, die geometrisch oder flammenartig aussehen. Der andere Name der Technik ist „Flammenstich“. Diese Technik wurde häufig für die Polster von Möbeln oder Zierkissen verwendet.

Leder-Bargello Bag

Nur die Oberkante und die Griffe dieser aufwendigen Tasche wurden gehäkelt; das goldfarbene Leder und weiche Futter ergeben die perfekte Begleitung.

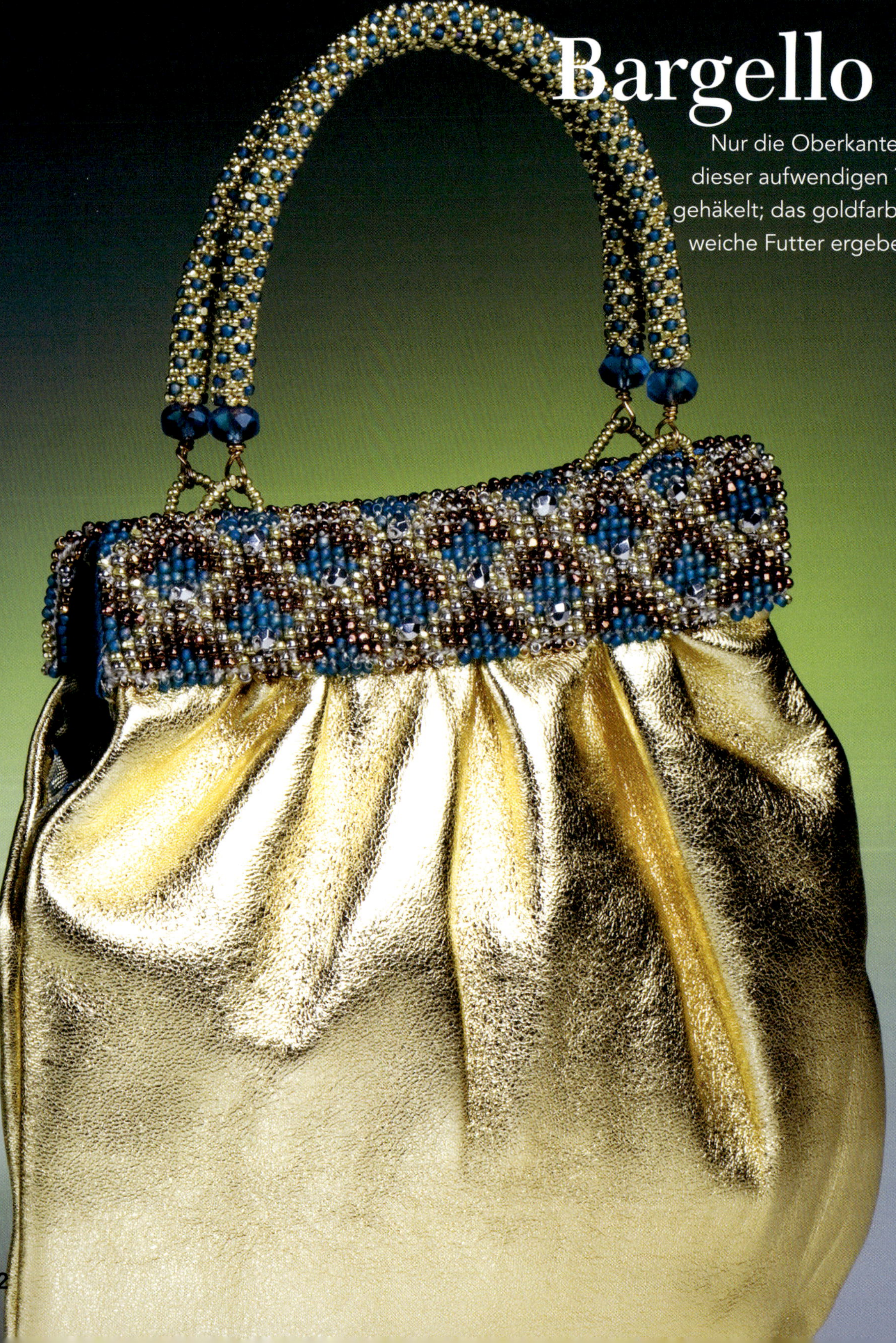

Vor dem Beginn

Da der Häkelanteil dieser Tasche nicht sehr groß ist, können Sie die Perlen für eine Seite komplett auffädeln – es werden keine Abschnitte benötigt! Die Rückseiten der Häkelbänder werden perlenlos sein und bei der Fertigstellung der Tasche werden diese unbeperlten Rückseiten mit dem Futterstoff bedeckt.

Material

Perlen

Für das gehäkelte Band:

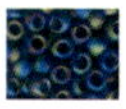
11/0 (Toho #176F), matte capri blue AB (385 Perlen)

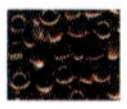
11/0 (Tschechien), dark metallic copper (355 Perlen)

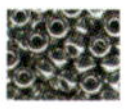
11/0 (Tschechien), galvanized chrome (315 Perlen)

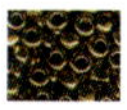
11/0 (Tschechien), metallic brass (310 Perlen)

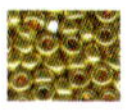
11/0 (Tschechien), galvanized bright gold charlotte (290 Perlen)

4 mm feuerpolierte Glasperlen, crystal / silver, 24 Stück

Für die Handgriffe:

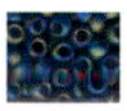
11/0 (Toho #176F), matte capri blue AB (310 Perlen)

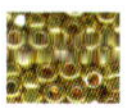
11/0 (Tschechien), galvanized bright gold charlotte (930 Perlen)

8 x 6 Rondelle, matte aqua, 4 Stück

Weiteres Material / Hilfsmittel

Für das Häkelband:

#12 Crochet Cotton, tan oder light ochre, 2,5 g

10 x 18 cm dünner Karton

Für die Handgriffe:

66 cm Kupferdraht, 18-gauge

Für die Tasche:

Goldfarbenes Leder (Lamm- oder Ziegenleder), 21,6 x 31,8 cm

Futterstoff (Seide oder Ähnliches), 23 cm

Nähgarn in passender Farbe

Häkelnadel, Perlennadel und Schere

Nähnadel

Drahtschneider, Rundzange und Flachzange

Anleitung

Die Bänder häkeln

1 Folgen Sie dem oberen Muster auf Seite 64, um das vordere Häkelband zu arbeiten. Fädeln Sie alle Perlen auf einmal auf; es werden keine Abschnitte benötigt. Die anfängliche Luftmaschenkette besteht aus 120 Maschen. Verbinden Sie diese mit einer Kettmasche und arbeiten Sie die erste feste Masche ohne Perle in diese (Aufschritt).

2 Häkeln Sie 30 feste Maschen ohne Perlen (insgesamt also 31 feste Maschen ohne Perlen).

3 Arbeiten Sie 59 feste Maschen mit Perlen, dies ist eine komplette Reihe des gezeigten Musters.

Leder-Bargello Bag

4 Häkeln Sie 30 feste Maschen ohne Perlen und dann den Aufschritt wie zuvor. Wie Sie sehen, hat die Seite ohne Perlen zwei Maschen mehr als die Seite mit Perlen und der Aufschritt fällt nicht genau in die Mitte der Rückseite.

5 Häkeln Sie alle Runden in dieser Art, mit 59 festen Maschen mit Perlen auf einer und 61 festen Maschen ohne Perlen auf der anderen Seite. Lassen Sie am Schluss mindestens 30 cm Garn zur späteren Fertigstellung übrig.

6 Um das Häkelband für die Rückseite zu arbeiten, folgen Sie dem unteren Muster und wiederholen die Schritte 1 bis 5.

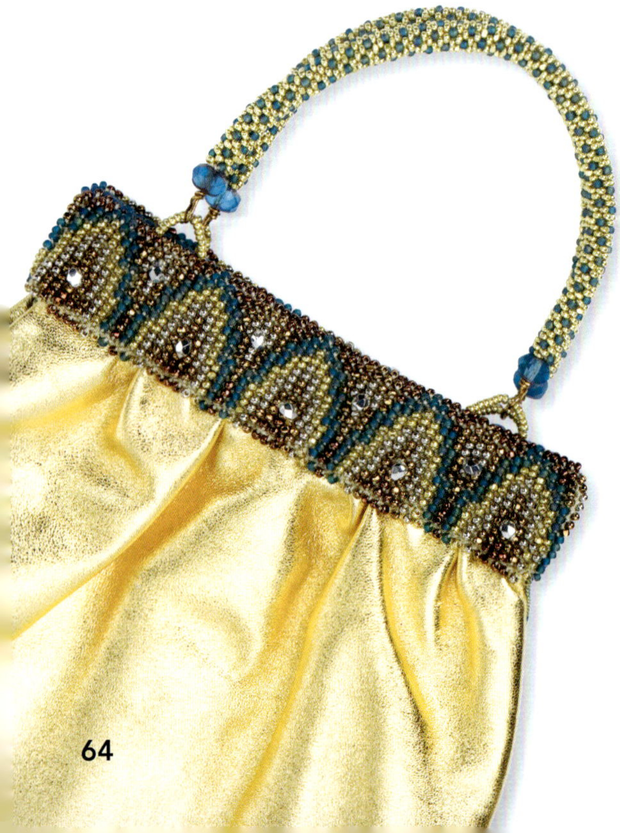

Vorderseite des Bands

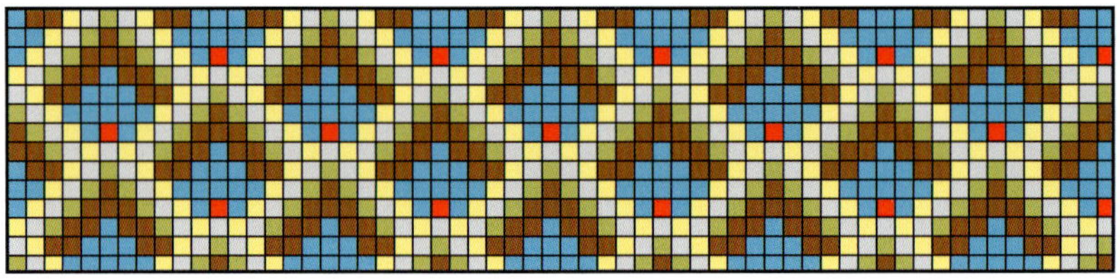

Rückseite des Bands

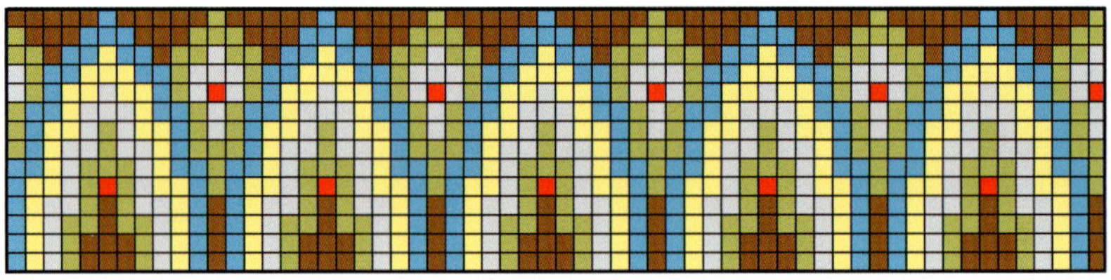

- matte capri blue AB (385 Perlen)
- dark metallic copper (355 Perlen)
- galvanized chrome (315 Perlen)
- metallic brass (310 Perlen)
- galvanized bright gold charlotte (290 Perlen)
- feuerpolierte Glasschliffperlen (24 Perlen)

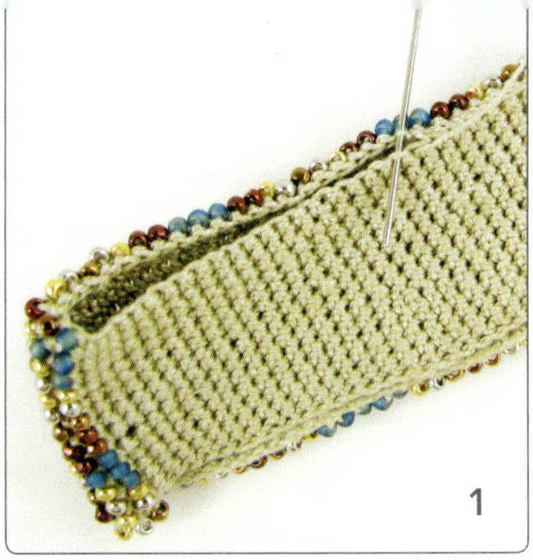

1

Das Band fertigstellen

7 Verwenden Sie bei beiden Häkelbändern den Garnrest und nähen Sie die oberen Ränder (nicht die unteren Ränder) unsichtbar zusammen (Foto 1). Achten Sie darauf, nicht zu fest anzuziehen, da die Kante sich sonst kräuselt und verkürzt.

8 Schneiden Sie zwei Stücke aus leichtem Karton, ca. 6 mm länger und 3 mm schmaler als die Häkelbänder aus.

9 Stecken Sie den Karton in das Häkelband (Foto 2) und dehnen Sie es dabei, damit es die Länge des Kartons erreicht. Wenn der Karton herausschaut, prüfen Sie, ob er wirklich ganz drin steckt. Wenn dann immer noch Karton herausschaut, nehmen Sie ihn heraus und schneiden ihn zurecht, bis er passt (wie Foto 3 zeigt). Passen Sie auf, dass Sie nicht in die Häkelarbeit schneiden.

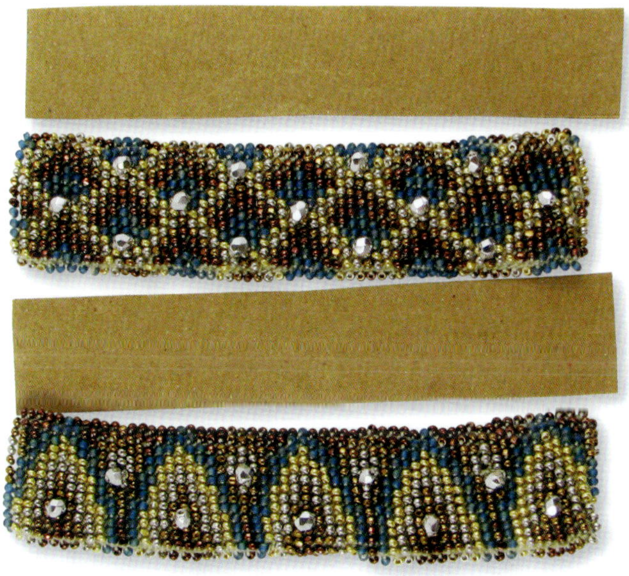

2

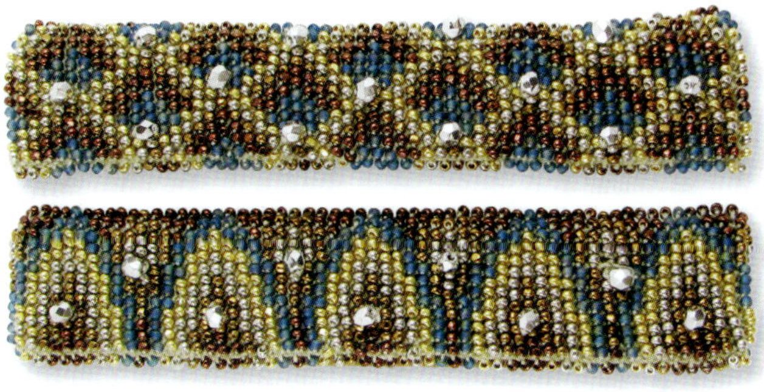

3

Die Ledertasche anfertigen

10 Falten Sie das Lederstück mit der rechten Seite nach innen in der Mitte zusammen. Nähen Sie die Seiten bis 2/3 nach oben zusammen und arbeiten Sie dabei die Kurven, wie die Grafik zeigt.

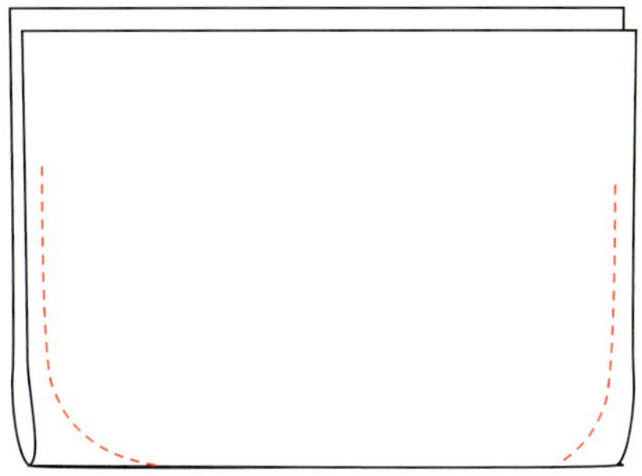

11 Schneiden Sie ca. 1,3 cm vom Innenfutter an der oberen Kante ab, sodass es in das Lederstück passen wird, und nähen Sie es dann wie das Leder zusammen.

12 Schneiden Sie die Ecken ab und dann ein, wie es die Fotos 4 und 5 zeigen.

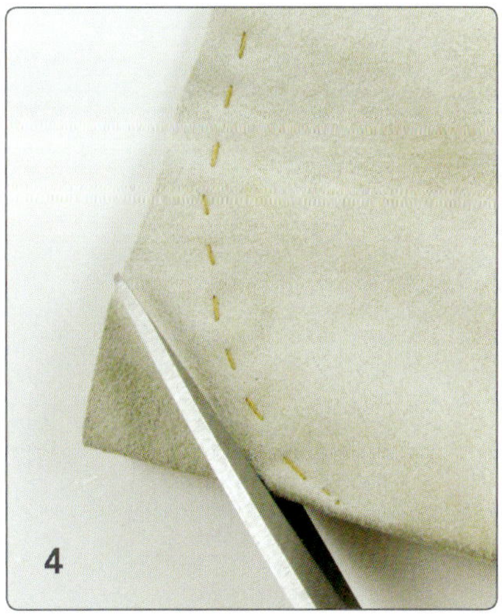

4

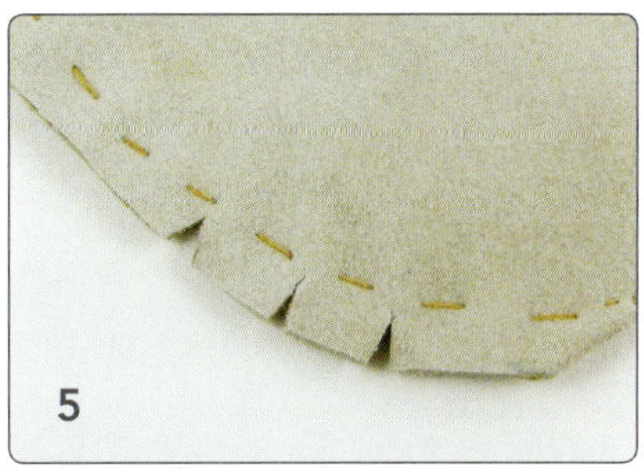

5

Leder-Bargello Bag

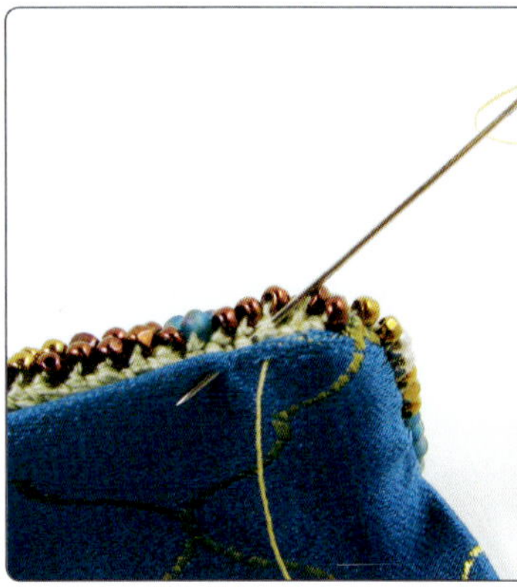

6

Das Futter hinzufügen

13 Schneiden Sie den Futterstoff an jeder Kante ca. 1,3 cm größer als das Häkelband ab. Schieben Sie die Ober- und Seitenränder unter und nähen Sie es fest, sodass der untere Rand immer noch offen ist (Foto 6).

14 Wenn Ihr Futterstoff von beiden Seiten hübsch aussieht, können Sie, wie in diesem Stück, beide Seiten verwenden. Führen Sie einen Faden ca. 1,3 cm vom offenen Rand entfernt durch den Futterstoff, sodass es dieselbe Breite wie das Häkelband hat (Foto 7).

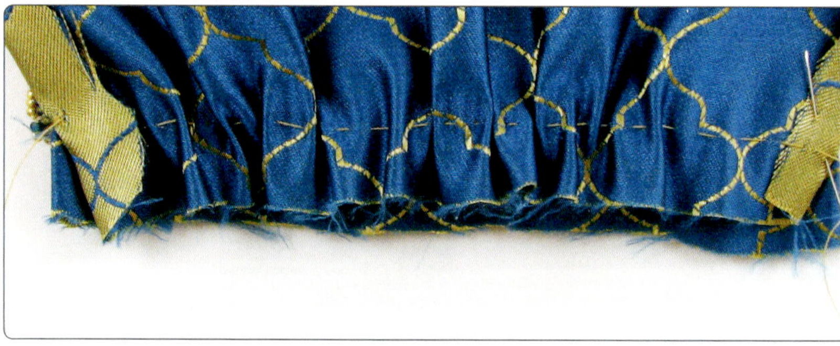

7

15 Stecken Sie das Futter in das offene Band zwischen dem Futterstoff und der Häkelarbeit und nähen Sie dann die untere Kante des Häkelbandfutters auf die obere Kante des Taschenfutters (Foto 8).

8

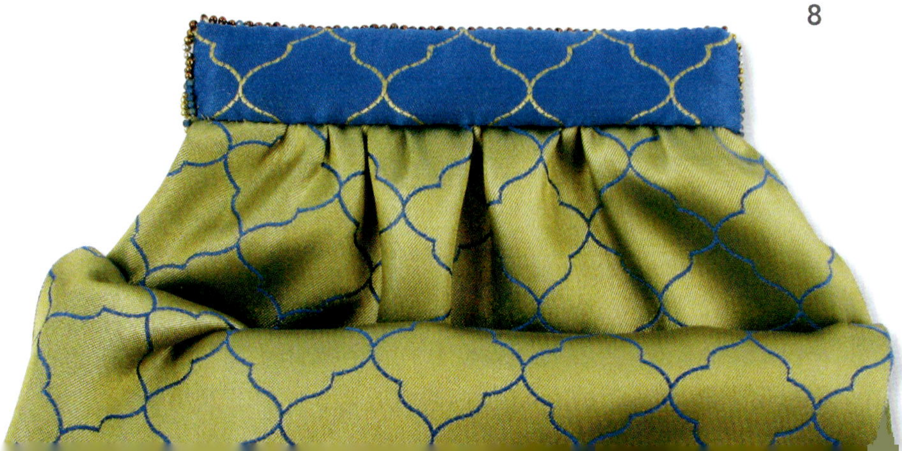

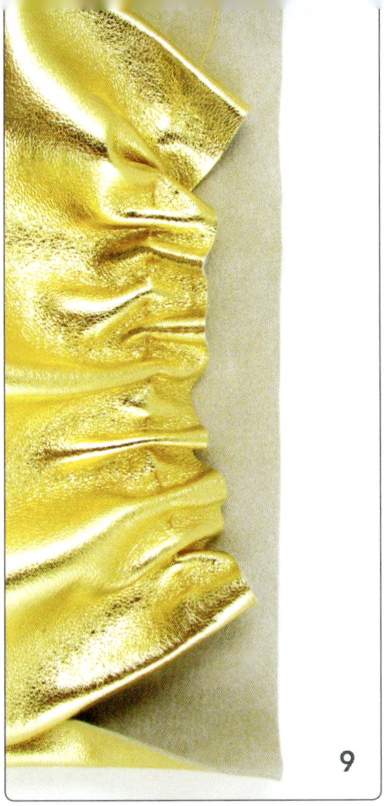

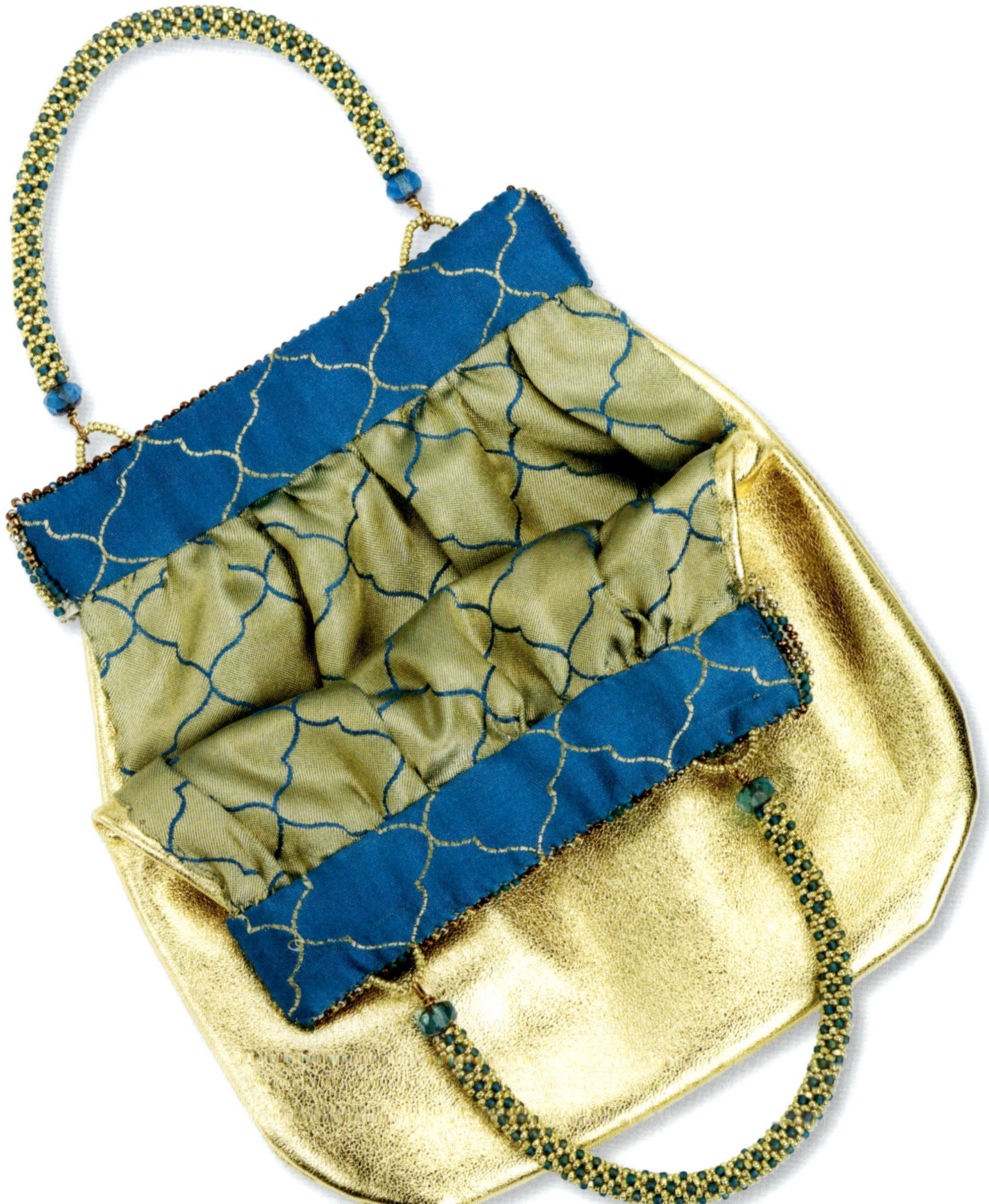

Zusammenfügen der Tasche

16 Kräuseln Sie das Leder genauso wie das Futter und schieben Sie das Futter in das Leder. Stecken Sie das gekräuselte Leder zwischen den Karton und die Häkelarbeit in das obere Band (Foto 9). Das Leder wird dazu neigen, herauszurutschen; halten Sie es, wenn nötig, mit Wäscheklammern am Platz. Nähen Sie die Vorderkante der Häkelarbeit ungefähr an der Kräusellinie zusammen.

17 Wenn Sie mit der Verbindung von Leder und Häkelbändern zufrieden sind, nähen Sie die offenen Seiten des Futters und Leders zusammen (Foto 10).

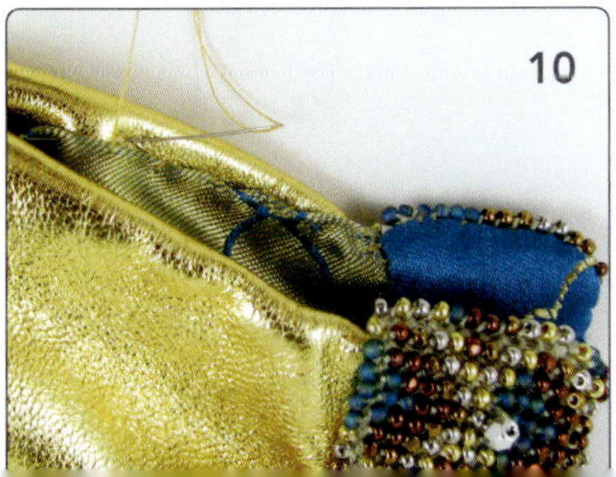

Tipp

Sie können in der Mitte der Häkelbänder einen Magnet- oder Druckknopfverschluss hinzufügen, aber das Gewicht der Tasche sorgt von selbst dafür, dass sie beim Tragen geschlossen bleibt.

Leder-Bargello Bag

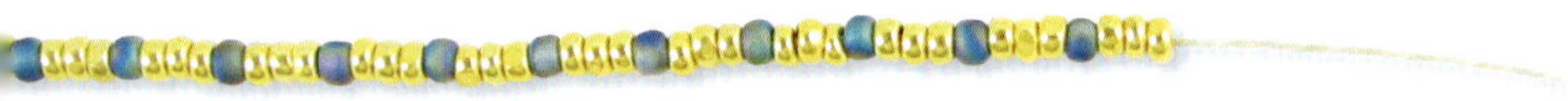

11

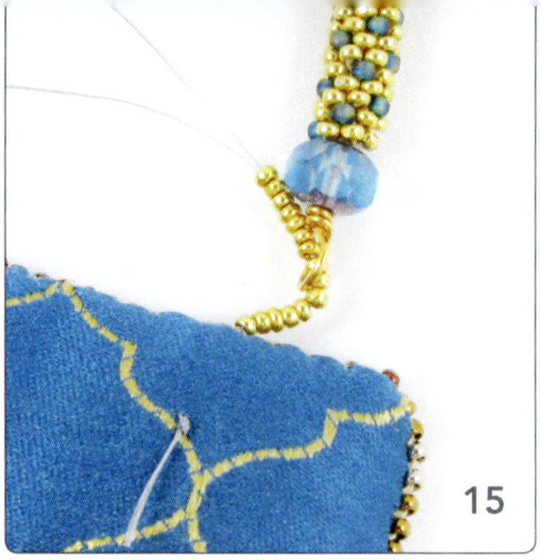

15

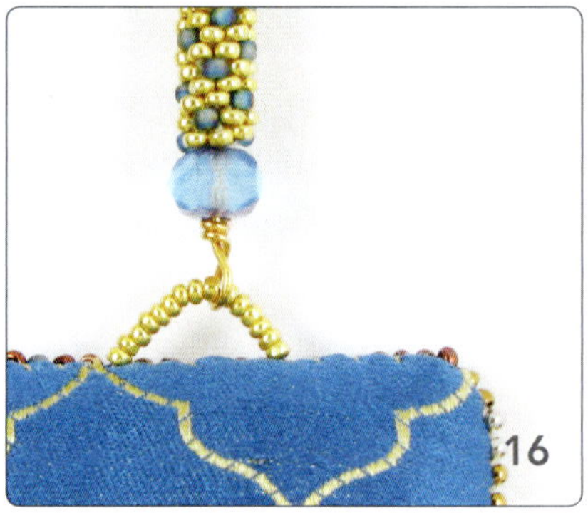

16

Die Handgriffe anfertigen

18 Folgen Sie der Anleitung zum Kettenhäkeln auf Seite 24 und häkeln Sie eine Kette nach dem in Foto 11 dargestelltem Auffädelmuster bis Sie 110 Runden für jeden Griff fertiggestellt haben. Vernähen Sie das Garn in dem Häkelschlauch, stechen Sie dabei jedoch nicht durch die Mitte, denn durch diese wird später ein Draht geführt (Foto 12).

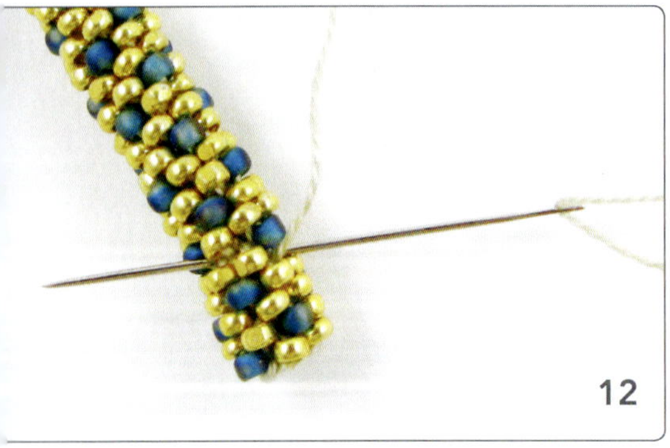

12

19 Schneiden Sie zwei Drahtstücke, ca. 7,5 cm länger als die Häkelschläuche ab. Schieben Sie diese durch die Häkelschläuche; dabei ist es hilfreich, die Häkelschläuche zu drehen und gleichzeitig den Draht zu schieben. Fügen Sie jedem Ende eine Rondellperle hinzu (Foto 13).

20 Verwenden Sie die Rund- und Flachzangen und formen Sie eine Wickelöse über der Rondellperle (Foto 14). Achten Sie darauf, dass beide Griffe möglichst gleich lang werden.

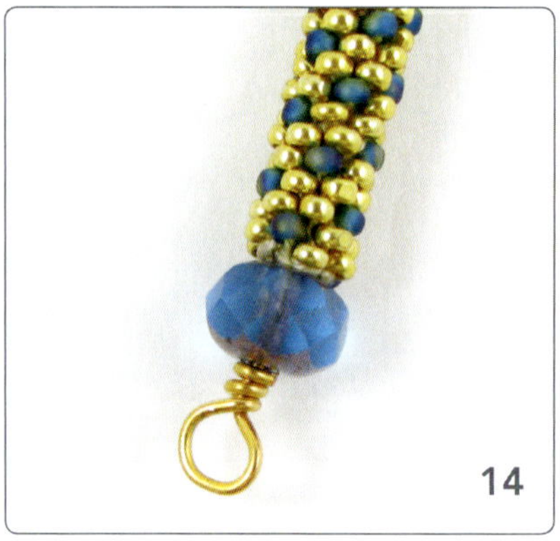

14

21 Führen Sie einen doppelten Faden aus der Oberkante, ca. 1,3 cm von der äußeren Ecke entfernt, heraus. Der auf Foto 15 gezeigte Knoten wird den Faden zuerst am Platz halten, dieser wird jedoch später (vorsichtig!) wieder entfernt. Nehmen Sie 15x 11/0 Charlotten goldfarben auf und führen Sie diese durch eine Wickelöse des Griffs. Überspringen Sie ca. 1,3 cm der oberen Kante und führen Sie den Faden in die Häkelarbeit. Wechseln Sie die Richtung und fädeln Sie noch zwei weitere Male durch die Perlen. Wiederholen Sie dies auf beiden Seiten, bis die Griffe angebracht sind.

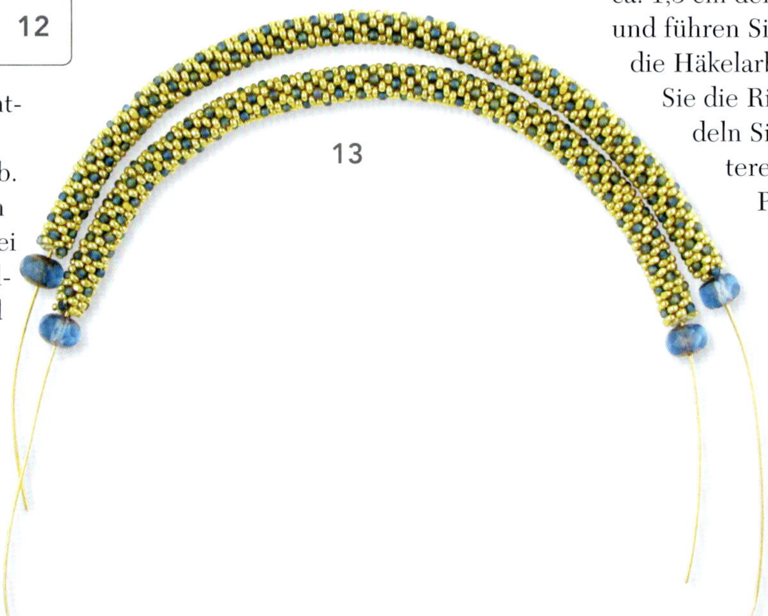

13

In dieser Hülle können Sie die größte Sonnenbrille aufbewahren. Oder Sie stecken einfach Ihr Notizbuch hinein und müssen es nie wieder suchen.

Brillenetui

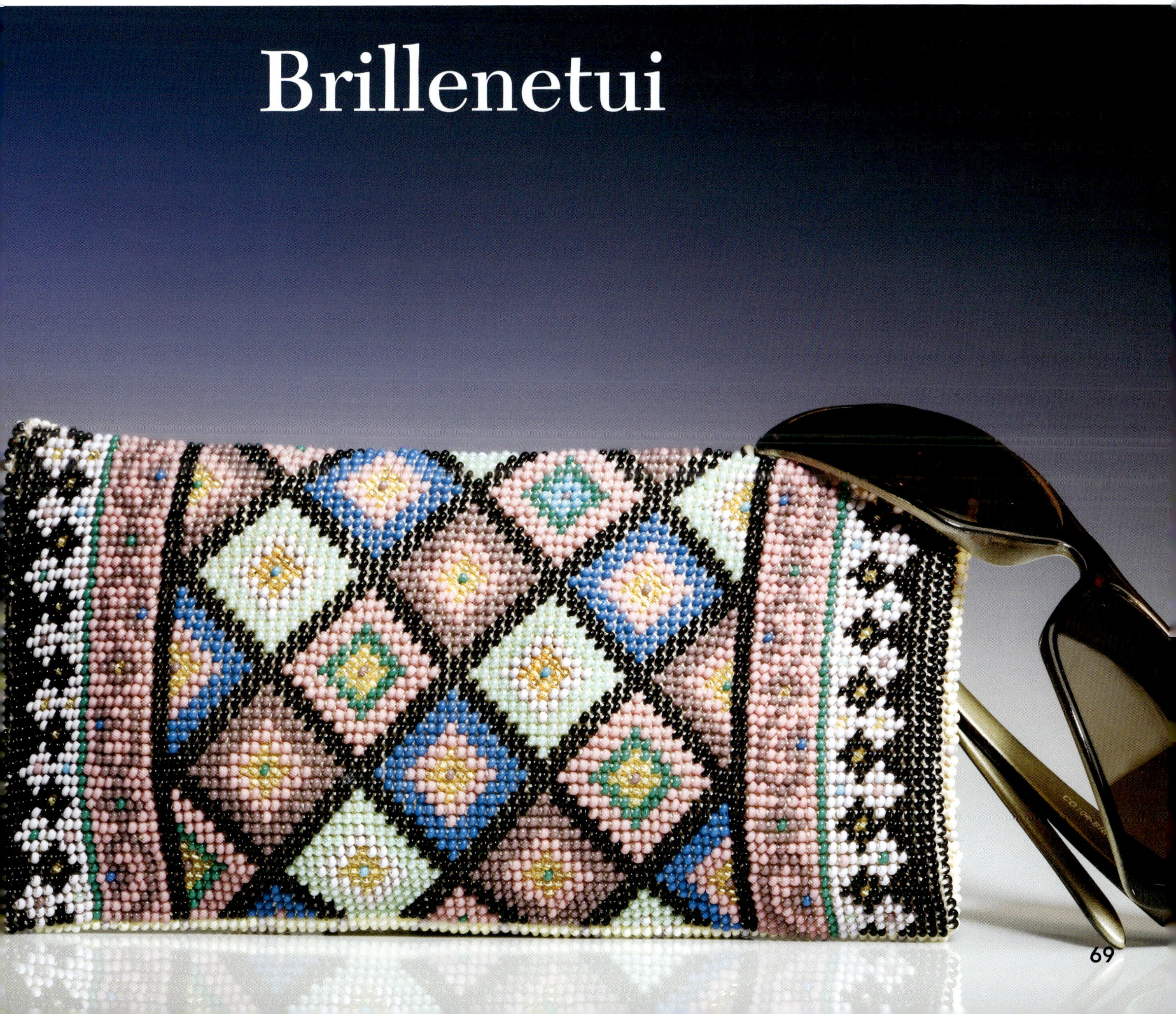

Brillenetui

Vor dem Beginn

Wie bei den anderen flachen Stücken werden auch hier die Vorder- und Rückseite gleichzeitig gehäkelt. Die beiden Muster haben die gleiche Größe (99 x 47 Perlen). Beiden Seiten nutzen einige - aber nicht alle - Perlenfarben gemeinsam, sodass jede ihr eigenes Farbmuster hat.

Material

Perlen

Für die Seite mit dem Paisley-Muster:

- 11/0 (Tschechien), opaque bone (2.968 Perlen)
- 11/0 (Tschechien), opaque pale orchid (1.360 Perlen)
- 11/0 (Tschechien), light aqua (202 Perlen)
- 11/0 (Miyuki #2025), opaque medium amethyst (350 P.)
- 11/0 (Tschechien), opaque dark amethyst (1.104 P.)
- 11/0 (Tschechien), silver-lined gold (2.030 Perlen)
- 11/0 (Toho #127), opaque dusty rose (798 Perlen)
- 11/0 (Tschechien), light Ceylon green (64 Perlen)
- 11/0 (Tschechien), silk medium turquoise (430 Perlen)

Für die Seite mit dem Senna-Muster:

- 11/0 (Tschechien), opaque black (3.298 Perlen)
- 11/0 (Tschechien), opaque pale orchid (1.000 Perlen)
- 11/0 (Tschechien), silver-lined gold (408 Perlen)
- 11/0 (Tschechien), opaque medium green (418 P.)
- 11/0 (Toho #127), opaque dusty rose (1.824 Perlen)
- 11/0 (Tschechien), silk medium turquoise (40 Perlen)
- 11/0 (Tschechien), opaque dark amethyst (1.134 P.)
- 11/0 (Tschechien), light Ceylon green (564 Perlen)
- 11/0 (Tschechien), opaque denim blue (620 Perlen)

Weiteres Material / Hilfsmittel

#12 Perle Cotton in einer neutralen Farbe wie beige

Häkelnadel, Perlennadel und Schere

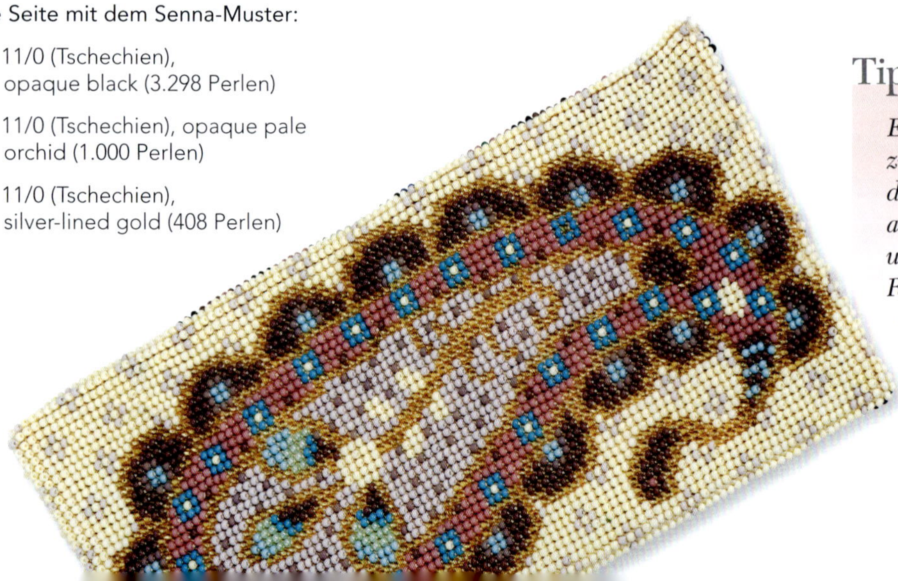

Anleitung

1 Die anfängliche Luftmaschenkette besteht aus 94 Maschen. Sie arbeiten dieses Projekt in Runden, drücken es jedoch am Aufschritt zusammen und erhalten so auf natürliche Art Nähte.

2 Fädeln Sie Abschnitte zu je 10 Runden (oder weniger) auf und häkeln Sie diese ab.

3 Wenn Sie mit dem Häkeln der Perlen fertig sind, häkeln Sie vier weitere Runden ohne Perlen als Umschlag. Wenn diese fertig sind, schneiden Sie das Garn mit mindestens 30 cm Rest ab. Ziehen Sie den Faden durch die letzte Schlaufe, um ihn zu sichern, und nähen Sie dann die Bodennaht mit dem Garnrest zusammen.

Tipp

Es folgt eine schöne Variante zu diesem Design: Wenn Sie das Muster mit den Nähten an den kurzen Seiten arbeiten und am oberen Ende einen Reißverschluss hinzufügen, erhalten Sie ein Kosmetiktäschchen für Ihre Handtasche. Schauen Sie auf „Phoenix" auf Seite 34 für die Anleitung des Reißverschlusses.

Paisley-Muster

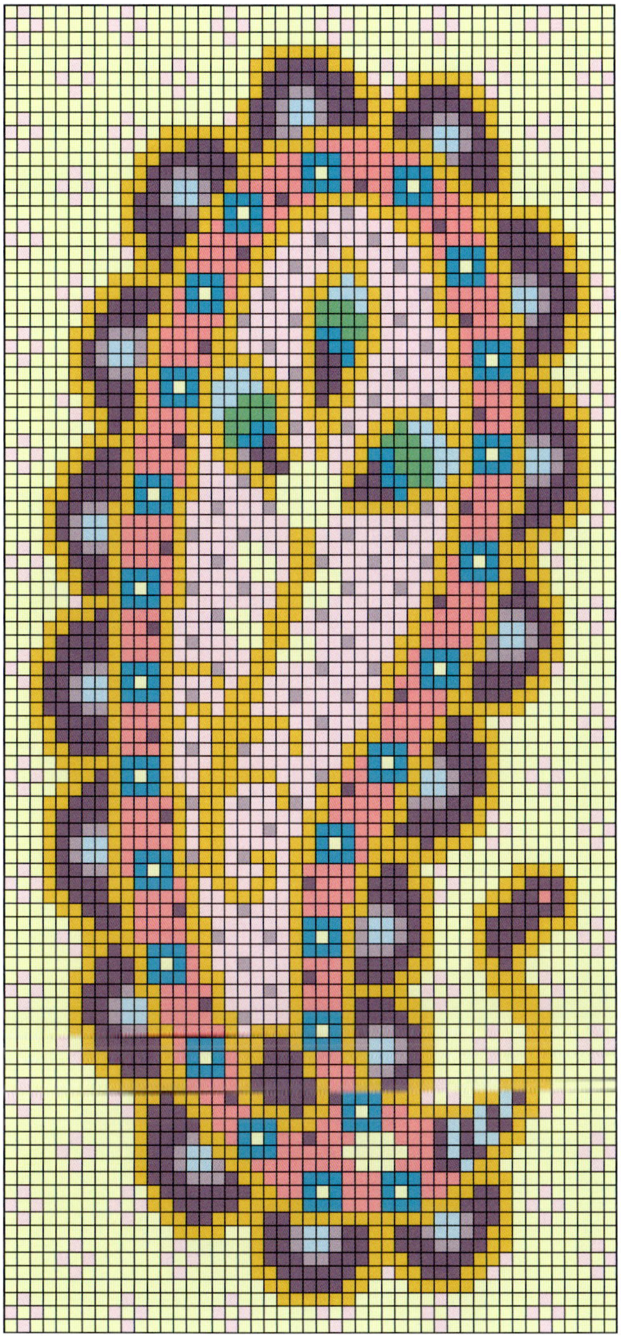

- opaque bone (2.968 Perlen)
- opaque pale orchid (1.360 Perlen)
- light aqua (202 Perlen)
- opaque medium amethyst (350 Perlen)
- opaque dark amethyst (1.104 Perlen)
- silver-lined gold (2.030 Perlen)
- opaque dusty rose (798 Perlen)
- light ceylon green (64 Perlen)
- silk medium turquoise (430 Perlen)

Senna-Muster

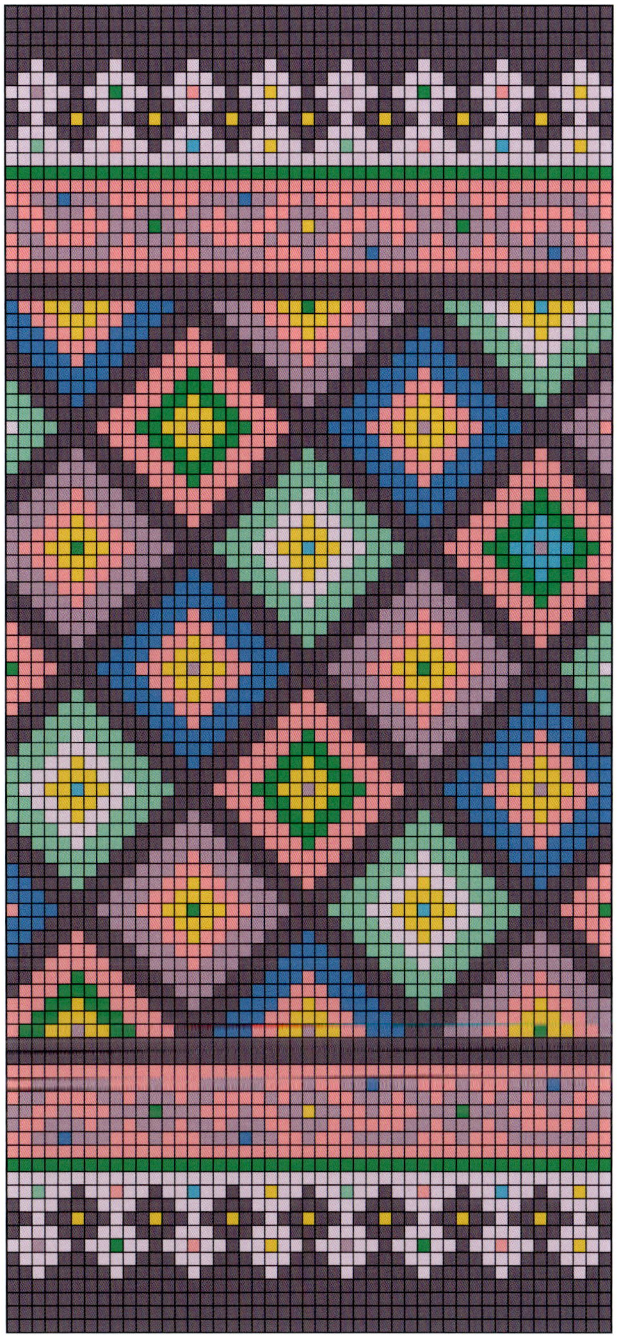

- opaque black (3.298 Perlen)
- opaque pale orchid (1.000 Perlen)
- silver-lined gold, (408 Perlen)
- opaque medium green (418 Perlen)
- opaque dusty rose (1.824 Perlen)
- silk medium turquoise (40 Perlen)
- opaque dark amethyst (1.134 Perlen)
- light ceylon green (564 Perlen)
- opaque denim blue (620 Perlen)

Kapitel 5

Sechseckige Muster

Runde um Runde arbeiten Sie sich vor und das Ergebnis sind diese eleganten Schönheiten, basierend auf der einfachen Sechseck-Technik.

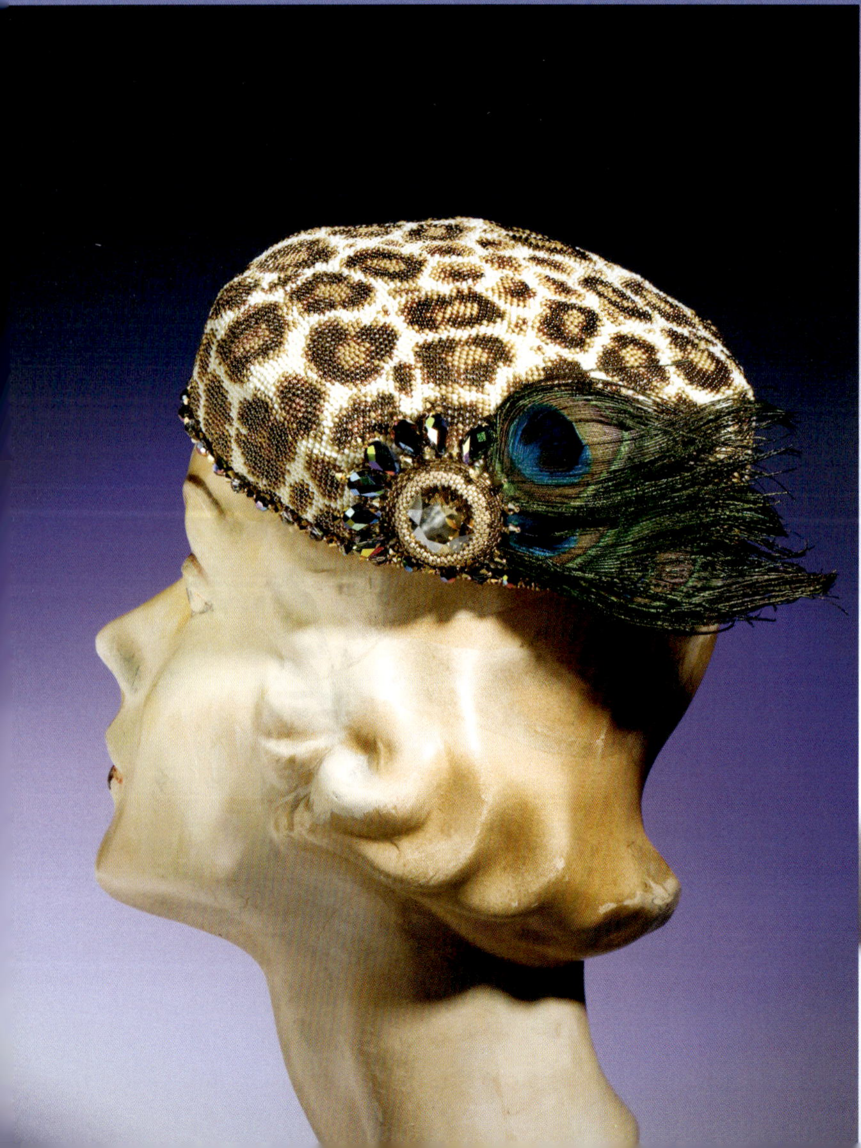

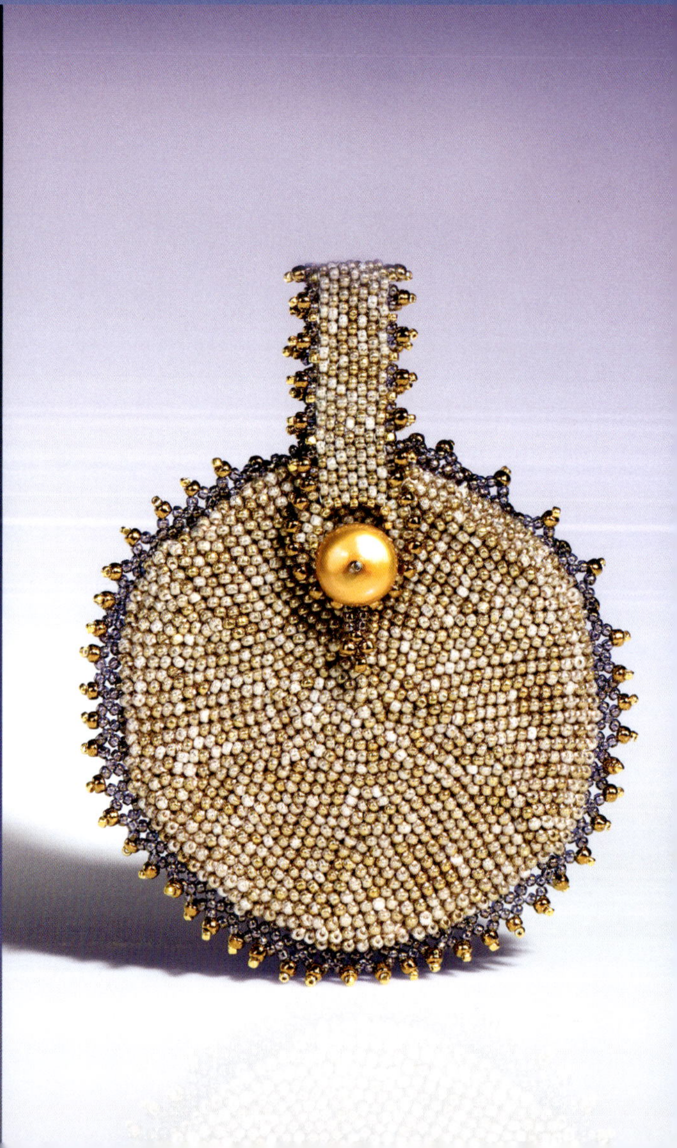

Treasure-Box

Pineapple Zugband-Beutel

Paisley

Chatelaine

Leoparden-Kappe

Lotus

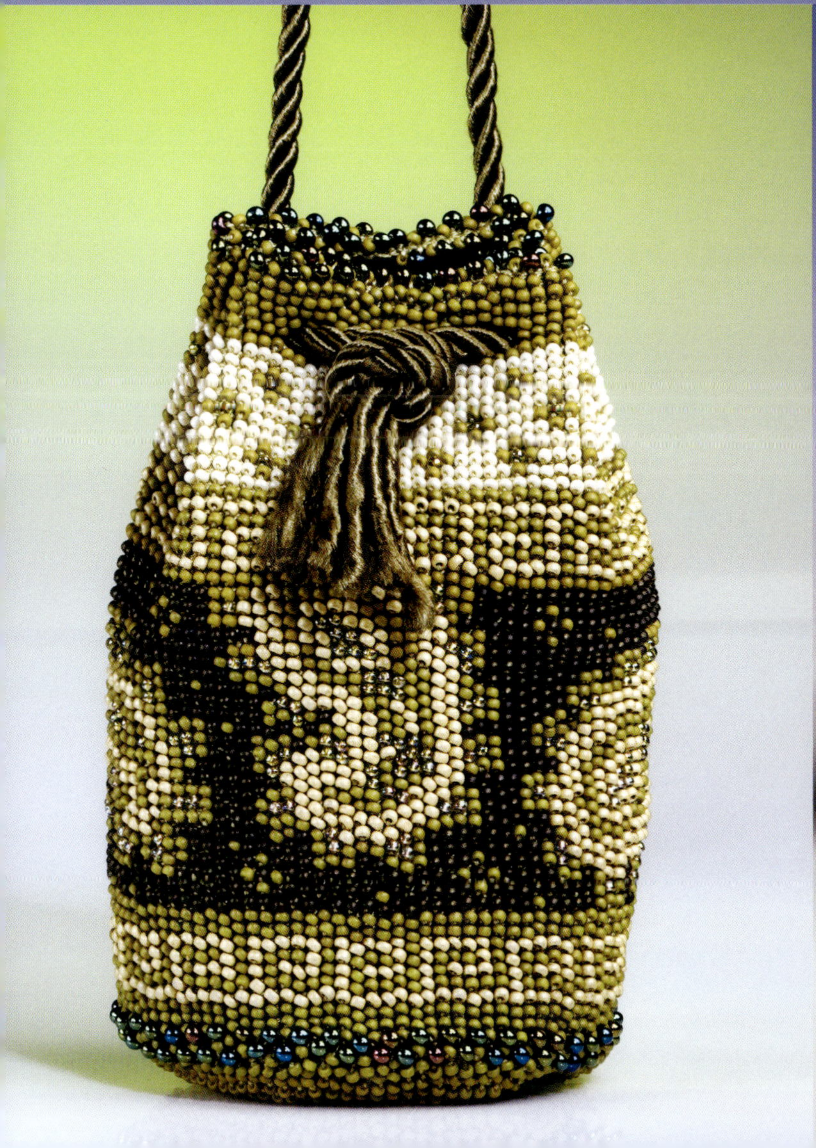

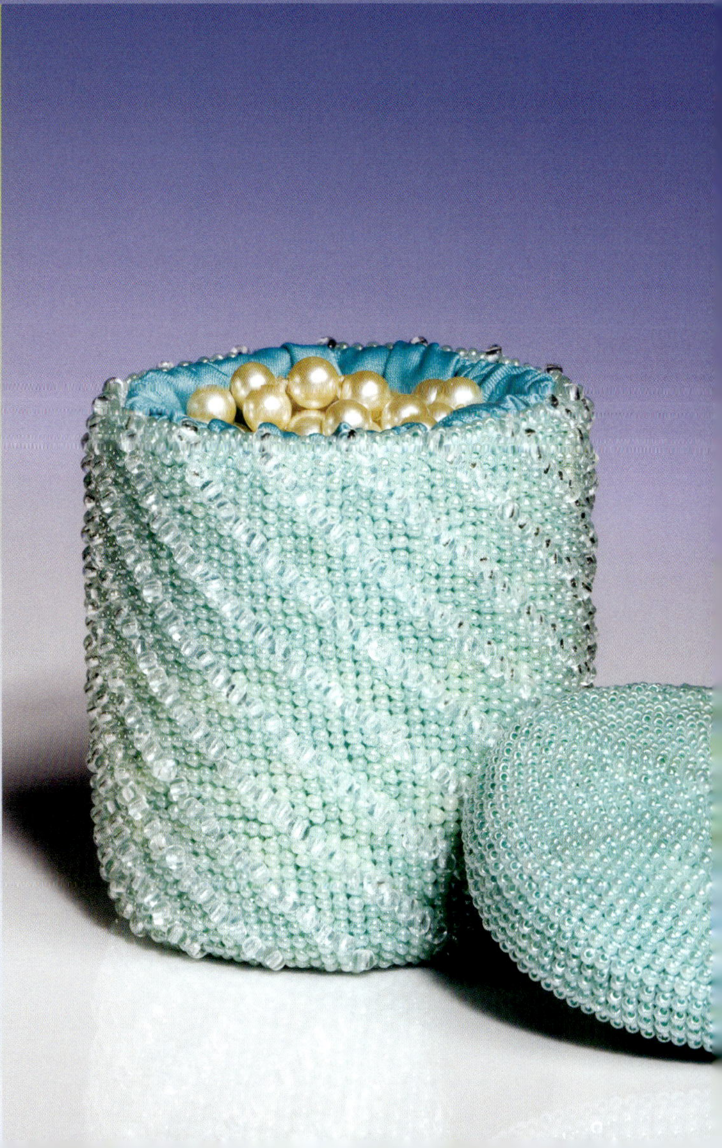

Dieses einfache und wunderschöne Muster ergibt ein besonderes Geschenk. Sie können als Schatz verschiedene Dinge hineinlegen.

Treasure-Box

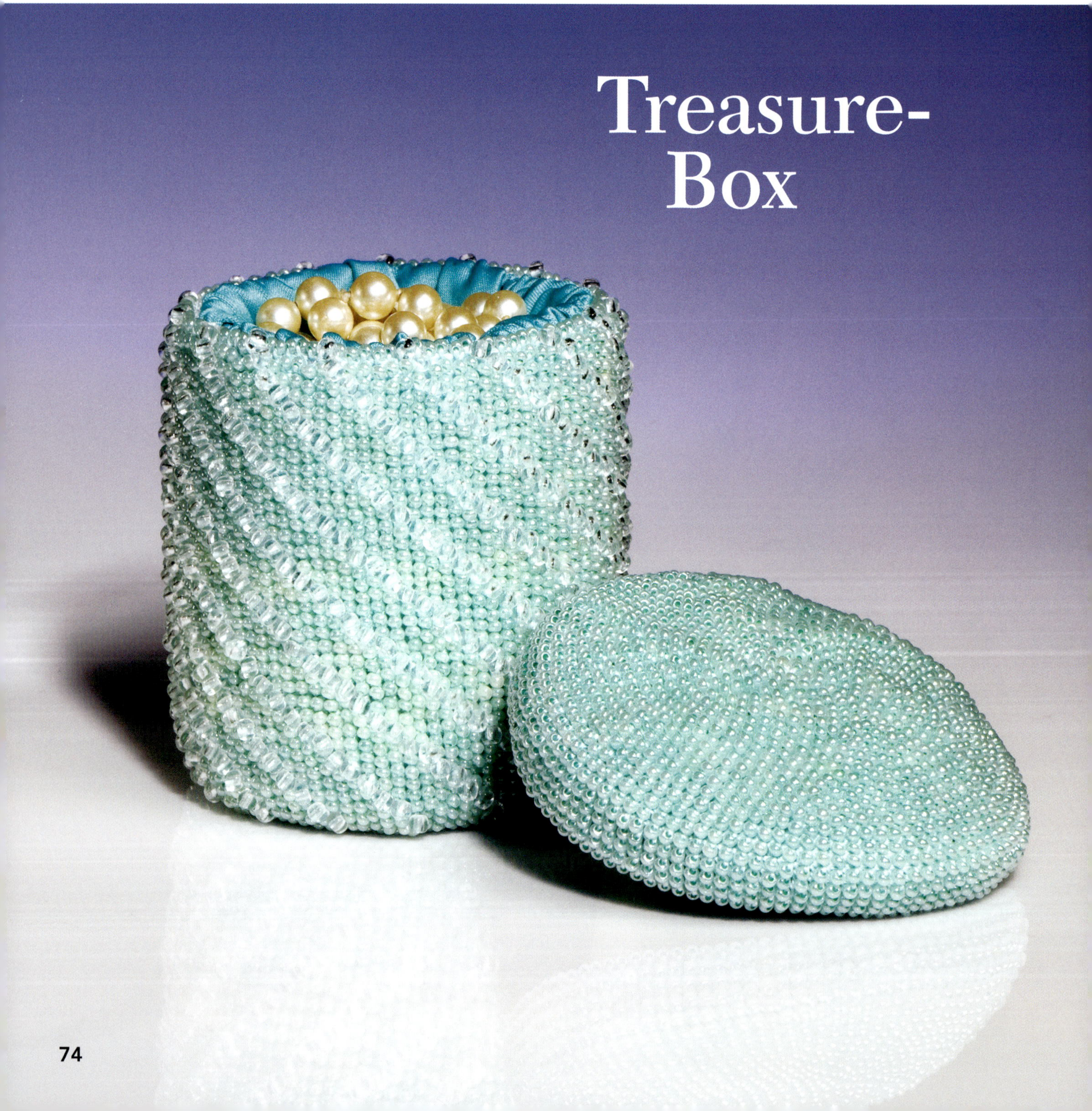

Treasure-Box

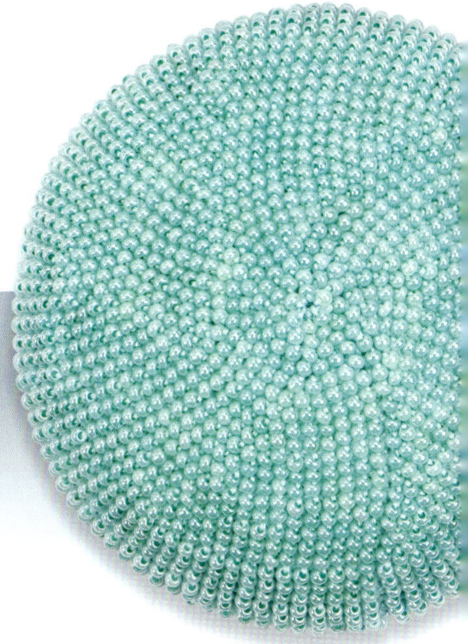

Vor dem Beginn

Dieses Projekt wird in einer monochromen Farbvariante gezeigt. Wenn Sie es mit einer Kombination aus zwei oder mehr Farben arbeiten möchten, kopieren Sie sich die leere Mustervorlage von Seite 126 und füllen Sie es mit dem Muster, welches Ihnen gefällt.

Material

Perlen

11/0 Saatperlen einer Farbe
(5.344 Perlen oder ca. 50 g)

8/0 Saatperlen in einer Kontrast- oder passenden Farbe
(544 Perlen oder ca. 15 g)

Weiteres Material / Hilfsmittel

#12 Perle Cotton in einer passenden Farbe

Vlies zur Stabilisierung

Futterstoff in passender Farbe

Nähnadel und -garn in passender Farbe

Etwas Füllwatte

Häkelnadel, Perlennadel und Schere

Anleitung

Die Basis häkeln

1 Fädeln Sie 810x 11/0 Saatperlen auf und häkeln Sie eine sechseckige Basis (siehe auch Seite 28) mit 16 Runden (96 Maschen im Umfang). Schneiden Sie das Garn ab und vernähen Sie es.

2 Folgen Sie dem Muster auf Seite 77 und fädeln Sie die 11/0 und 8/0 Saatperlen für die Seiten auf. Dieses Projekt ist 35 Runden hoch, Sie können fünf Abschnitte zu je sieben Runden aufnehmen. Ziehen Sie sich eine Schlaufe an beliebiger Stelle aus der Außenrunde der sechseckigen Basis.

3 Häkeln Sie die 35 Runden ohne jedwede Zunahme und fügen Sie noch einen sechs Runden langen Umschlag ohne Perlen hinzu.

Den Deckel häkeln

4 Fädeln Sie 1.734x 11/0 Perlen auf.

5 Häkeln Sie eine sechseckige Basis, welche 17 Runden groß ist (102 Maschen im Umfang). Hören Sie hier mit den Zunahmen auf und häkeln Sie acht weitere Runden mit Perlen und dann weitere sechs Runden ohne Perlen.

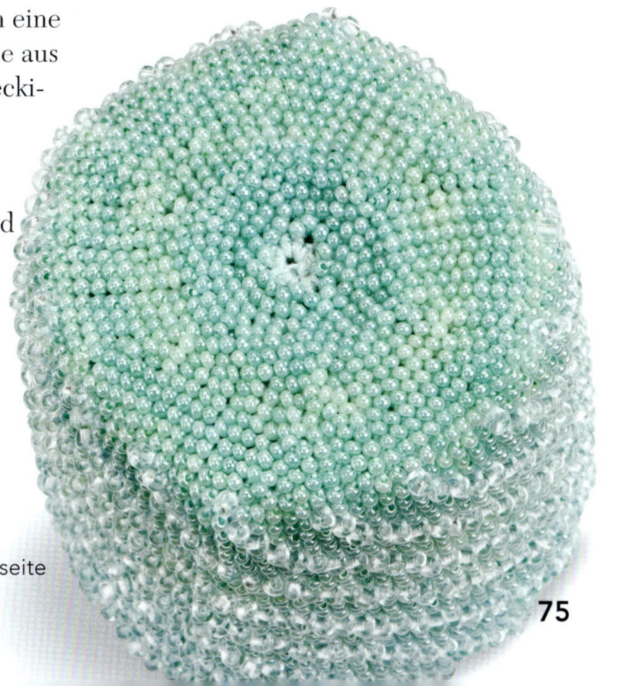

Ansicht von der Unterseite

Treasure-Box

Die Basis fertigstellen

6 Schneiden Sie zwei Stücke aus dem Vlies zur Stabilisierung aus, die ungefähr dieselbe Höhe wie die Seiten der Box und dieselbe Länge wie der Durchmesser der Basis haben (Foto 1).

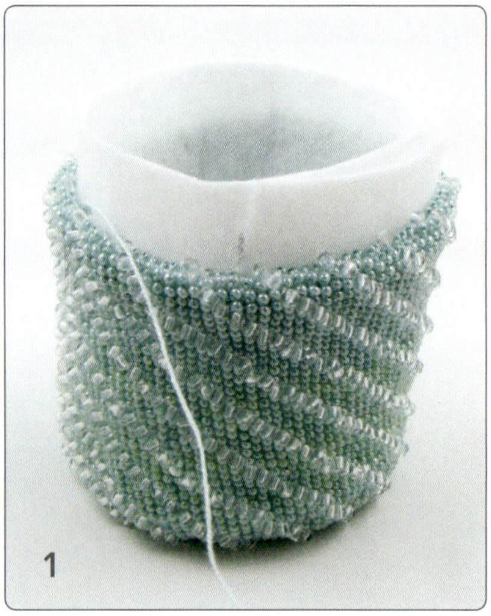

1

7 Schneiden Sie die beiden Stücke so zurecht, dass sie wie Grafik 1 zeigt zusammenpassen. Die äußere Schicht wird etwas größer als die innere sein. Heften Sie die beiden Stücke mit Nadel und Faden zusammen und stecken Sie sie in die Box.

Grafik 1

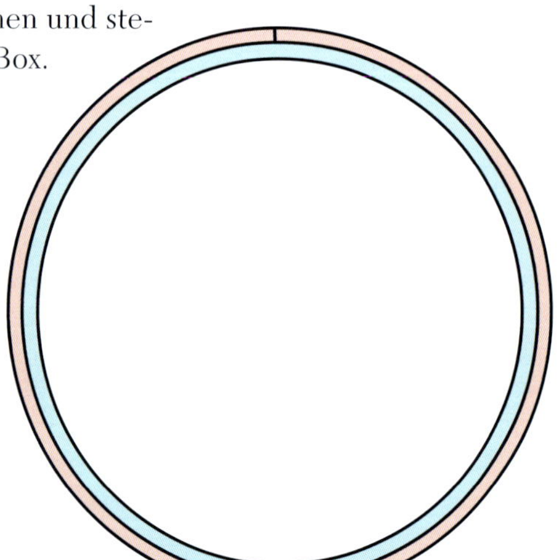

8 Dehnen Sie die gehäkelte Box nach oben, bis das Vlies komplett drin ist. Rollen Sie den Umschlag über die Kante des Vlieses und nach innen in die Box. Heften Sie den Umschlag mit Nadel und Faden an seinen Platz und achten Sie dabei darauf, dass die Stiche nicht auf der Außenseite zu sehen sind (Foto 2).

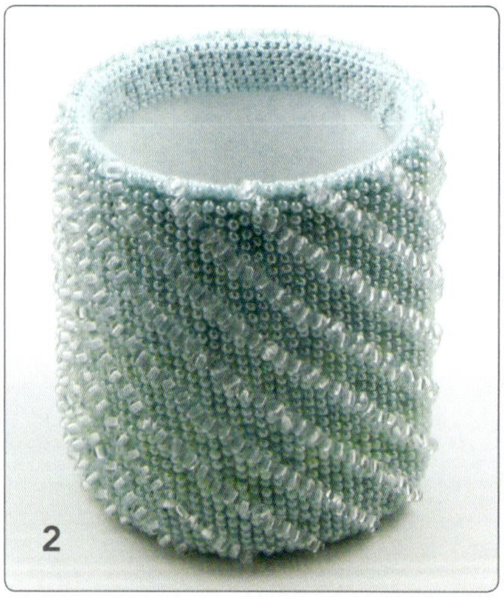

2

9 Bündeln Sie den Futterstoff und stecken Sie ihn in die Box, bis er den Boden berührt. Verwenden Sie eine Schere mit langen Blättern und schneiden Sie den Futterstoff ca. 1,5 cm über dem oberen Rand der Box ab (Foto 3). Die resultierende Schnittkante wird sehr unregelmäßig sein.

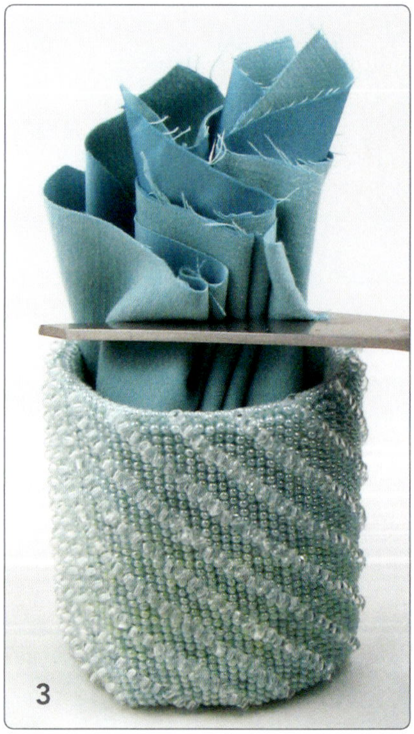

3

10 Säubern Sie die Schnittkante. Sie muss nicht perfekt sein, nur glatt (Foto 4).

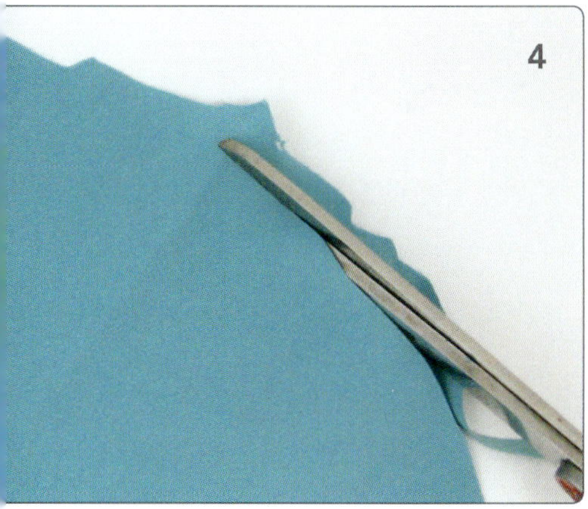

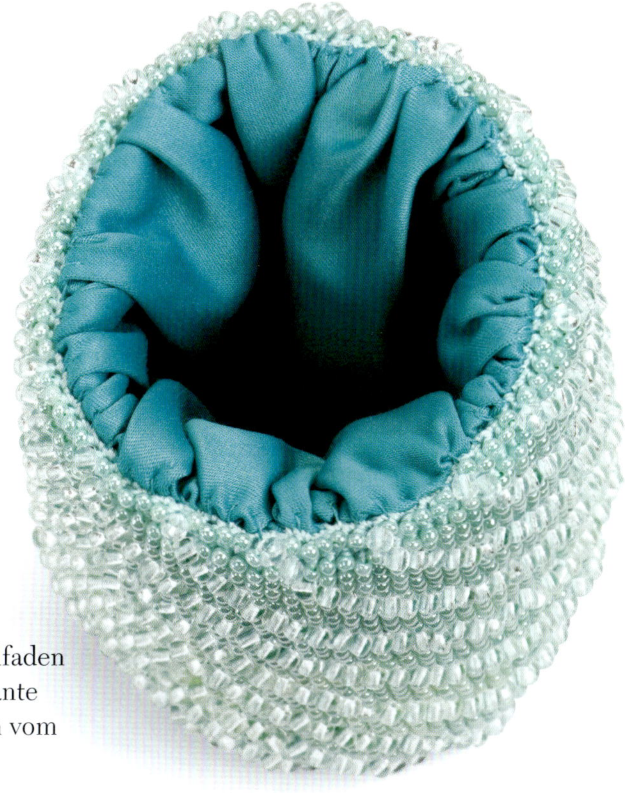

11 Ziehen Sie einen Kräuselfaden um die gesamte Außenkante des Futterstoffs, ca. 1 cm vom Rand entfernt (Foto 5).

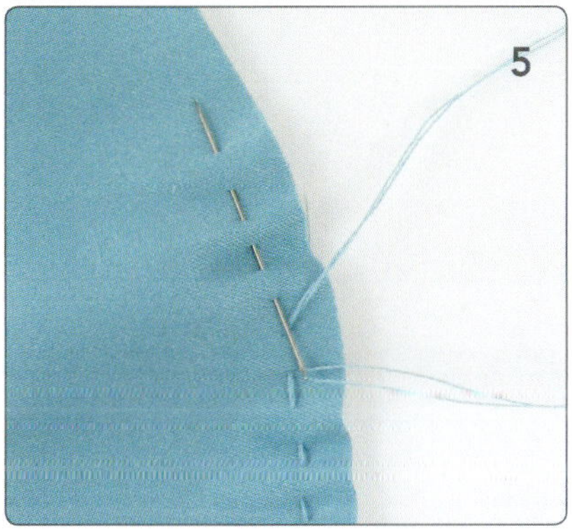

12 Kräuseln Sie den Rand des Futters und legen Sie das Futter in die Box. Legen Sie den geschnittenen Rand so um, dass er zwischen der Box und dem Futter verschwindet. Nähen Sie das Futter mit kleinen, unsichtbaren Stichen an den oberen Rand der Box.

Auffädelmuster

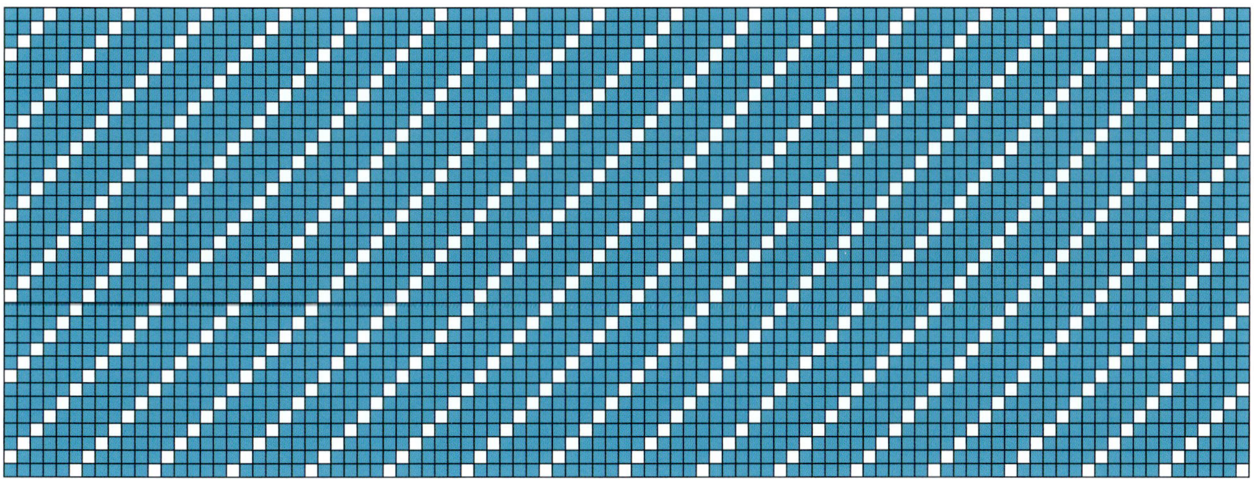

Den Deckel fertigstellen

13 Schneiden Sie ein Stück aus dem Vlies heraus, welches ungefähr die gleiche Größe des fertigen Deckels hat (Foto 6). Verwenden Sie das Vlies als Muster und schneiden Sie ein Stück Futterstoff aus.

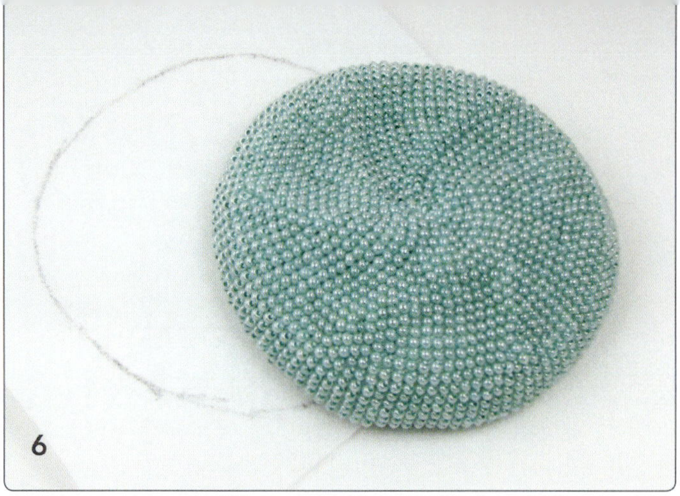

6

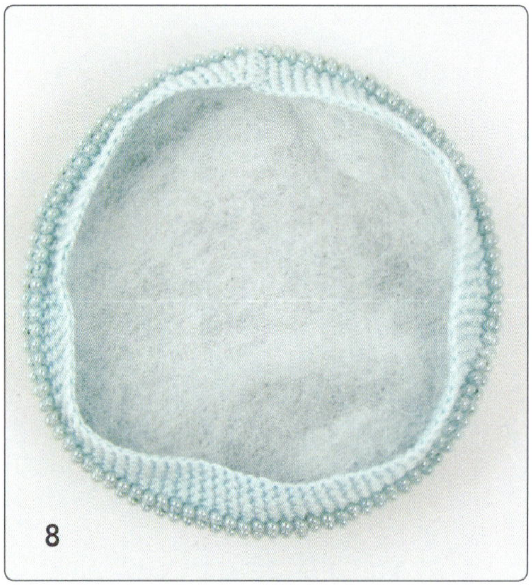

8

14 Heften Sie den Futterstoff an der Außenkante an das Vlies (Foto 7).

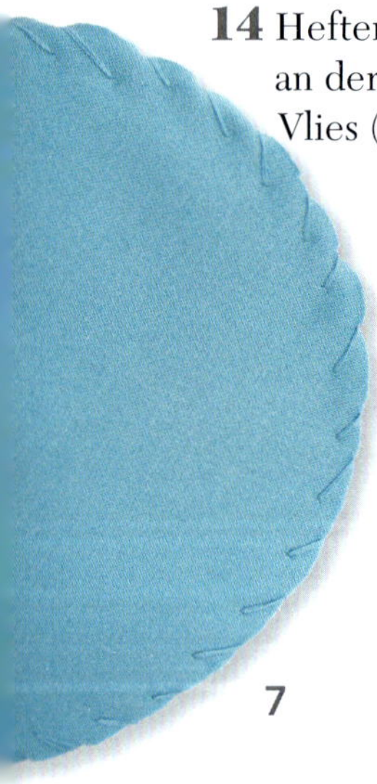

7

15 Legen Sie die Füllwatte in den Deckel (Foto 8).

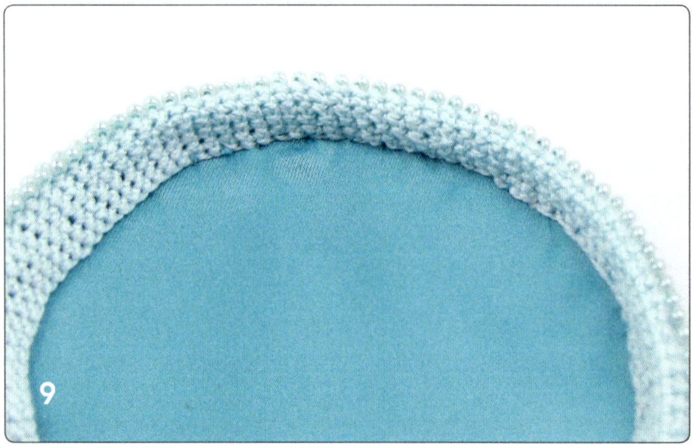

9

16 Legen Sie das Vlies so auf die Watte, dass der Futterstoff zu sehen ist. Legen Sie den Umschlag um und drücken Sie ihn so zurecht, dass eine Kante geformt wird. Heften Sie die Kante mit unsichtbaren Stichen fest (Foto 9).

Das Ananas-Motiv umspannt dieses Projekt und gibt ihm ein folkloristisches Flair. Das Zugband macht es zu einem nützlichen Behältnis für alle Arten von Dingen.

Pineapple Zugband-Beutel

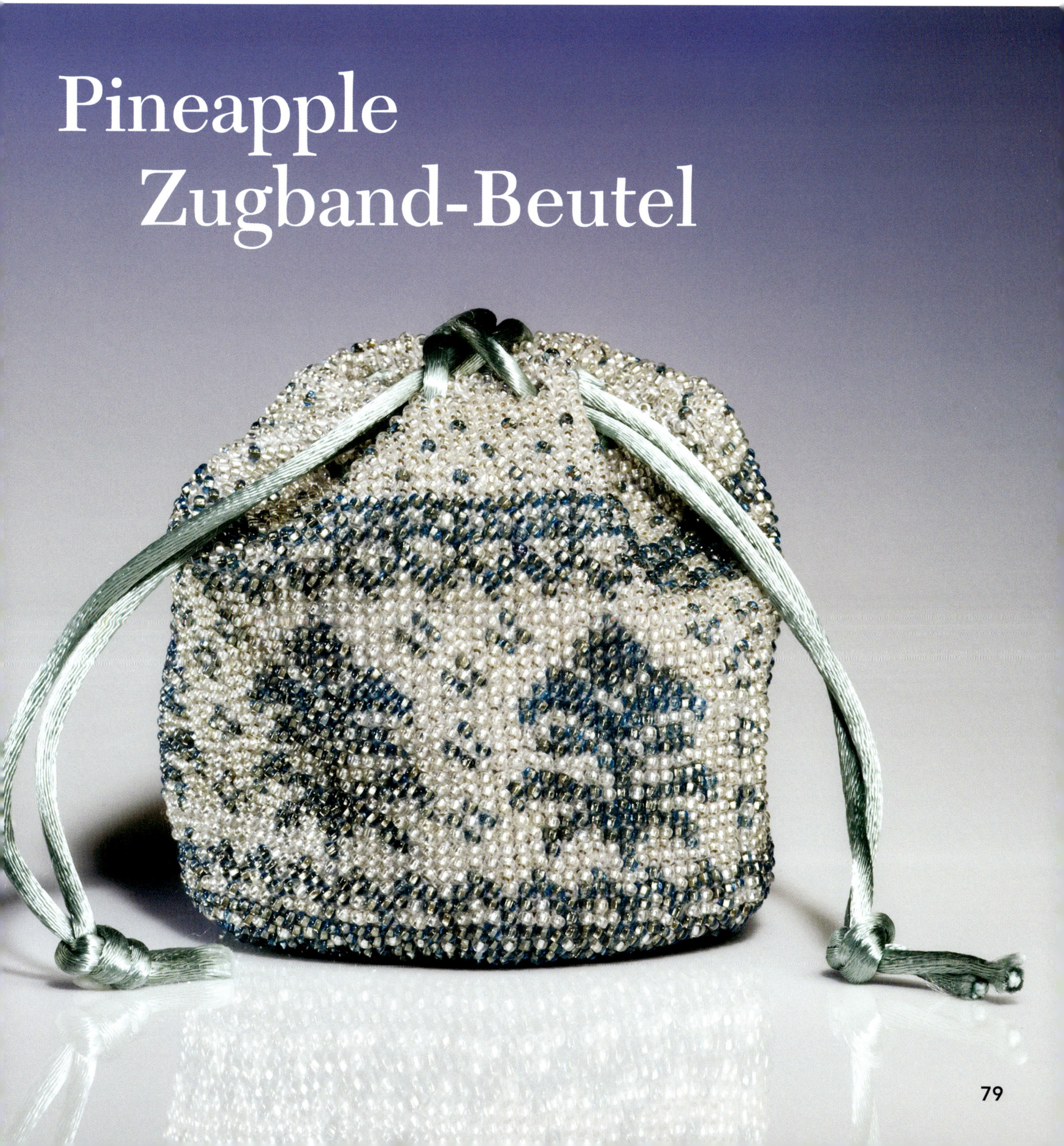

Pineapple Zugband-Beutel

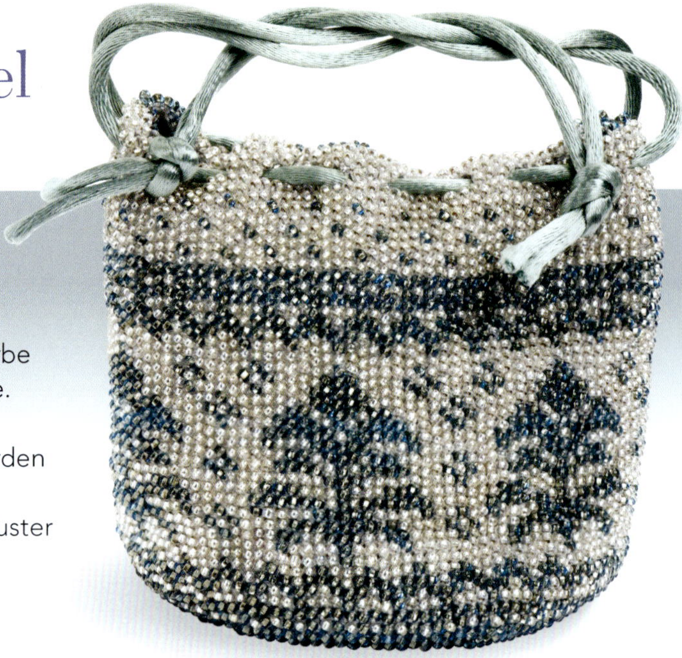

Vor dem Beginn

Sie können hier zwei Komplementärfarben verwenden, die Ihnen gefallen. Achten Sie darauf, dass zwischen den beiden Farben genug Kontrast herrscht, sodass das Muster gut sichtbar ist. Eine Möglichkeit: Eine matte Perlenfarbe als Hintergrund und eine glänzende als Motivfarbe. Traditionelle Ananasfarben wie ein helles Gelb (Hintergrund) und ein dunkleres Grün (Muster) würden auch toll aussehen. Oder Sie verwenden die leere Mustervorlage von Seite 126 und entwerfen ein Muster mit so vielen Farben wie es Ihnen gefällt.

Material

Perlen

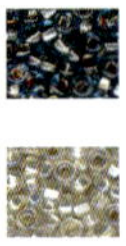

11/0 (Tschechien), copper-lined aqua (3.342 Perlen oder 34 g)

11/0 (Tschechien), silver-lined crystal AB (3.120 P. oder 31 g)

Weiteres Material / Hilfsmittel

#12 Perle Cotton, light gray, 20 g

3 mm Satinkordel, 76 cm

Futterstoff (optional)

Häkelnadel, Perlennadel und Schere

Anleitung

Den Beutel häkeln

1 Fädeln Sie 10 Gramm (ca. zwei Teelöffel) 11/0 Perlen der Farbe copper-lined aqua auf und häkeln Sie die sechseckige Basis (siehe auch Seite 28) mit einem Umfang von 120 Perlen.

2 Folgen Sie dem Muster auf der nächsten Seite und nehmen Sie sechs bis acht Runden lange Abschnitte auf. Ziehen Sie eine Schlaufe an beliebiger Stelle der Außenkante der Basis und häkeln Sie in Runden nach oben, bis Sie die vierte Runde, von der Oberkante gezählt, erreichen.

Tipp

Sie finden das Abkürzungsverzeichnis auf Seite 128, hier folgt nur die kleine Erinnerung für Schritt 3: PM = feste Masche mit Perle; LM = Luftmasche.

Die Knopflöcher arbeiten

3 Die Freiflächen im Muster (in der vierten Runde von oben) repräsentieren die Löcher für das Zugband. Fädeln Sie für diese Runde nur 60x 11/0 Perlen vor dem Markierungspapier auf. Häkeln Sie wie folgt: Nach dem Aufschritt, 3x PM, dann * 3x LM, überspringen Sie 3x PM und arbeiten Sie je 1x PM in die nächsten drei PM. Wiederholen Sie dies ab * die Runde herum und beenden Sie sie mit 3x LM. Verbinden Sie die letzte mit der ersten Masche mit einer Kettmasche. Arbeiten Sie die nächste Runde folgendermaßen: 1x LM, 1x PM in die erste PM und dann immer 1x PM in jede PM und 3x PM in die drei LM. Verbinden Sie die Runde mit einer Kettmasche. Arbeiten Sie die verbliebenen Runden wie gewohnt; jede mit einer Kettemasche endend. Schneiden Sie den Faden ab und vernähen Sie ihn.

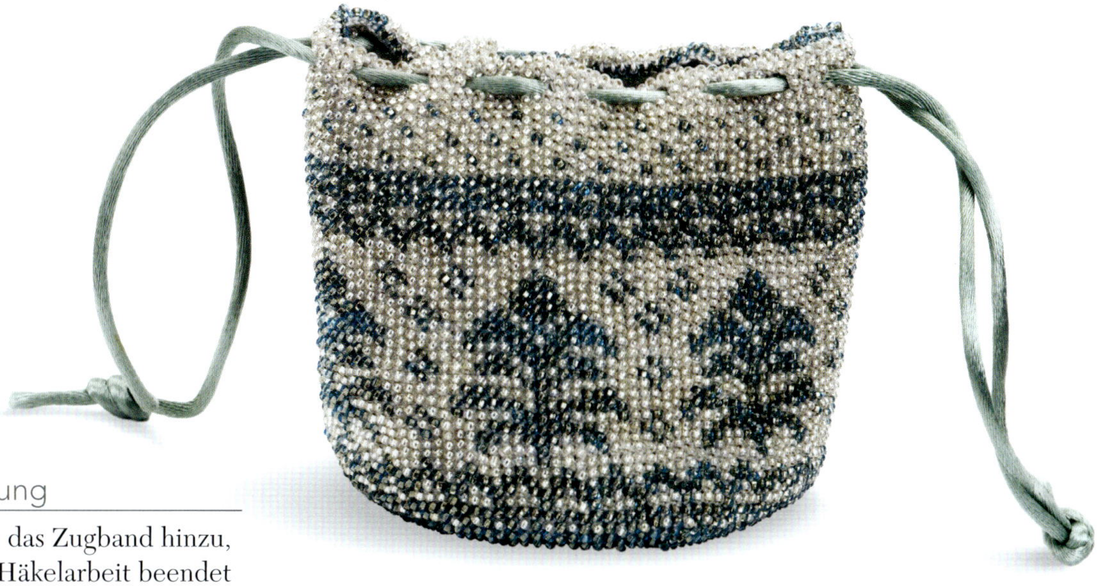

Fertigstellung

4 Fügen Sie das Zugband hinzu, wenn die Häkelarbeit beendet ist. Schneiden Sie die Satinkordel zuerst in zwei gleich lange Stücke. Umwickeln Sie je ein Ende mit Klebeband, sodass es wie das Ende eines Schnürsenkels aussieht (Foto 1). Führen Sie dieses Ende durch die Hälfte der Öffnungen (Foto 2) und wiederholen Sie dies mit dem zweiten Band. Knoten Sie die sich treffenden Bandenden mit einem einfachen Knoten zusammen und ziehen Sie ihn fest, bevor Sie die Bandenden einkürzen.

5 Wenn Sie die Tasche füttern möchten, verwenden Sie ein leichtes Gewebe und befestigen Sie dies unterhalb des Zugbands.

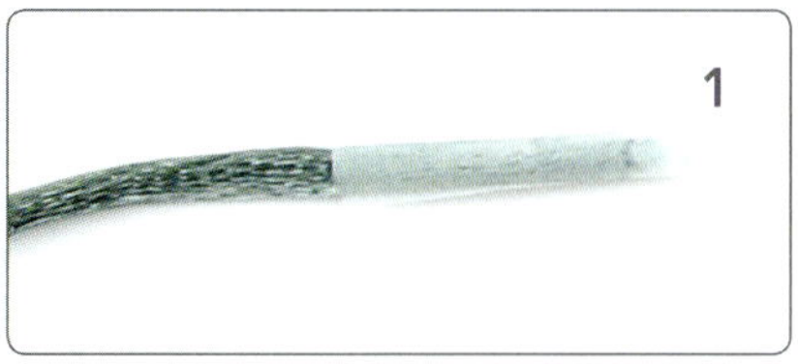

1

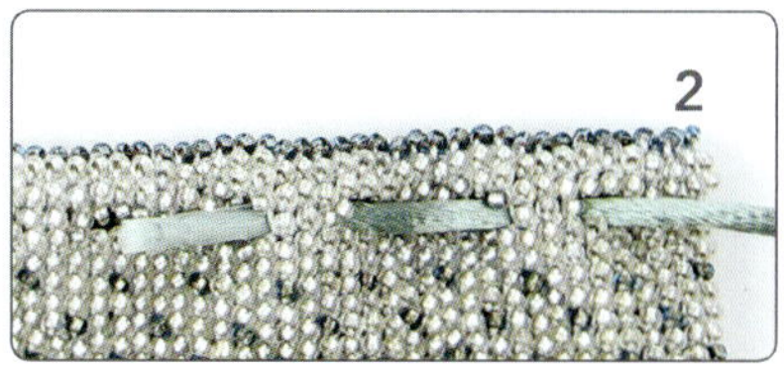

2

Auffädelmuster

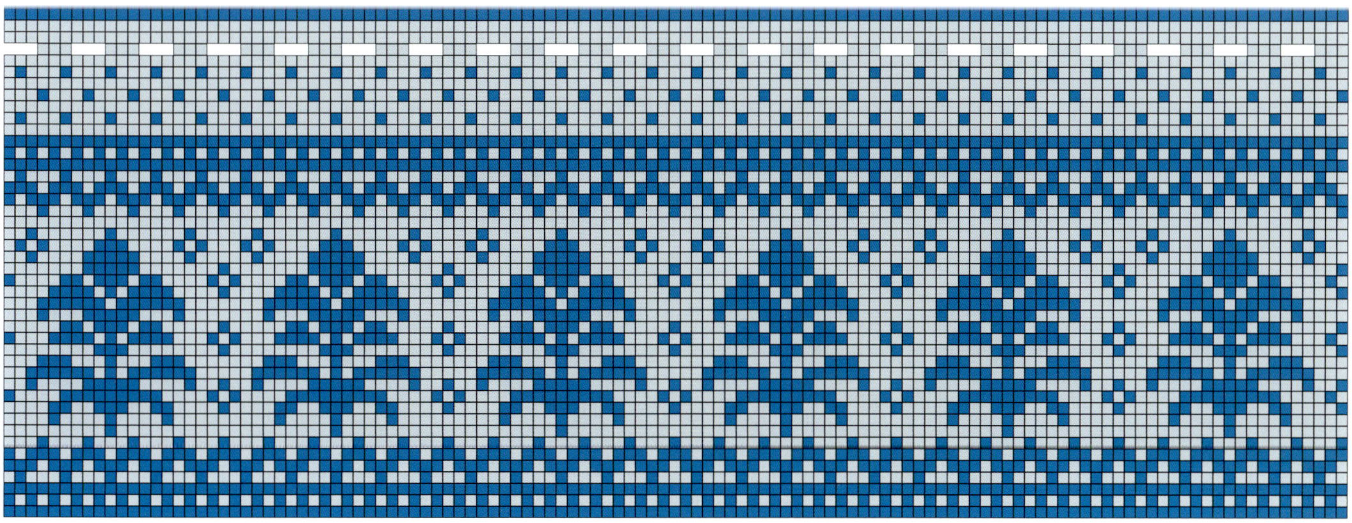

Paisley

Lassen Sie es regnen:
Glänzende Tropfenperlen ergeben
einen klaren Rand um den Boden
und die Oberkante dieser kleinen,
schicken Tasche.

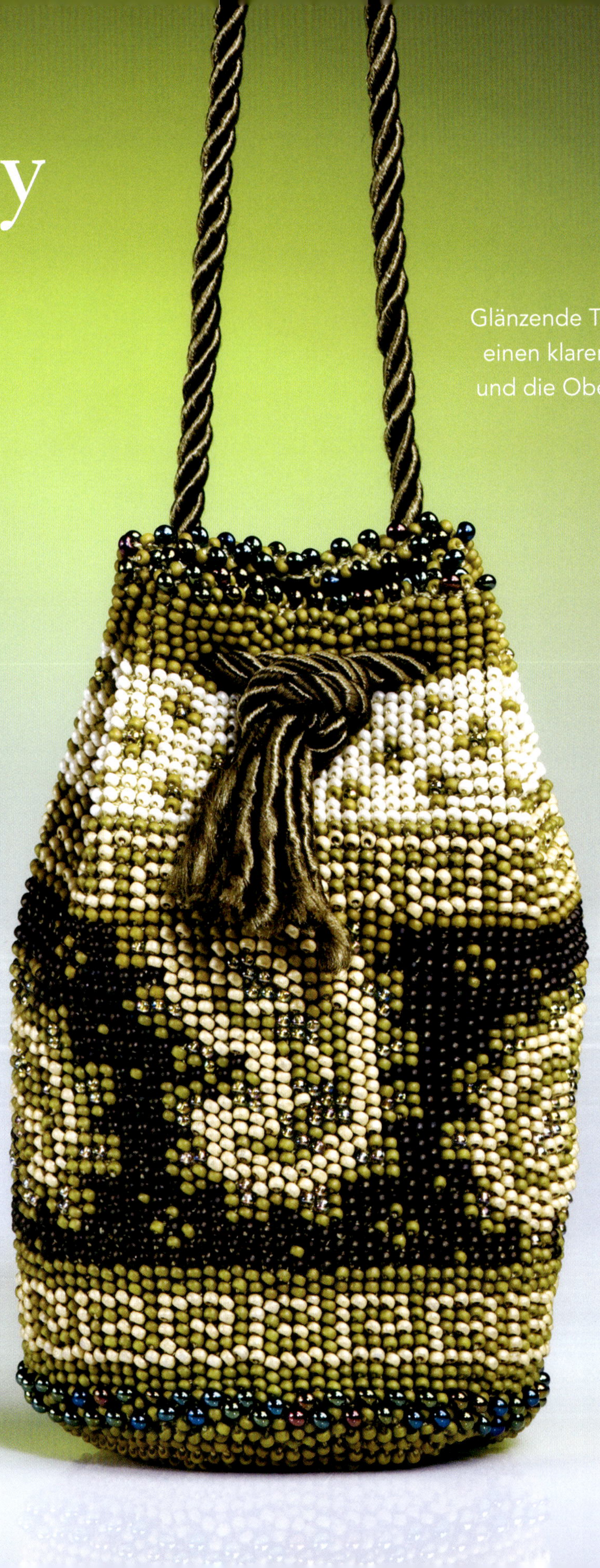

Paisley

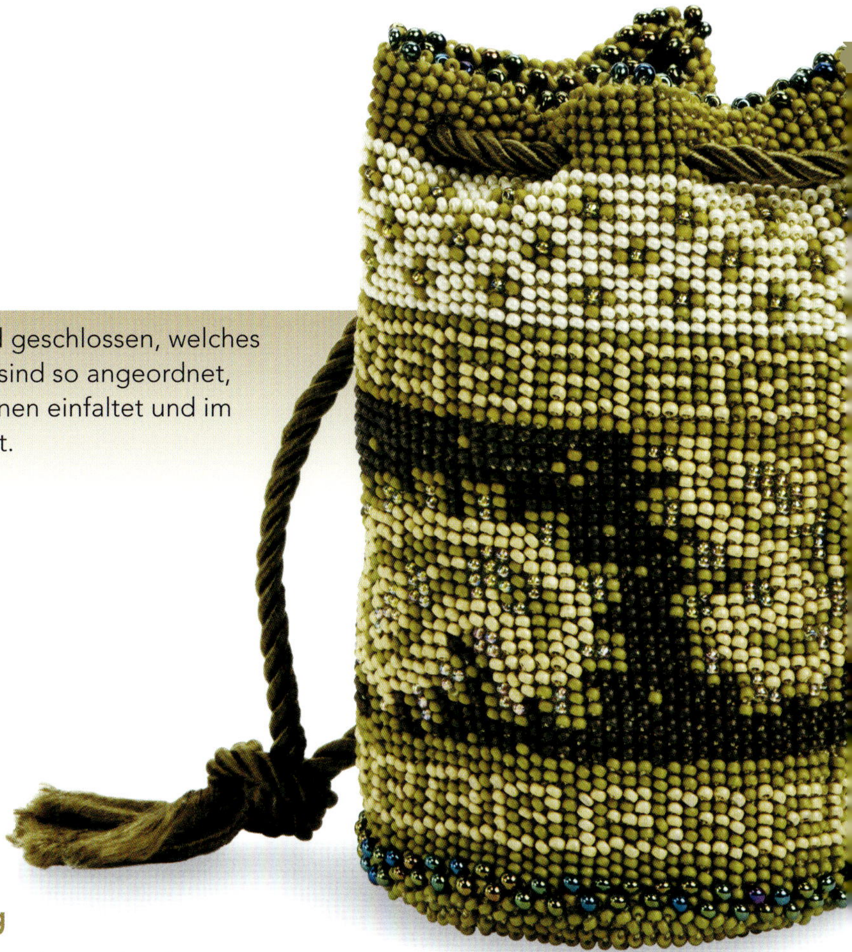

Vor dem Beginn

Dieser Beutel wird oben mit einem Zugband geschlossen, welches durch Knopflöcher geführt wird. Die Löcher sind so angeordnet, dass sich der Beutel beim Schließen nach innen einfaltet und im Inneren viel Platz für Ihre Kleinigkeiten bleibt.

Material

Perlen

- 11/0 (Miyuki #2032), matte medium olive (3.488 Perlen)
- 11/0 (Tschechien), silk light olive (1.079 Perlen)
- 11/0 (Miyuki #2015), matte black olive (883 Perlen)
- 11/0 (Tschechien), silk pale olive (816 Perlen)
- 11/0 (Toho #996), gold-lined light peridot AB (280 Perlen)
- Tropfenperlen (Tschechien), green Iris (192 Perlen)

Weiteres Material / Hilfsmittel

#12 Perle Cotton, light sage, 10 g

6 mm Satinkordel, sage green, 60 cm

Häkelnadel, Perlennadel und Schere

Klebstoff, nicht auf Wasser basierend (optional)

Anleitung

1 Häkeln Sie eine sechseckige Basis (siehe Seite 28) aus den olivefarbenen Perlen. Arbeiten Sie die Basis, bis sie 96 Perlen im Umfang hat.

2 Schneiden Sie das Garn ab, wenn die Basis fertig ist, und ziehen Sie das Garn durch die letzte Schlaufe. Vernähen Sie den Faden in der Häkelarbeit.

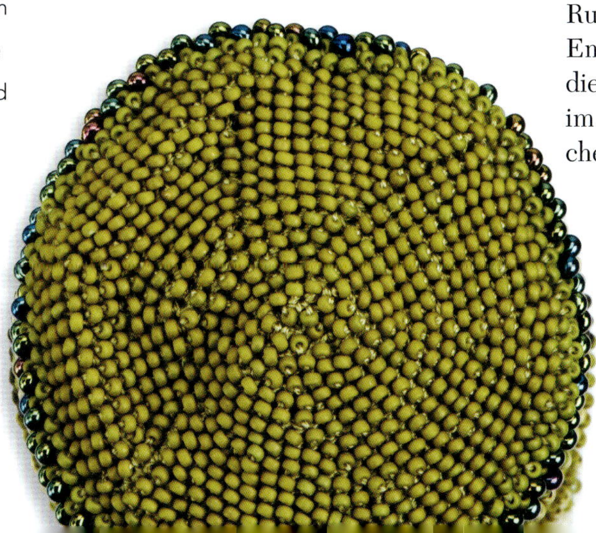

3 Fädeln Sie die Perlen nach dem Muster auf Seite 85 in Abschnitten zu je sieben bis zehn Runden auf. Ziehen Sie an beliebiger Stelle der Außenkante der Basis eine Schlaufe und häkeln Sie eine Luftmasche und eine feste Masche mit Perle in dieselbe Stelle. Fahren Sie in der Runde fort und arbeiten Sie am Ende einen Aufschritt bis Sie die rot eingefärbten Kästchen im Muster erreichen, die die Löcher für das Zugband darstellen.

Die Knopflöcher anfertigen

4 Nahe der Oberkante der Tasche, in dem zuletzt zu häkelnden Abschnitt arbeiten Sie die Löcher für das Zugband. Jedes rote Kästchen repräsentiert eine Luftmasche ohne Perle. Beginnen Sie die Runde mit 6x PM, dann 3x LM. Überspringen Sie drei PM und häkeln Sie je 1x PM in jede der folgenden acht PM. Arbeiten Sie dann wieder 3x LM ohne Perlen, überspringen Sie drei PM und häkeln Sie in die folgenden acht PM je 1x PM. Arbeiten Sie in dieser Art dem Muster folgend weiter; beachten Sie, dass die mittlere Perlengruppe aus zwölf PM besteht anstelle von nur acht. Diese Gruppe wird sich in der vorderen Mitte befinden. Häkeln Sie in der nächsten Runde je 1x PM auf jede PM und je 1x PM in jeder der drei LM; dies sind insgesamt wieder 96 Maschen. Danach häkeln Sie wie gewohnt weiter.

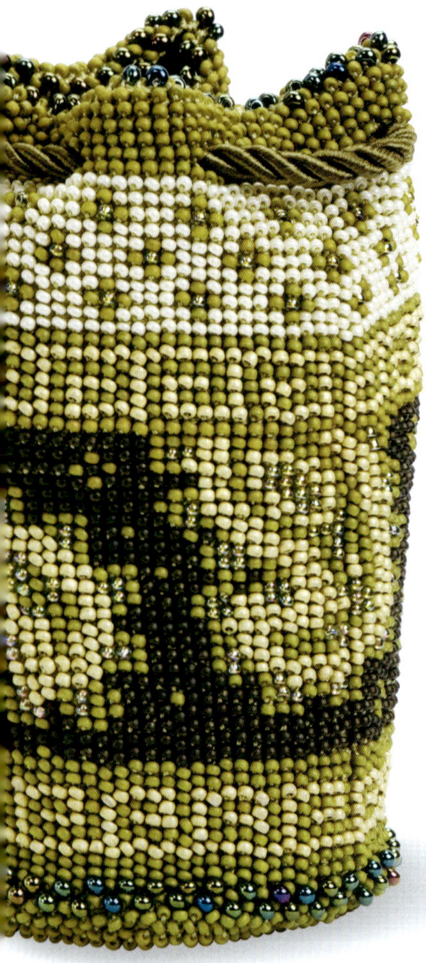

Fertigstellung

5 Schneiden Sie das Garn ab und vernähen Sie alle Reste, wenn Sie mit dem Häkelteil fertig sind. Sie müssen diese Tasche nicht füttern, aber wenn Sie dies möchten, müssen Sie das Futter unterhalb der Löcher des Zugbands mit kleinen Stichen befestigen.

6 Umwickeln Sie die Enden der Kordel mit Klebeband und führen Sie die Kordel durch die Löcher (Foto 1). Fädeln Sie jedes Ende beginnend an der Rückseite, durch vier Löcher, sodass sich beide Enden auf der Vorderseite über der Gruppe aus zwölf PM des Schritts 4 treffen.

1
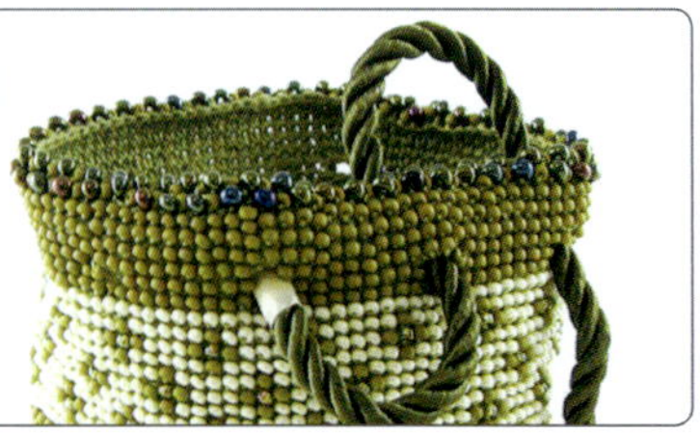

7 Verknoten Sie beide Kordelenden mit einem festen Knoten, ca. 5 cm von den umwickelten Enden entfernt (Foto 2). Geben Sie, wenn nötig, einen Tropfen Klebstoff in das Innere des Knotens, bevor Sie diesen festziehen. Schneiden Sie die umwickelten Kordelenden ab und öffnen Sie die Fasern der Kordel. Bügeln Sie die Enden der Kordel und kürzen Sie diese ein, wenn nötig. Vielleicht müssen Sie von Zeit zu Zeit diese Enden ein wenig nachschneiden.

2
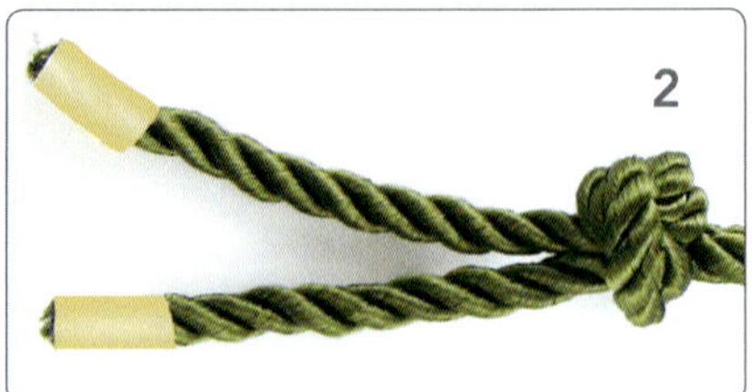

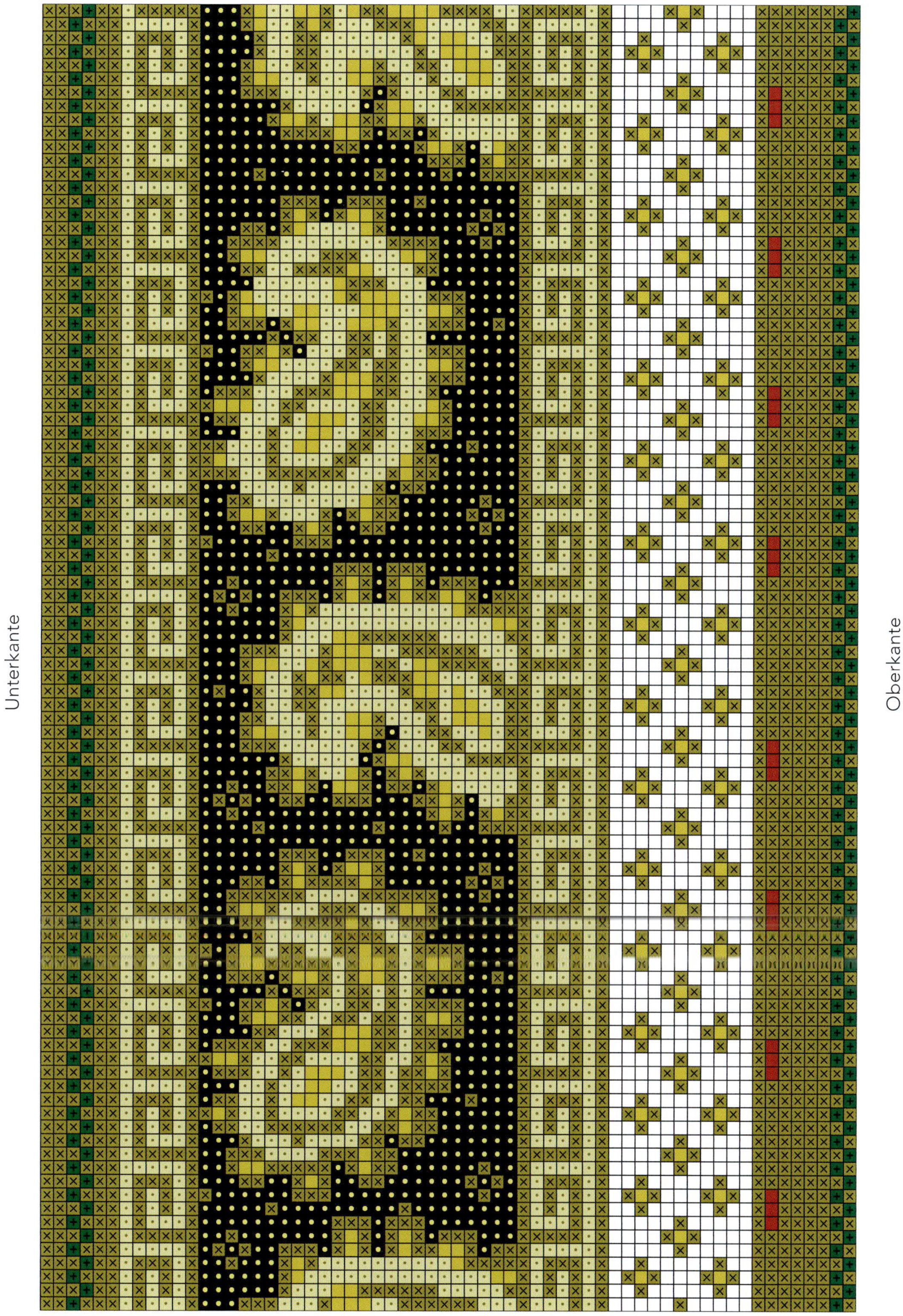

- silk pale olive (816 Perlen)
- silk light olive (1.079 Perlen)
- gold-lined light peridot AB (280 Perlen)
- matte medium olive (3.488 Perlen)
- matte black olive (883 Perlen)
- green iris Tropfen (192 Perlen)

Traditionelle Schlüsseltäschchen, welche von der Dame des Hauses getragen wurden, waren oftmals am Mieder oder Kleid befestigt. Diese Variante hat eine Lasche, mit der sie an einem Gürtel, an Ihrer Jeans oder dem Henkel Ihrer Handtasche festgemacht werden kann.

Chatelaine

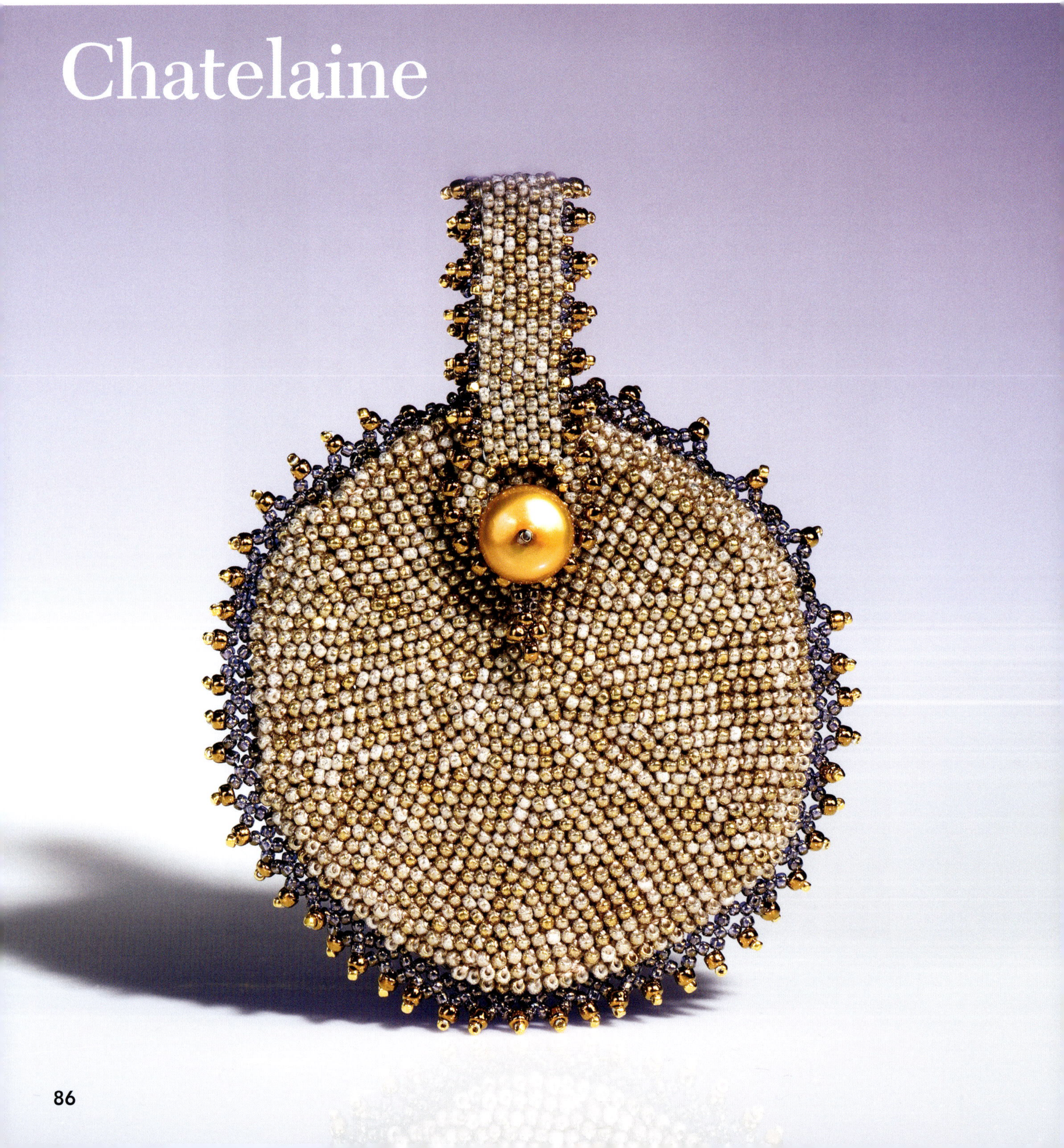

Chatelaine

Vor dem Beginn

Wie dargestellt verwendet das Muster sehr wenig Farben und ist sehr gut für Farbexperimente geeignet. Wenn Sie ein sechseckiges Lieblingsmuster haben, verwenden Sie dies, um die Vorder- und Rückseite zu arbeiten. Schnell und einfach herzustellen, ist dieses Projekt ein hervorragendes Geschenk.

Material

Perlen

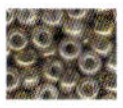
11/0 (Toho #1700), 24k-gold-marbled opaque pale amethyst (Hauptfarbe) (2.770 Perlen)

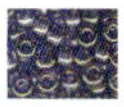
11/0 (Toho #325), lustered dark amethyst gold (Kontrastfarbe) (403 Perlen)

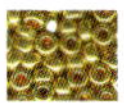
13/0 Charlotten (Tschechien), galvanized gold (120 Perlen)

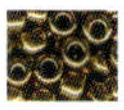
8/0 (Toho #221), metallic bronze (86 Perlen)

Weiteres Material / Hilfsmittel

#12 Perle Cotton, taupe

Nylon Perlenfaden, ca. 90 cm

12 mm Scheibenperle, in der Mitte gebohrt

Häkelnadel, Perlennadel und Schere

Anleitung

1 Häkeln Sie zwei sechseckige Basisstücke (siehe Seite 28) wie folgt: Verwenden Sie 11/0 Saatperlen der Hauptfarbe und arbeiten Sie 20 Runden, bis Sie 120 feste Maschen mit Perlen im Umfang haben (Foto 1). Lassen Sie einen ca. 45 cm langen Garnrest an einer Basis übrig. Vernähen Sie die anderen Garnreste und schneiden Sie sie ab.

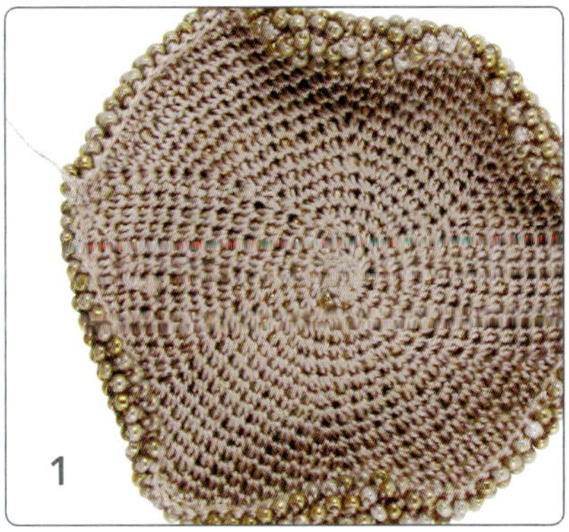
1

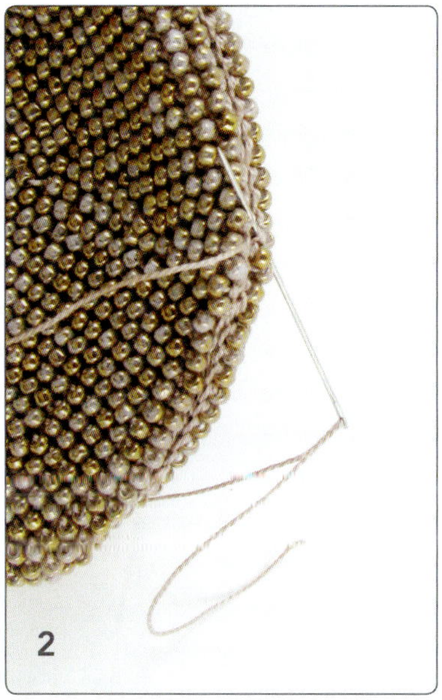
2

2 Bügeln Sie die Basisstücke, sodass diese flach liegen. Legen Sie die beiden Stücke mit den Perlen nach außen so zusammen, dass die Zunahmen übereinander liegen. Verwenden Sie den langen Garnrest und nähen Sie die beiden Basen an vier der sechs Kanten zusammen (Foto 2). Nähen Sie die beiden letzten Ränder nicht zusammen (Foto 3).

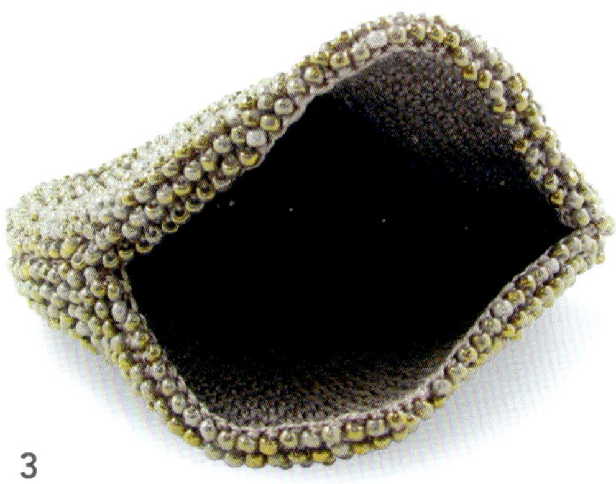
3

Chatelaine

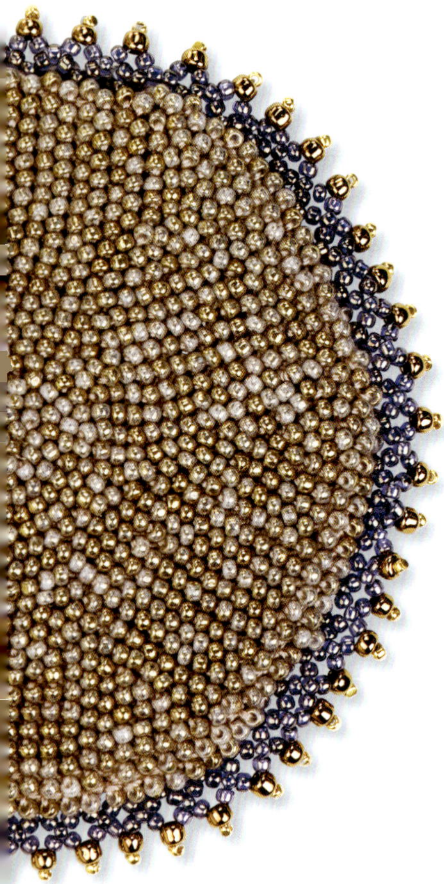

3 Befestigen Sie einen ca. 90 cm langen Faden an einem Ende der Naht. Nehmen Sie 5x 11/0 Perle in einer Kontrastfarbe auf und führen Sie die Nadel zwei Maschen weiter durch die Naht (Foto 4). Fädeln Sie durch die zuletzt aufgenommene Perle zurück und ziehen Sie den Faden an (Foto 5).

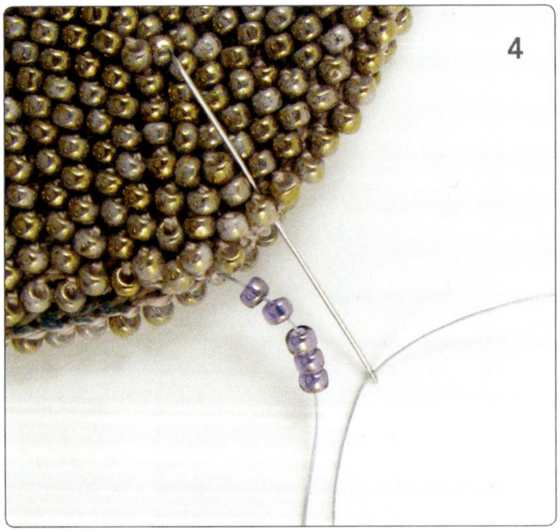

4

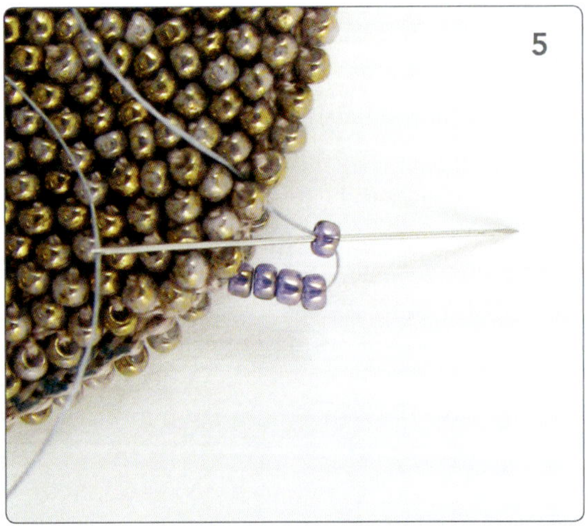

5

4 Nehmen Sie 4x 11/0 Perlen auf und stechen Sie wieder durch die Naht, ebenfalls zwei Maschen weiter (Foto 6). Fädeln Sie durch die zuletzt aufgenommene Perle zurück (Foto 7).

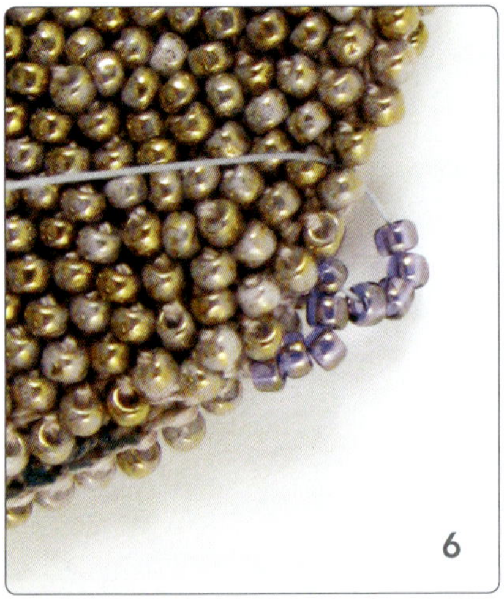

6

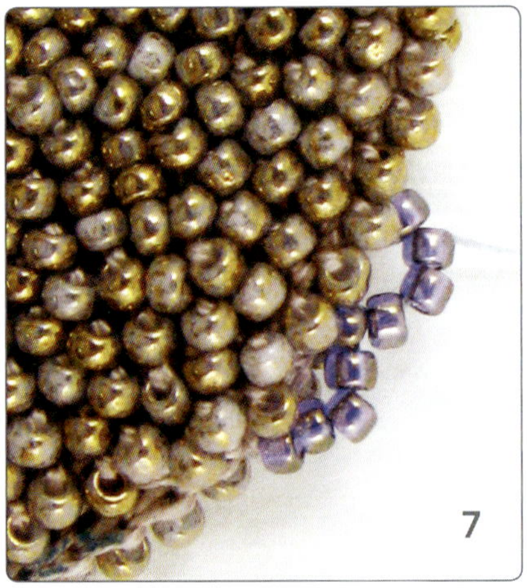

7

5 Arbeiten Sie in dieser Art weiter und fügen Sie jeweils vier 11/0 Perlen pro Stich hinzu, bis Sie den Anfangspunkt erreicht haben. Nehmen Sie für die letzte Gruppe nur 3x 11/0 Perlen auf und führen Sie die Nadel durch die zu allererst hinzugefügte Perle (Foto 8). Der andere, nicht zugenähte Rand, bleibt unverziert.

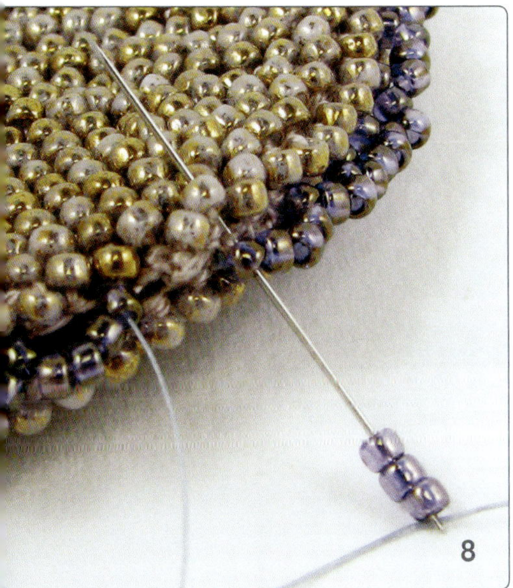

8

6 Fädeln Sie durch die Naht unter den Perlen und dann weiter durch die drei folgenden Perlen und kommen Sie mit der Nadel aus der mittleren Perle der ersten 5er-Gruppe heraus (Foto 9).

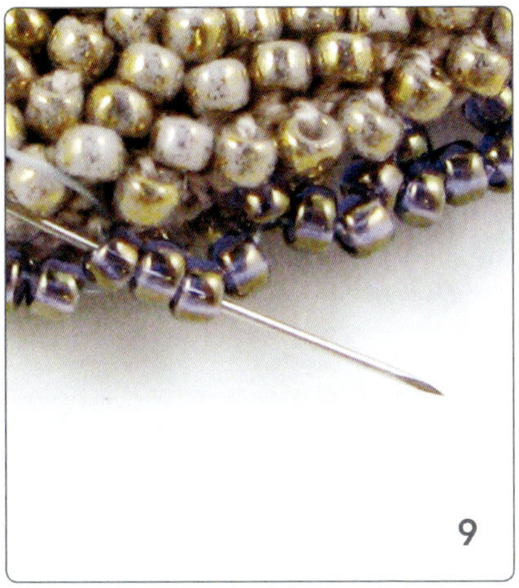

9

7 Nehmen Sie 1x 11/0 Perle, 1x 8/0 Perle und 1x 13/0 Charlotte auf (Foto 10). Überspringen Sie die Charlotte und fädeln Sie zurück durch die 8/0 Perle. Nehmen Sie eine weitere 11/0 Perle auf und fädeln Sie durch die mittlere Perle der nächsten 5er-Gruppe (Foto 11). Wiederholen Sie diese Verzierung, bis Sie wieder zum Anfangspunkt gelangen. Sichern Sie den Faden und schneiden Sie ihn ab.

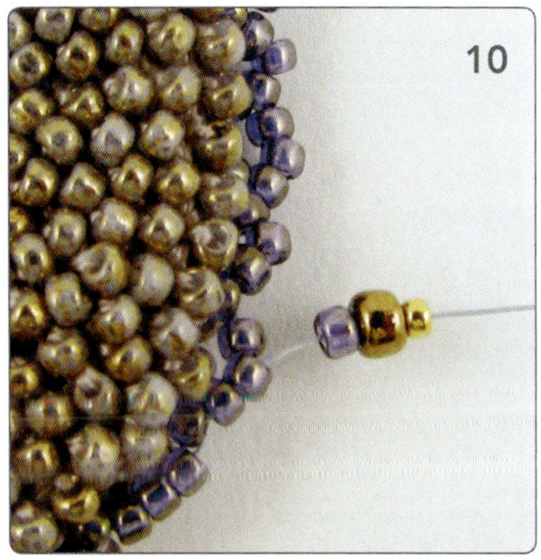

10

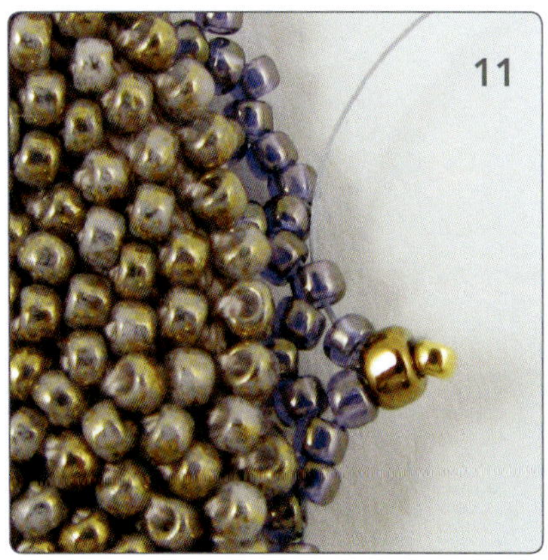

11

Chatelaine

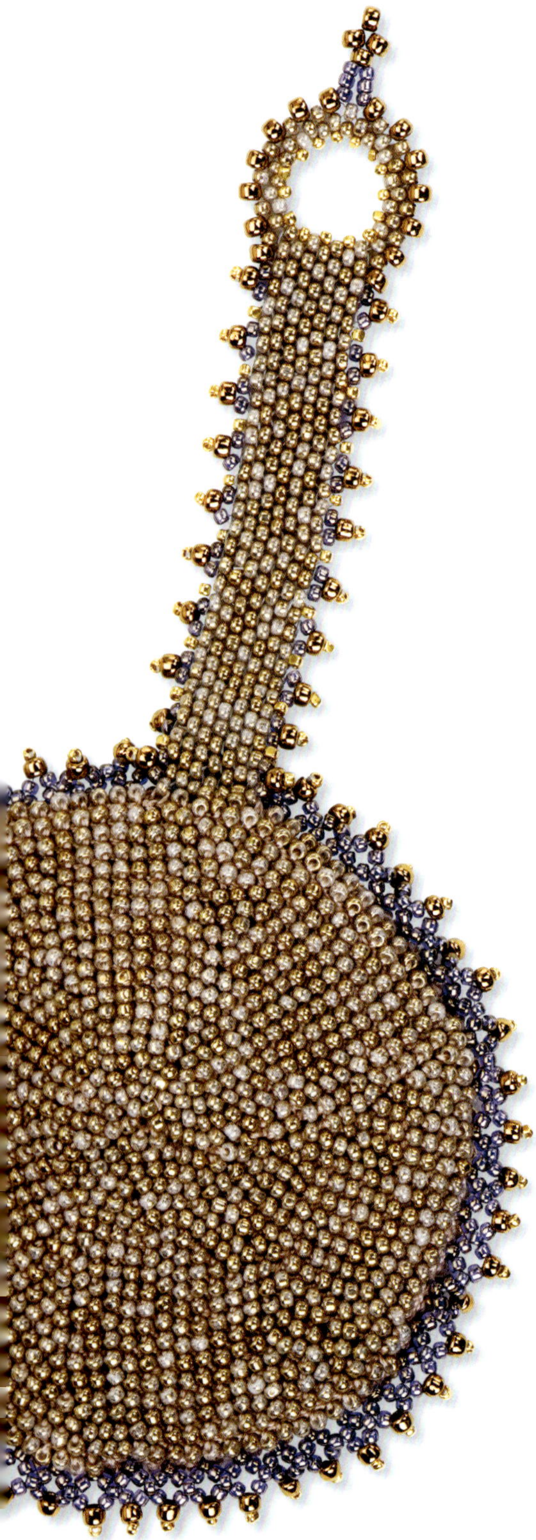

Den Verschluss anfertigen

8 Um die Lasche zu arbeiten, verwenden Sie den Peyote-Stich mit ungerader Perlenanzahl. Dies ist eine Fädeltechnik, die einen starken und zugleich flexiblen Streifen ergibt. Der Peyotestich mit gerader Perlenanzahl kann nicht verwendet werden, da er asymmetrisch ist. Folgen Sie dem in der Grafik auf Seite 91 gezeigten Fadenlauf für die ungerade Wende in jeder zweiten Reihe. Sichern Sie den Faden im Häkelgewebe des unverzierten Randes, drei Perlen von der Zunahmestelle entfernt (Foto 12).

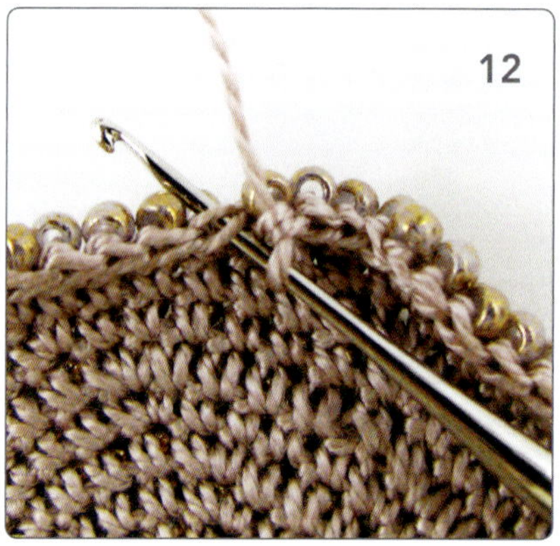

12

9 Sie arbeiten nun ein Band im Peyote-Stich, welches sieben Perlen breit ist, mittig über der Zunahmestelle. Behandeln Sie die sieben Perlen des Rands als wären sie die erste Peyote-Reihe und fügen Sie drei Perlen über vier Perlen hinzu (Foto 13). Wechseln Sie die Arbeitsrichtung und fügen Sie eine weitere Reihe hinzu. Arbeiten Sie im Peyote-Stich weiter, bis das Band ca. 6 cm lang ist und enden Sie mit einer Vier-Perlen-Reihe (Foto 14).

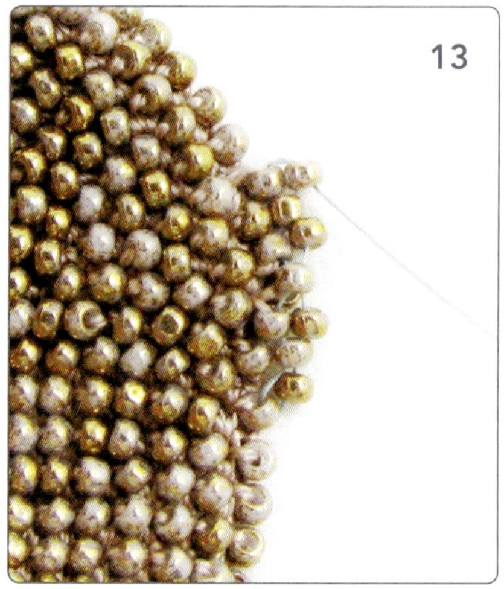

13

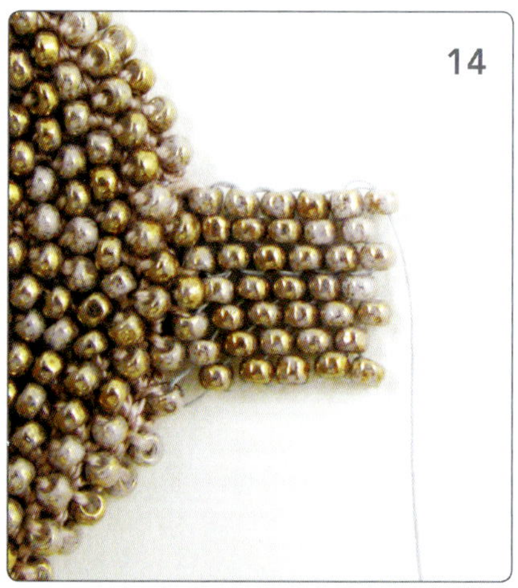

14

10 Nehmen Sie, um die Schlaufe für den Knopf zu arbeiten, 23x 11/0 Perlen der Hauptfarbe auf und fädeln Sie durch die Perle an der anderen Seite des Bands (Foto 15). Fädeln Sie im Peyotestich und fügen Sie eine innere Reihe aus 13/0 Charlotten hinzu (Foto 16). Fädeln Sie so durch die Perlen, dass Sie mit der Nadel aus der zweiten Randperle des Bands herauskommen und fügen Sie eine Runde aus 11/0 Perlen der Hauptfarbe um den äußeren Rand hinzu (Foto 17).

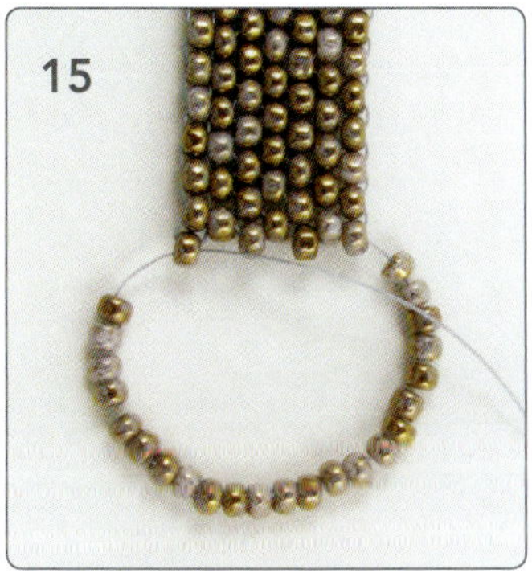

15

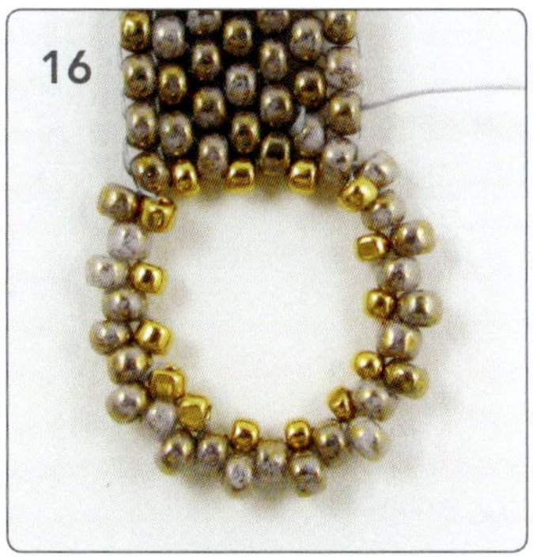

16

11 Fädeln Sie so durch die Perlen des Bands, dass die Nadel aus der dritten Randperle einer Seite herauskommt. Fügen Sie eine äußere Runde aus 8/0 Perlen hinzu und fädeln Sie so durch die Perlen, dass Sie mit der Nadel gegenüber des Peyote-Bands herauskommen. Nehmen Sie 3x 11/0 Perlen in Kontrastfarbe und 4x 8/0 Perlen auf. Überspringen Sie die letzten drei 8/0 Perlen und fädeln Sie durch die zuerst hinzugefügte 8/0 Perle. Nehmen Sie 3x 11/0 Perlen in Kontrastfarbe auf und fädeln Sie durch die nächste 8/0 Perle am äußeren Rand. Ziehen Sie den Faden fest und fädeln Sie so vor, dass Sie mit der Nadel aus derselben Perle des Rands kommen, aus der Sie am Anfang des Schritts kamen (Foto 18).

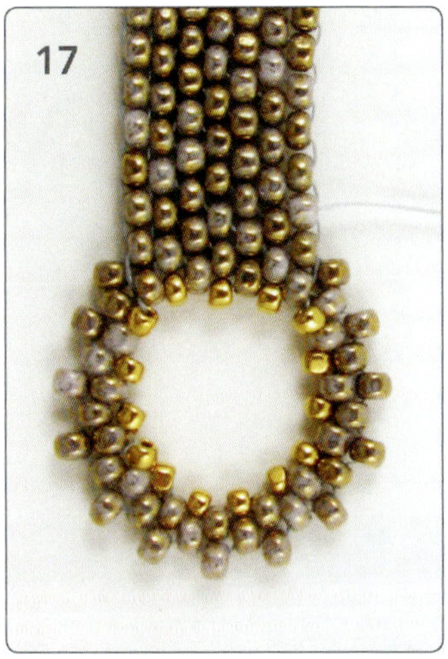

17

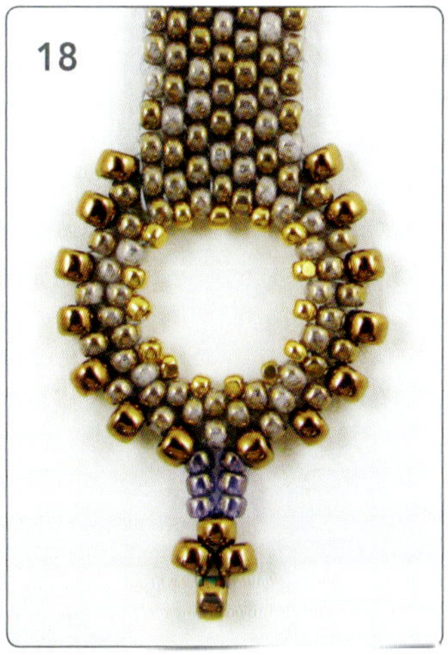

18

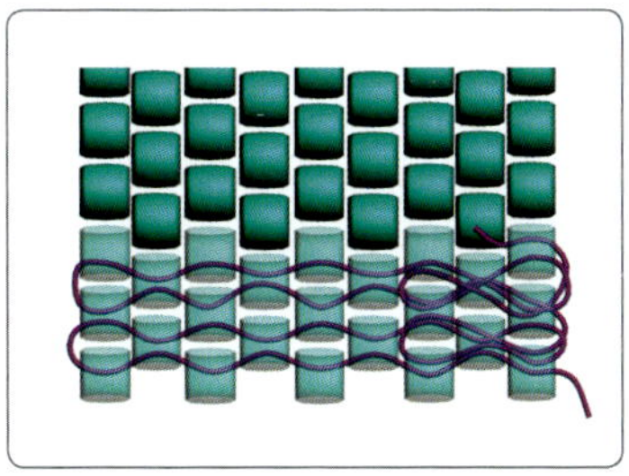

Fadenlauf

Chatelaine

Fertigstellung

12 Folgen Sie dem auf Foto 19 eingezeichneten Fadenlauf und fügen Sie den Seiten des Bands Picotverzierungen hinzu. Achten Sie darauf, dass sich die Spitzen gegenüberliegen. Nehmen Sie 1x 11/0 Perle in Kontrastfarbe, 1x 8/0 Perle und 1x 13/0 Charlotte auf, überspringen Sie die Charlotte und fädeln Sie durch die 8/0 Perle. Nehmen Sie 1x 11/0 Perle in Kontrastfarbe auf, überspringen Sie eine Randperle und fädeln Sie durch die nächste Randperle. Nehmen Sie 1x 13/0 Charlotte auf und verbinden Sie sie, wie der Fadenlauf zeigt, mit dem Band. Verzieren Sie beide Seiten des Bands bis zum unverzierten Rand der Basis.

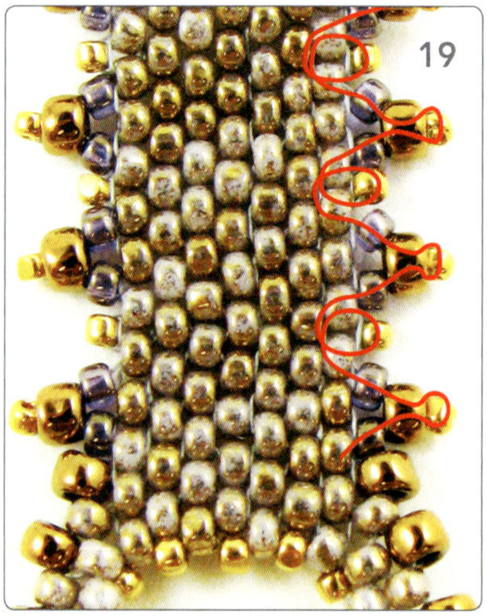

19

13 Nähen Sie den Perlenknopf wie Foto 20 zeigt an. Kommen Sie dazu mit dem Faden ca. 1,5 cm über der Mitte der Basis heraus, nehmen Sie 1x 8/0 Perle, den Perlenknopf und 1x 11/0 Perle in Kontrastfarbe auf. Überspringen Sie die 11/0 Perle und fädeln Sie zurück durch den Perlenknopf und die 8/0 Perle in die Basis. Wiederholen Sie den Fadenlauf noch mindestens zwei weitere Male, um den Perlenknopf zu sichern. Vernähen Sie den Faden und schneiden Sie ihn ab.

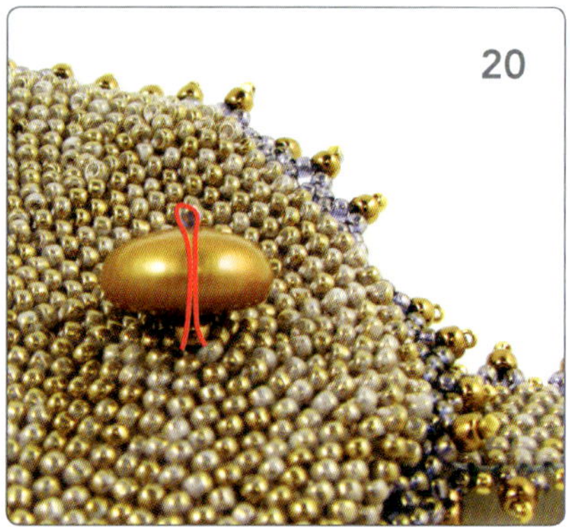

20

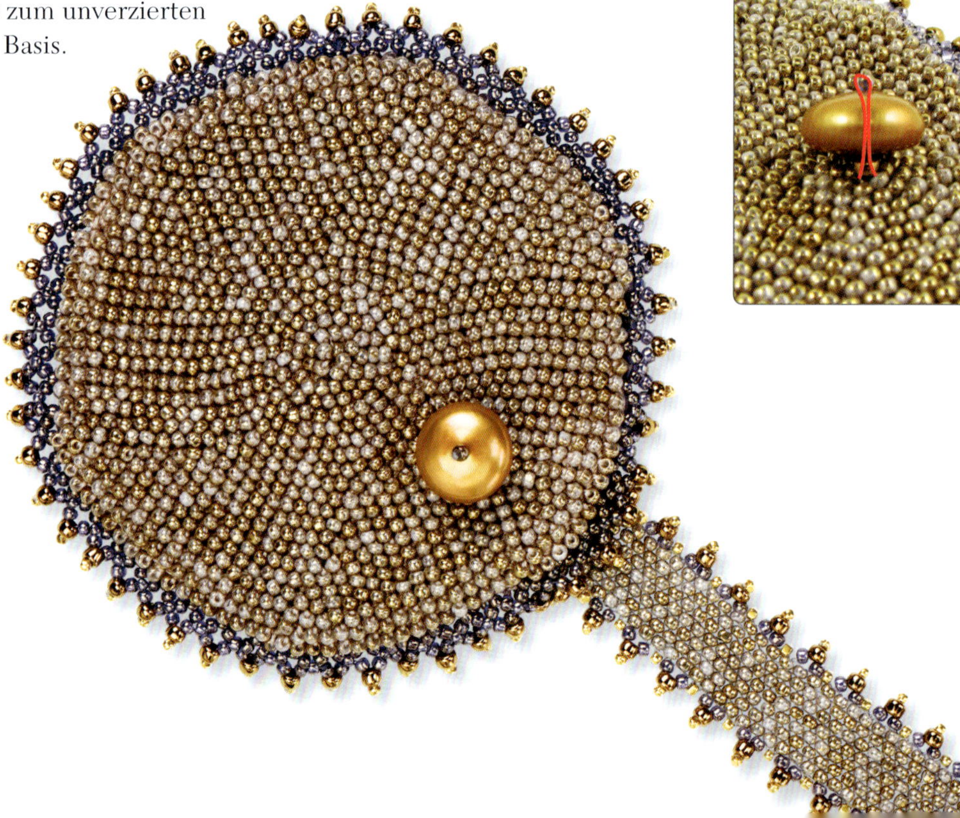

Leoparden-Kappe

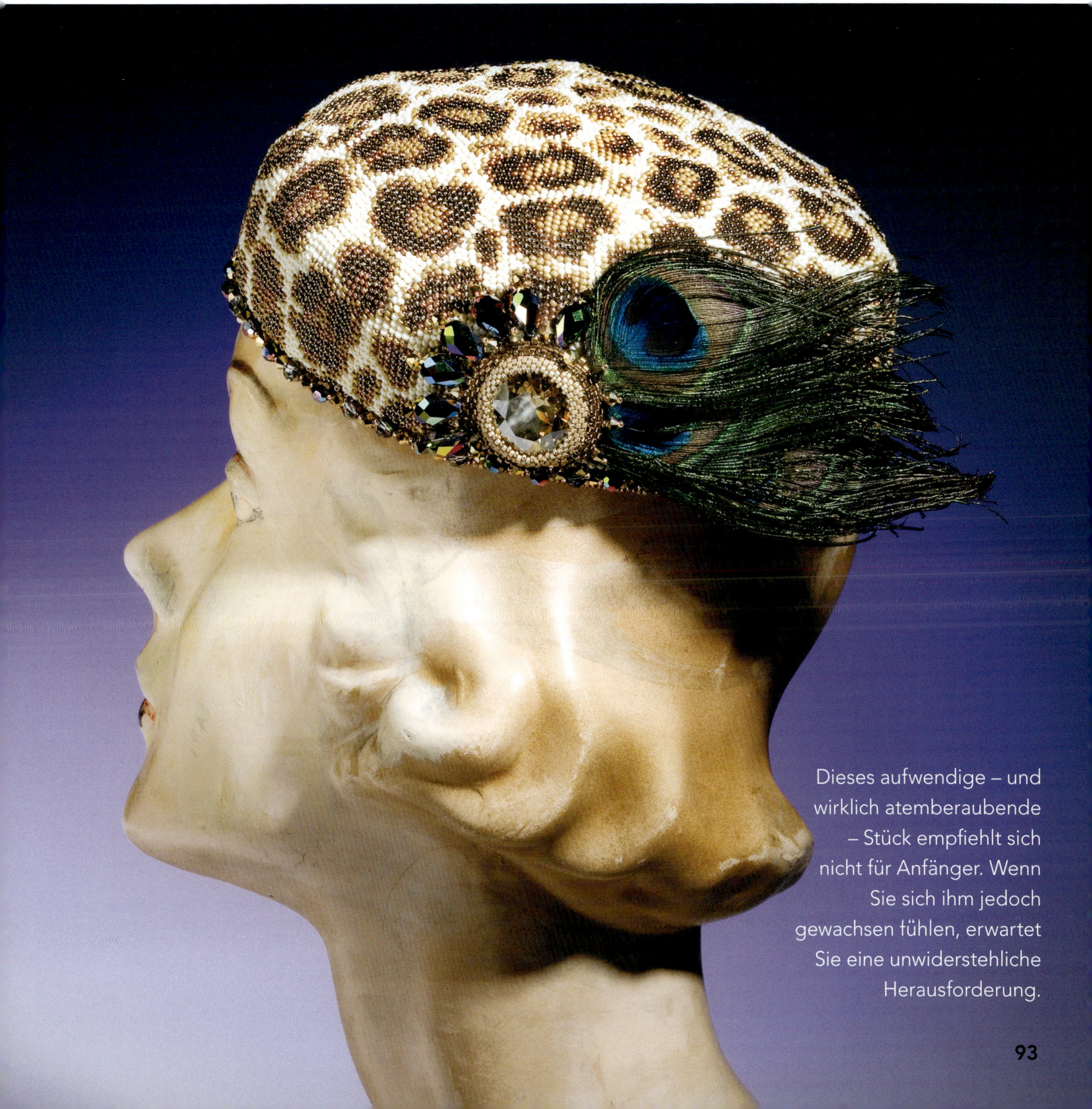

Dieses aufwendige – und wirklich atemberaubende – Stück empfiehlt sich nicht für Anfänger. Wenn Sie sich ihm jedoch gewachsen fühlen, erwartet Sie eine unwiderstehliche Herausforderung.

Leoparden-Kappe

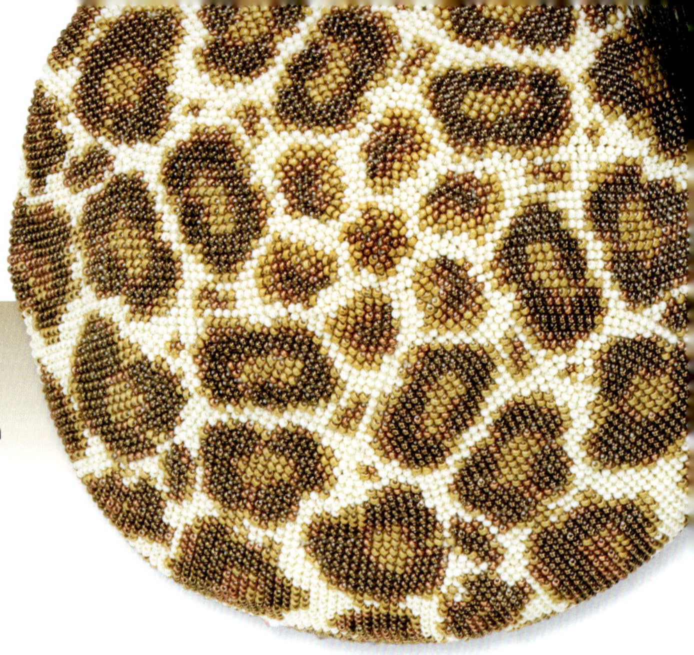

Vor dem Beginn

Diese Kappe besteht aus einer großen, sechseckigen Basis, welche eine „Krone" als Oberseite der Kappe formt. Die Häkelarbeit wird dann ohne Zunahmen erweitert, um die Seiten zu bilden, welche 3,8 cm hoch sind.

Material

Perlen

- 11/0 (Toho #557F), matte galvanized gold (2.784 Perlen, mehr, wenn Sie das innere Band arbeiten möchten)
- 11/0 (Tschechien), metallic dark bronze (4.338 Perlen)
- 11/0 Tschechien), opaque cream (3.510 Perlen)
- 11/0 (Tschechien), silk copper (2.304 P., mehr, wenn Sie das innere Band arbeiten möchten)

Weiteres Material / Hilfsmittel

#12 Perle Cotton, cream color, ca. 30 g

Vlies, ca. 46 cm

Füllstoff, einmal ca. 20 cm und einmal ca. 30 cm im Durchmesser

Futterstoff in passender Farbe, ca. 30 cm

Klebeband

Optionale Dekoration: Pfauenfedern, Kristallstein, Perlen, Hutnadeln

Häkelnadel, Perlennadel und Schere

Anleitung

1 Wiederholen Sie jede Reihe des auf der gegenüberliegenden Seite gezeigten Musters sechs Mal, um eine vollständige Runde zu erhalten. Das Muster zeigt 1/6 der gesamten Kappe. Obwohl der blau umrandete Teil als Dreieck erscheint, wird er bei sechsmaliger Wiederholung als Kreis hervortreten.

2 Arbeiten Sie das Sechseck dem Muster folgend. Der mittlere Teil ist blau umrandet. Arbeiten Sie alle 31 Runden der Mitte, schneiden Sie dann Ihr Garn ab und vernähen Sie es in der Arbeit. Versetzen Sie die Zunahmestelle, indem Sie den nächsten Abschnitt in der Mitte einer Wiederholung der letzten Runde beginnen. Positionieren Sie den Aufschritt nicht an derselben Stelle wie zuvor. Dies ergibt eine viel bessere Rundung.

3 Beginnen Sie damit, den rot umrandeten Teil aufzufädeln. Ziehen Sie zuerst eine Schlaufe aus der grün markierten Perle der letzten Runde des blau umrandeten Teils; dies ist eine cremefarbene Perle. Die benachbarte, ebenfalls grün markierte Perle ist die erste Perle des nächsten Abschnitts. Diese Position ist nahezu in der Mitte einer der sechs Wiederholungen; es ist nicht wichtig, welcher Wiederholung.

Tipp

Beim Auffädeln dieses Musters benutzte ich ein größeres Stück weißen Papiers als Markierung am Ende jeder Runde und ein kleineres Stück rosafarbenes Papier als Markierung am Ende jedes Abschnitts. Ich platzierte also sechs Markierungen in jeder Runde. Am Ende hatte ich eine Menge Schnipsel auf dem Boden, aber das machte das Auffädeln erheblich einfacher. Sie müssen dies bis zur siebten oder achten Runde nicht tun, bis es dann schwieriger wird, dem Verlauf zu folgen. Außerdem sollten Sie die Mustervorlage beim Häkeln zur Hand haben, um überprüfen zu können, dass Sie richtig häkeln.

4 Häkeln Sie die ersten zwölf Runden dieser rot umrandeten sechseckigen Basis wie gewohnt, mit sechs Zunahmen pro Runde. In der 13. Runde gibt es keine Zunahmen.

5 Nehmen Sie in der 14. Runde in jedem Abschnitt eine Perle zu. Wie beim Tipp beschrieben, sind hier Markierungen sehr hilfreich.

6 Nehmen Sie in der 15. Runde nicht zu. Nehmen Sie in der 16. Runde in jeder Wiederholung eine Perle zu.

7 Ab hier werden alle weiteren Runden ohne Zunahmen gearbeitet. Arbeiten Sie, nachdem Sie alle Perlen verhäkelt haben, noch sechs Runden ohne Perlen, um den Umschlag anzufertigen.

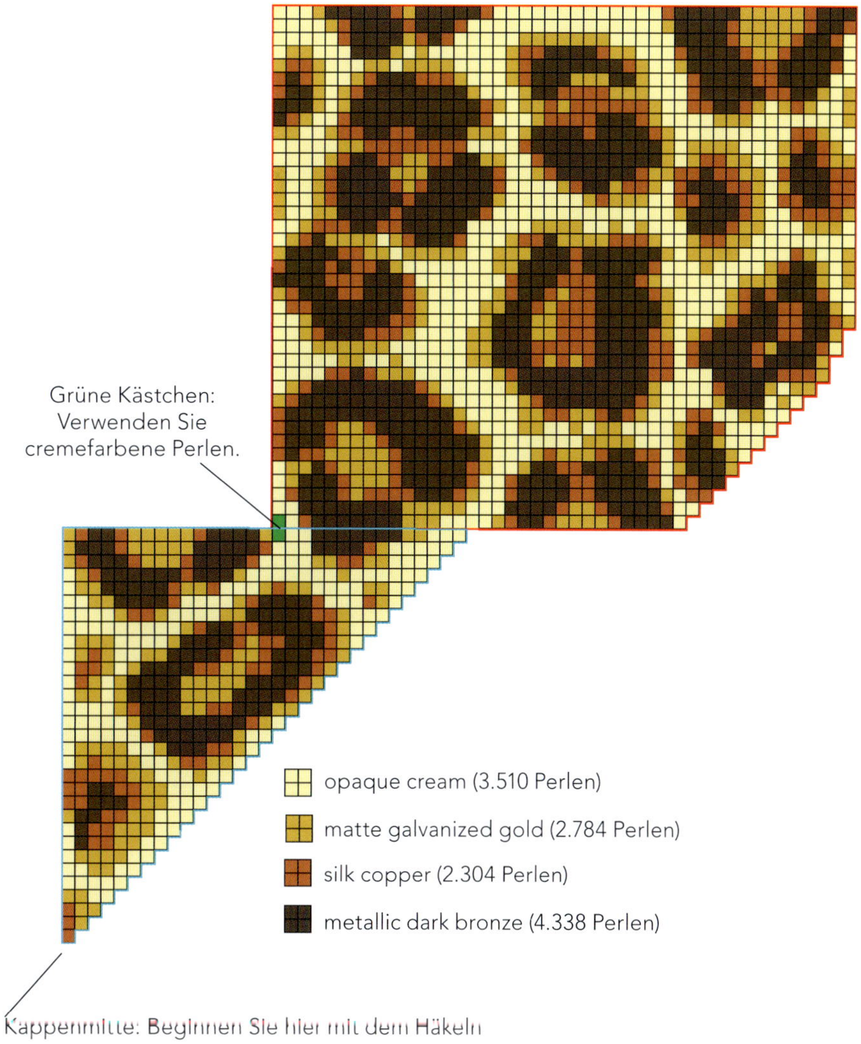

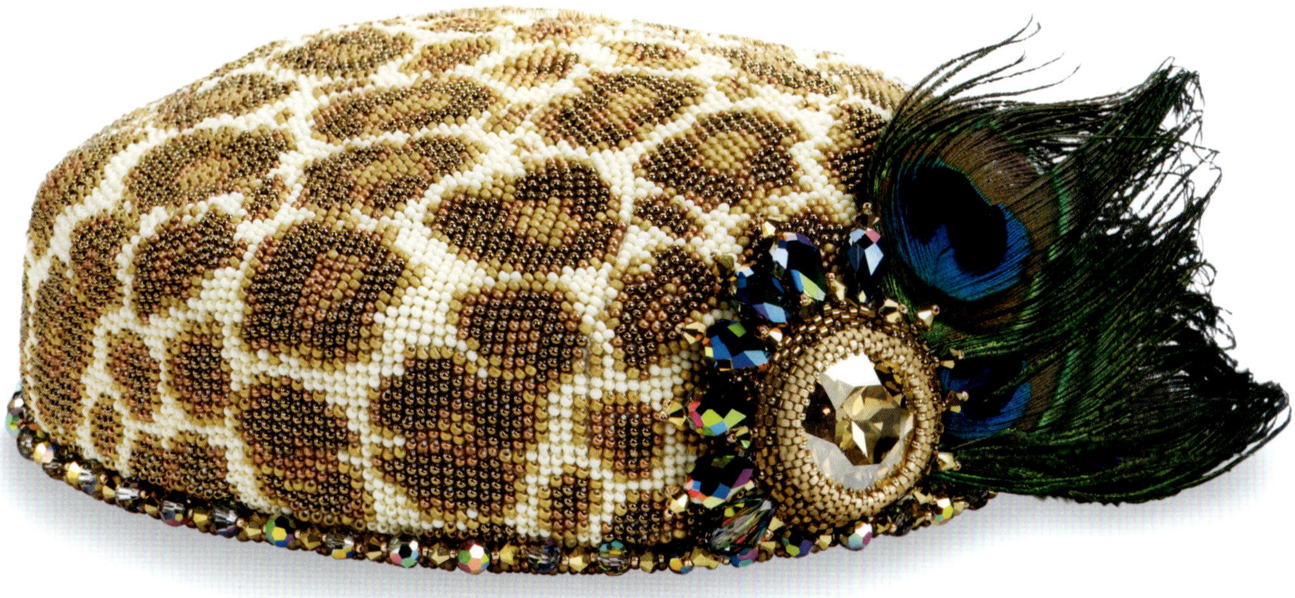

Leoparden-Kappe

Die Kappenform erstellen

8 Verwenden Sie eine Stabilisierung aus Vlies mit einer inneren und einer äußeren Schicht als Untergrund. Die dreispitzigen Vorlagen auf Seite 99 bilden ein Viertel der gesamten Vorlage ab. Machen Sie sich vier Kopien dieser Vorlage, schneiden Sie sie aus und kleben sie zu einer inneren und einer äußeren Vorlage mit je 12 Spitzen zusammen (wie auf Seite 98 gezeigt). Die äußere Vorlage wird ein wenig größer als die innere sein.

9 Schneiden Sie mit der Vorlage zwei Vliesstücke aus, einen für die innere und einen für die äußere Form.

10 Kleben Sie die Enden zusammen (Foto 1). Ein wichtiger Hinweis: Die Fotos zeigen grünes Klebeband, damit es besser sichtbar ist, Sie sollten eine neutralere Farbe, wie helles Maskierungsband verwenden.

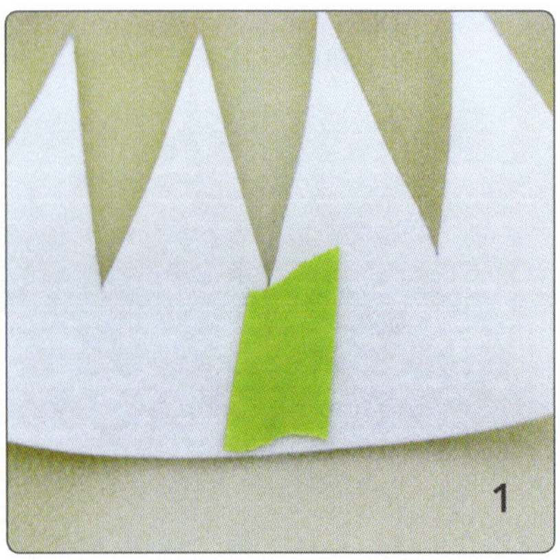

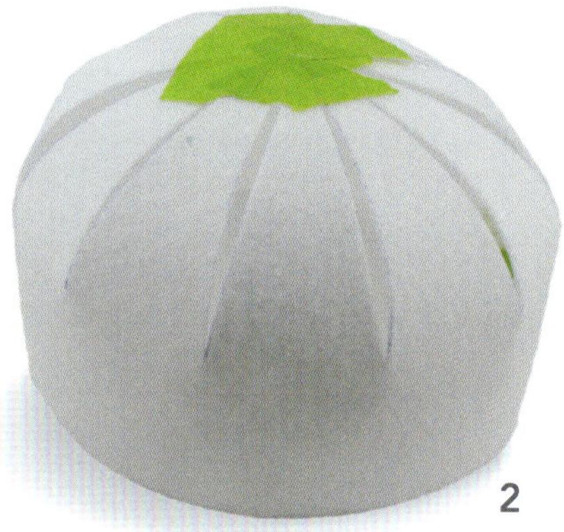

11 Kleben Sie die Spitzen in der Mitte zusammen (Foto 2).

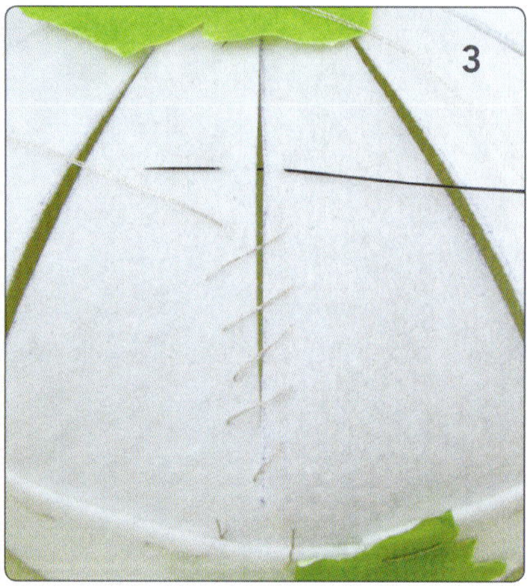

12 Nähen Sie die Spitzen mit Überwendlingsstichen zusammen (Foto 3).

13 Legen Sie die äußere und die innere Form so übereinander, dass die Nähte nicht aufeinander liegen. Machen Sie ein paar Heftstiche, um die beiden zu verbinden.

14 Schneiden Sie sich ein Stück Vlies ab, welches 3,2 cm hoch und 1,3 cm länger als der Umfang der verbundenen Form ist. Wickeln Sie den Streifen um die Kante der Form und kleben Sie die Enden überlappend zusammen.

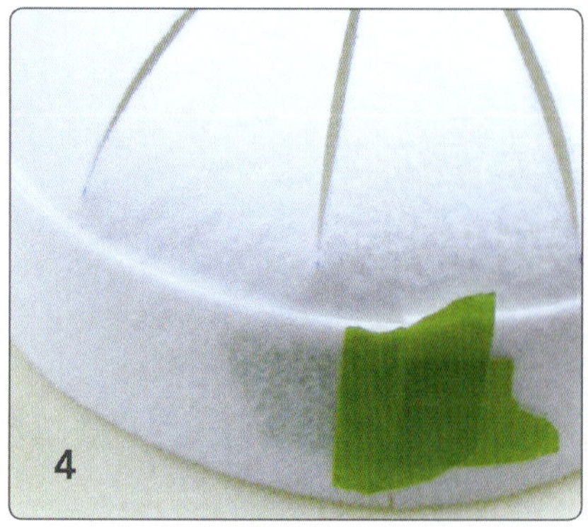

15 Ziehen Sie den Füllstoff über die gesamte Form und dann dehnen Sie die Häkelarbeit über die Form. Drücken Sie den Füllstoff hinein, sodass er nicht herausschaut. Verwenden Sie große Stiche und heften Sie den unteren Rand der Häkelarbeit so an das Vlies, dass zwei bis drei Reihen gehäkelter Perlen und der Umschlag in der Form sind (Foto 5).

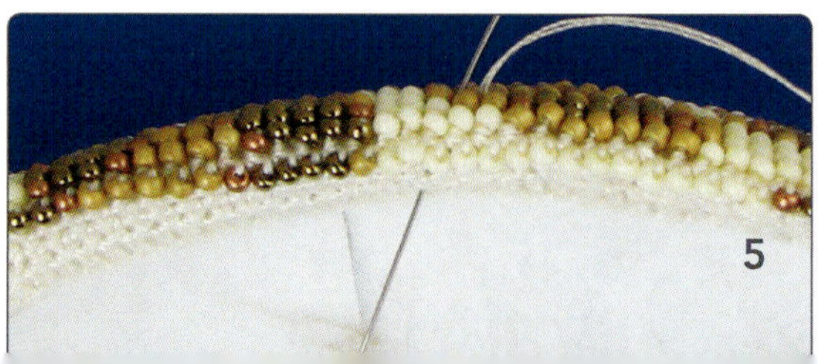

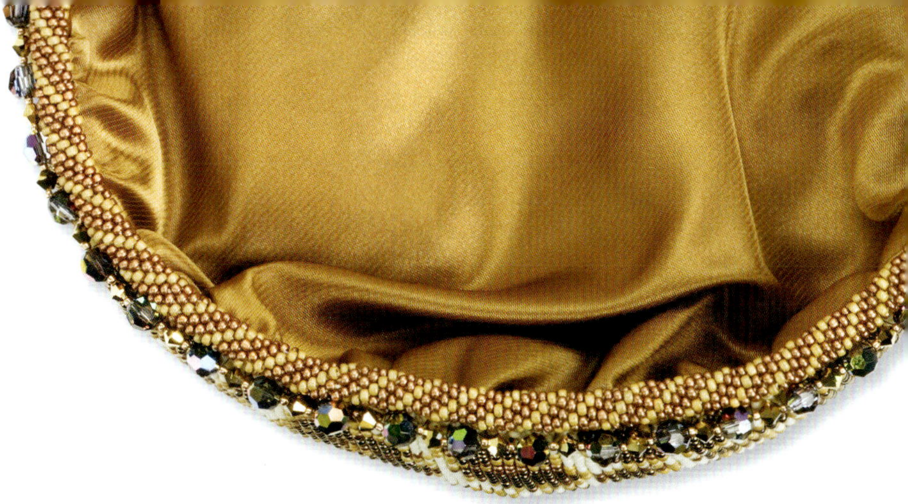

Das Futter anfertigen

16 Verwenden Sie die Kappe als Vorlage und schneiden Sie einen rundherum 5 cm größeren Kreis aus dem Futter aus.

17 Arbeiten Sie ca. 1,3 cm vom Rand entfernt einen Kräuselstich um den äußeren Rand des Futters. Dazu nähen Sie 6 mm große Stiche mit einem einfach oder doppelten Faden im Kreis herum. Schneiden Sie den Rand ein (Foto 6) und ziehen Sie dann am Faden, sodass der Stoff sich kräuselt, bis er etwa den selben Durchmesser wie der innere Rand der Kappe hat. Sichern Sie die Kräuselung mit einigen Überwendlingsstichen über dem Kräuselfaden und schneiden Sie ihn ab.

6

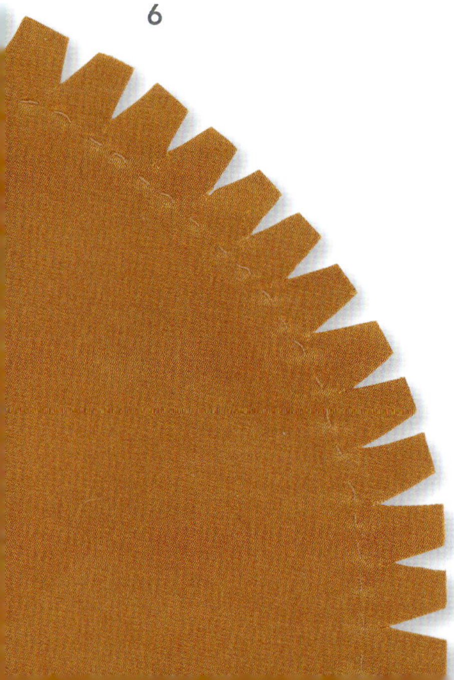

18 Wenn die Kappe durchhängt, können Sie ein Stück Kunststoff einer Trinkflasche hineinkleben (Foto 7). Schneiden Sie dazu ein Stück aus, welches die Kappe oben spannt, bevor Sie den Füllstoff hineingeben.

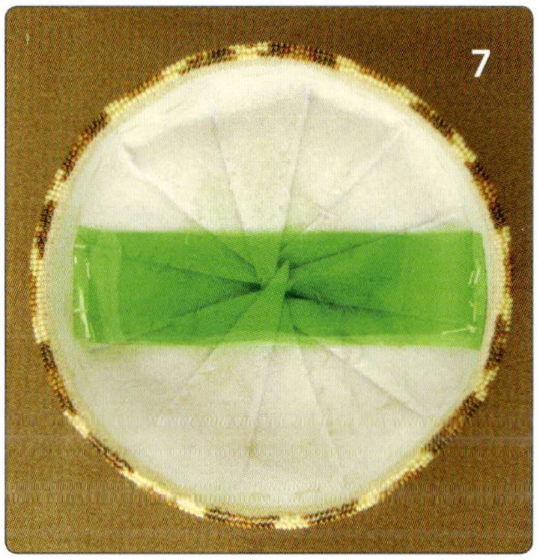

7

19 Legen Sie eine dünne Schicht Füllstoff in die Mitte der Kappe, bis ca. 2,5 cm vom Rand entfernt. Formen Sie den Füllstoff mit den Fingern und drücken Sie ihn fest an.

20 Legen Sie das Futter in die Kappe. Schlagen Sie die Schnittkante um und nähen Sie es mit unsichtbaren Stichen fest.

Das dekorative Band

21 Als dekoratives Band für die untere Kante wird nun eine Kette mit sechs Perlen im Umfang (siehe Seite 24) gehäkelt. Fädeln Sie die Perlen nach diesem Muster auf: 1x Gold, 2x Kupfer.

22 Wiederholen Sie das Auffädelmuster, bis Sie ca. 2,7 m auf dem Garn haben. Häkeln Sie mit sechs Perlen in der Runde, bis die Kette bequem um den Rand der Kappe passt. Vielleicht haben Sie zu viele Perlen aufgenommen oder müssen noch welche hinzufügen, dies hängt von Ihrer Fadenspannung ab. Verbinden Sie die Enden der Kette unsichtbar (siehe Seite 25) und nähen Sie sie an der unteren Kante der Kappe mit unsichtbaren Stichen fest.

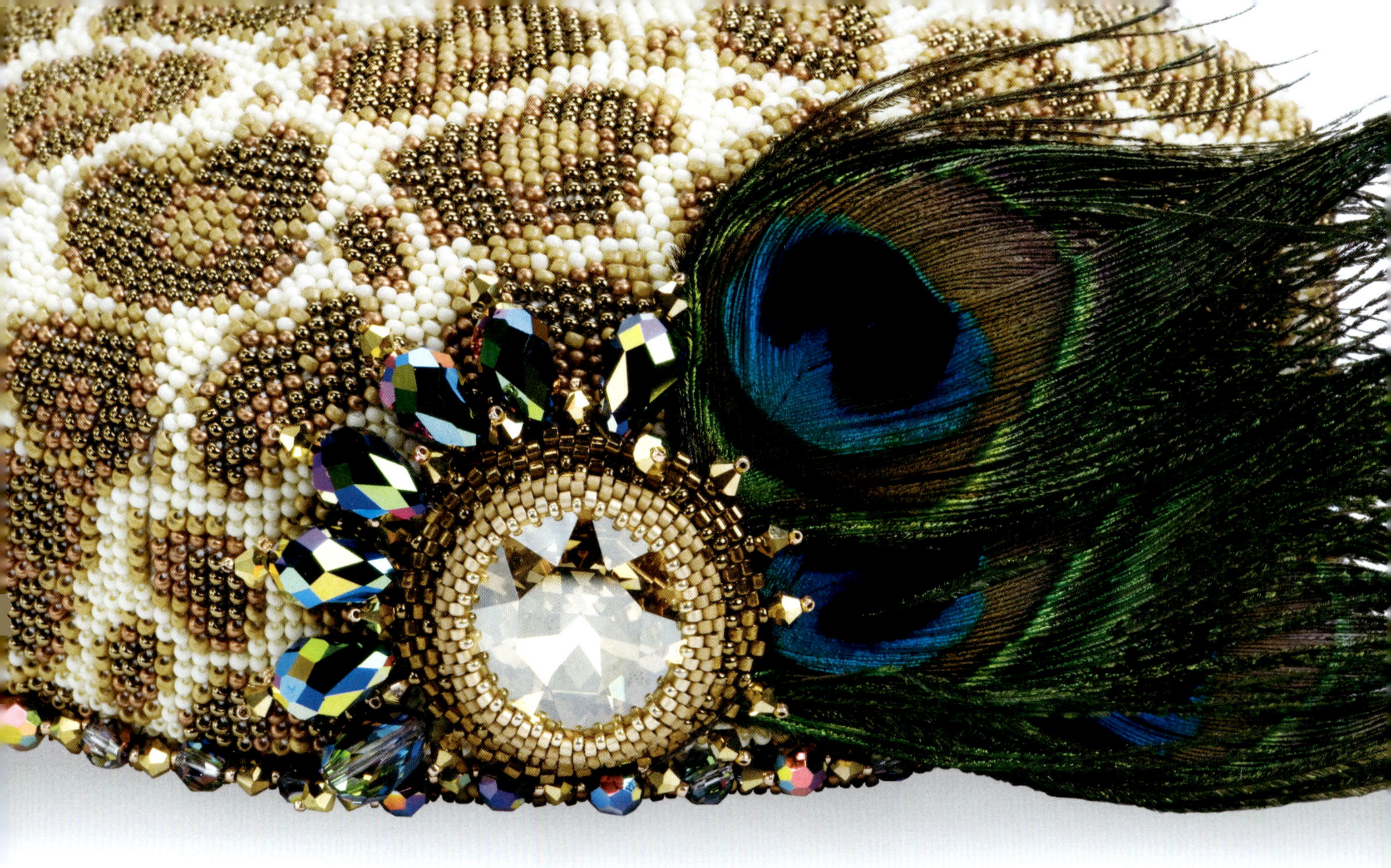

Dekorationen hinzufügen

23 Die gezeigte Kappe besitzt noch eine Verzierung aus Kristall- und Saatperlen um den Rand herum sowie eine Kristallbrosche mit drei Pfauenfedern. Eine andere Möglichkeit wäre eine Federboa als Randverzierung oder eine Hutnadel. Haben Sie beim Verzieren und Tragen der Kappe Spaß!

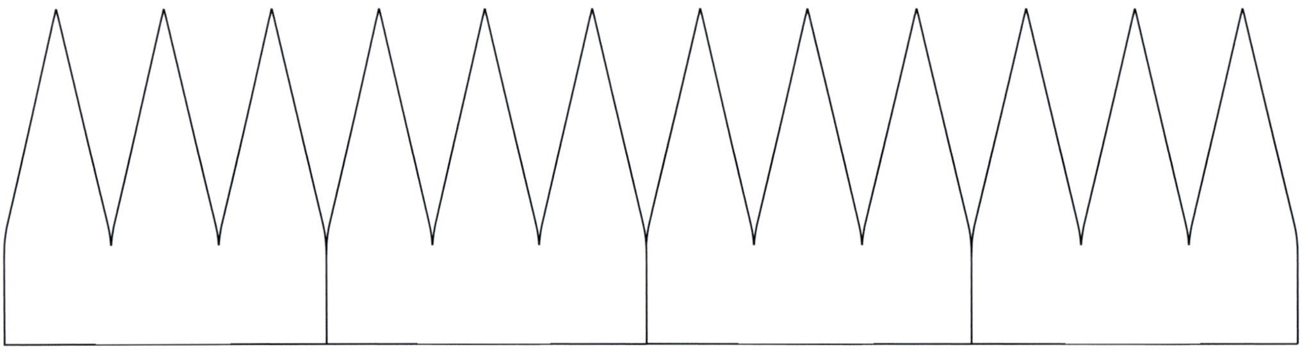

Fügen Sie, wie hier gezeigt, vier Kopien aneinander.

Vorlage für die innere Form

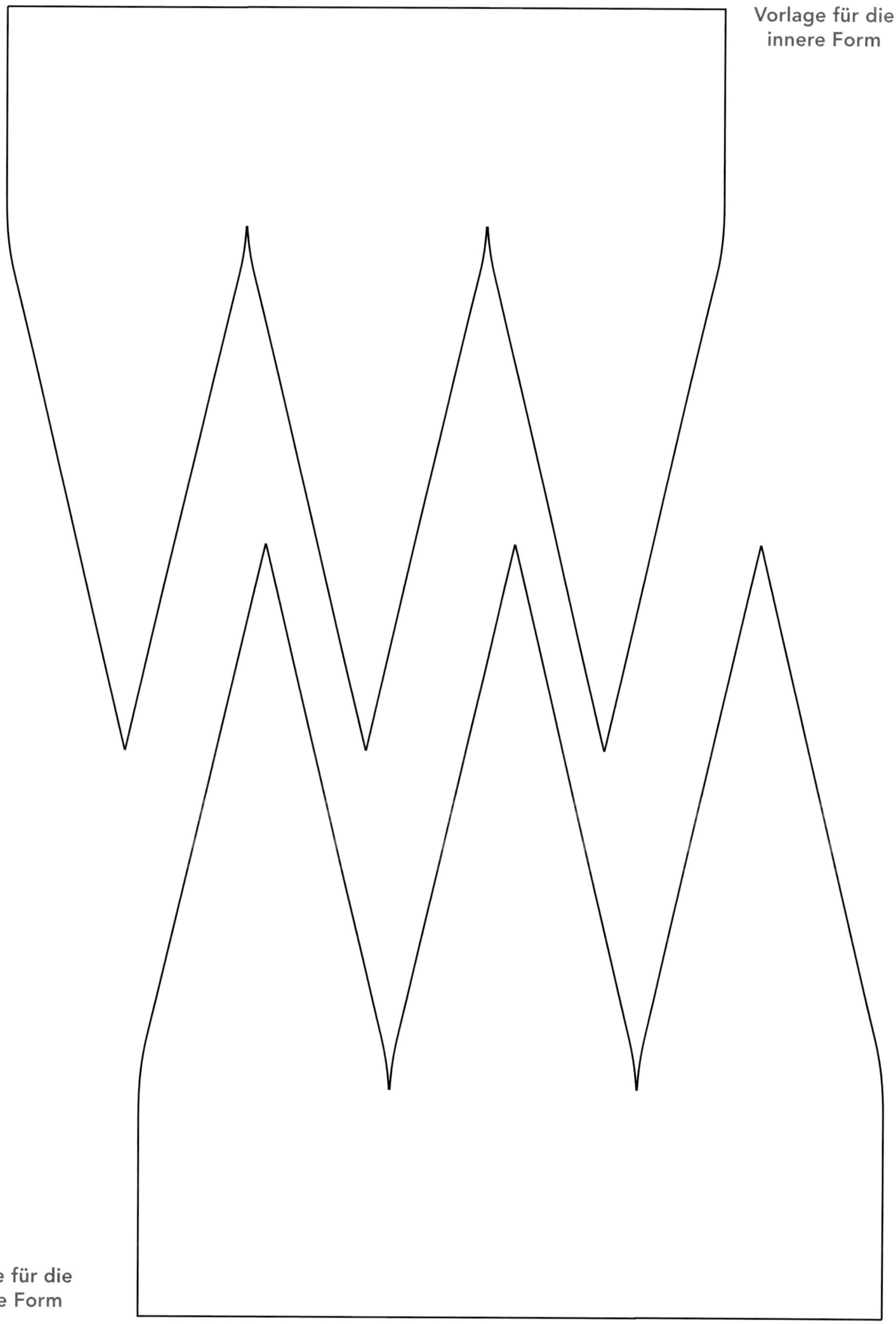

Vorlage für die äußere Form

Diese wunderschöne von Lauren Miller entworfen und gehäkelte Tasche verwendet dieselbe elegante Lotusblüte dreimal.

Lotus

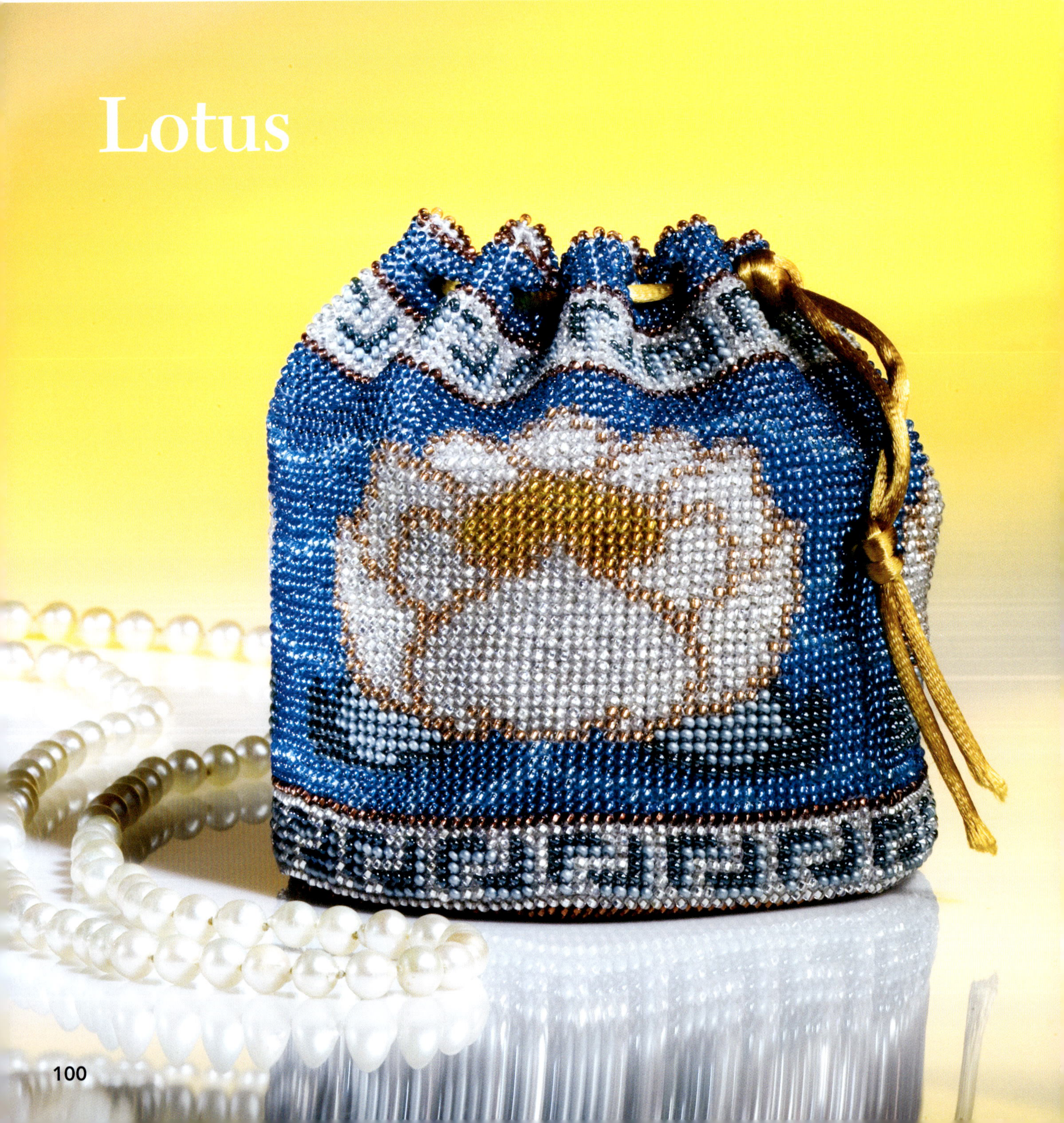

Lotus

Vor dem Beginn

Die Basis dieser Tasche besteht aus einem Sechseck. Nachdem Sie das Sechseck fertiggestellt haben, fädeln Sie die drei Wiederholungen der Runden auf. Sie sollten fünf oder sechs Runden per Abschnitt aufnehmen. Für das Zugband aus Satin wurden Knopflöcher gearbeitet.

Material

Perlen

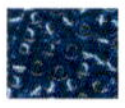
11/0 (Tschechien), silver-lined deep aqua (3.039 Perlen)

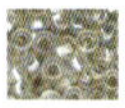
11/0 (Tschechien), silver-lined crystal AB (2.841 Perlen)

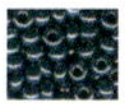
11/0 (Tschechien), lustered deep green (906 Perlen)

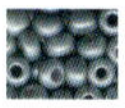
11/0 (Tschechien), silk lichen green (816 Perlen)

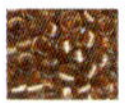
11/0 (Tschechien), copper-lined crystal (810 Perlen)

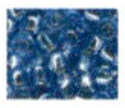
11/0 (Toho #23), silver-lined light aqua (384 Perlen)

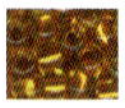
11/0 (Tschechien), silver-lined tangerine (192 Perlen)

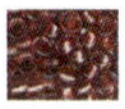
11/0 (Tschechien), copper-lined amethyst (2.190 Perlen)

Weiteres Material / Hilfsmittel

#12 Perle Cotton, gray, 25 g

3 mm goldfarbene Satinkordel, ca. 50 cm

Häkelnadel, Perlennadel, Schere

Anleitung

1 Folgen Sie der Anleitung zur Herstellung einer sechseckigen Basis (Seite 28). Verwenden Sie die copper-lined amethyst Perlen und häkeln Sie, bis Sie 144 Maschen in der Runde (24 pro Sechseck-Abschnitt) haben.

2 Wechseln Sie zu den Perlen der Farbe silk lichen green und arbeiten Sie eine weitere Reihe mit Zunahmen, sodass Sie am Ende 150 Maschen haben. Verwenden Sie Perlen der Farbe deep green und häkeln Sie eine weitere Runde mit Zunahmen (156 Maschen). Fügen Sie eine letzte Zunahmerunde aus Perlen der Farbe copper lined hinzu (162 Maschen). Dies ergibt den kompletten Boden (rechts abgebildet).

Tipp

Verwenden Sie für die Papierstückchen-Markierungen für dieses Design eine Farbe um das Ende einer Wiederholung und eine andere Farbe, um das Ende der Runde zu markieren.

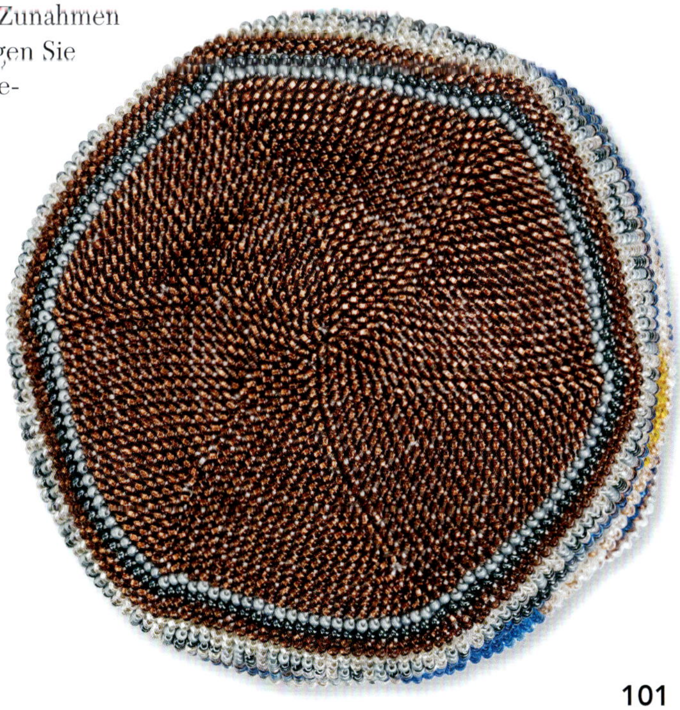

Lotus

Die Seiten arbeiten

3 Das Muster auf der rechten Seite wird dreimal wiederholt und die untere Reihe wird an den Boden angehäkelt. Sie müssen jede Runde dreimal auffädeln. Nehmen Sie nur fünf Runden pro Abschnitt auf, da die Runden sehr lang sind.

4 Ziehen Sie aus der letzten Runde des Bodens eine Schlaufe, häkeln Sie eine Luftmasche und eine feste Masche mit Perle in dieselbe Masche der Basis, aus der Sie die Schlaufe gezogen haben. Arbeiten Sie die Seite ohne Zunahmen, bis Sie die Knopflöcher erreicht haben.

5 Fügen Sie 18 Knopflöcher hinzu (beachten Sie, dass das Muster sechs Knopflöcher zeigt und Sie dies dreimal wiederholen müssen). Für die Knopflöcher nehmen Sie keine Perlen auf, die Anzahl der Perlen in dieser Runde ist also geringer. Um ein vollständiges Knopfloch zu arbeiten, sind drei Runden notwendig:

- Arbeiten Sie in der ersten Runde fünf feste Maschen ohne Perlen an den angegebenen Positionen (in der Mustervorlage sind dies die rot markierten Maschen).
- Häkeln Sie in der zweiten Runde je 5 Luftmaschen ohne Perlen über die festen Maschen der Vorrunde und dann 4 feste Maschen mit Perlen bis zum nächsten Knopfloch.
- In der dritten Runde arbeiten Sie je 5 feste Maschen mit Perlen über dem Luftmaschenbogen.

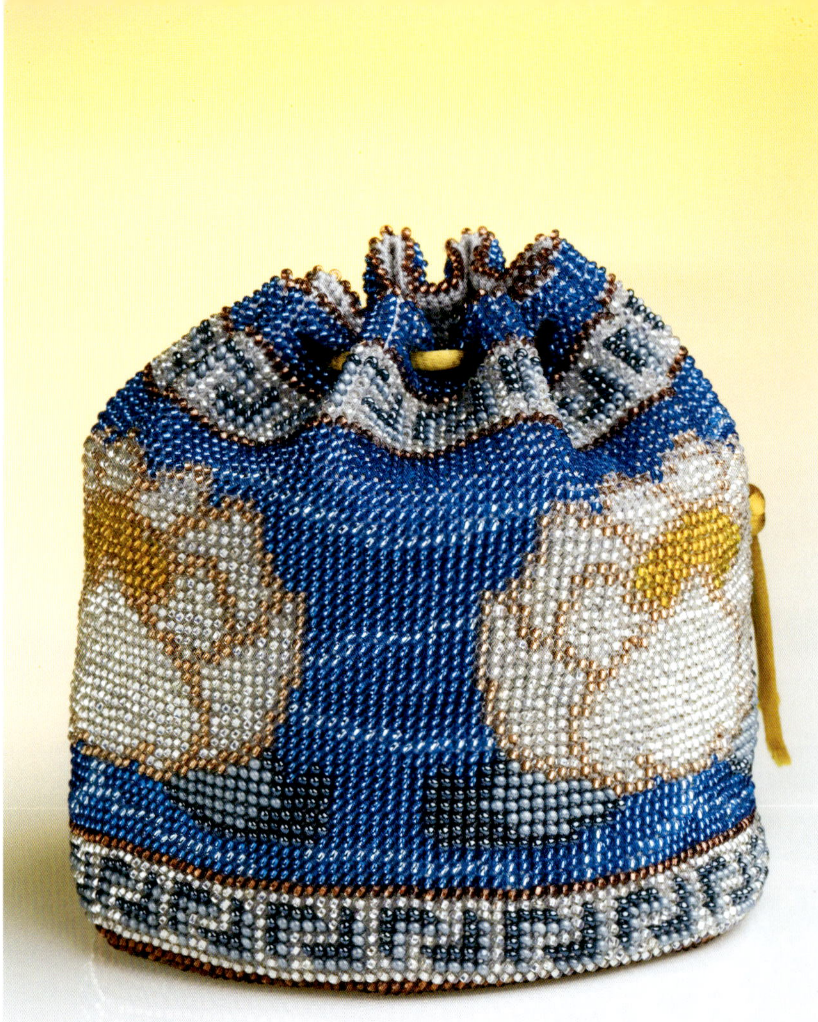

An dieser Stelle haben Sie noch zwei weitere Runden aus festen Maschen mit Perlen zu arbeiten.

Fertigstellung

6 Häkeln Sie, wenn Sie alle Perlenrunden fertiggestellt haben, noch vier weitere Runden ohne Perlen als Umschlag. Legen Sie den Umschlag um und nähen Sie ihn mit unsichtbaren Stichen fest. Verwenden Sie dabei dasselbe Garn, wie für die Tasche selbst.

7 Führen Sie die Satinkordel durch die Knopflöcher, knoten Sie einen einfachen Knoten und schneiden Sie die Enden ab, wenn nötig. Ein kleiner Tropfen Klebstoff bewahrt die Enden davor, auszufransen.

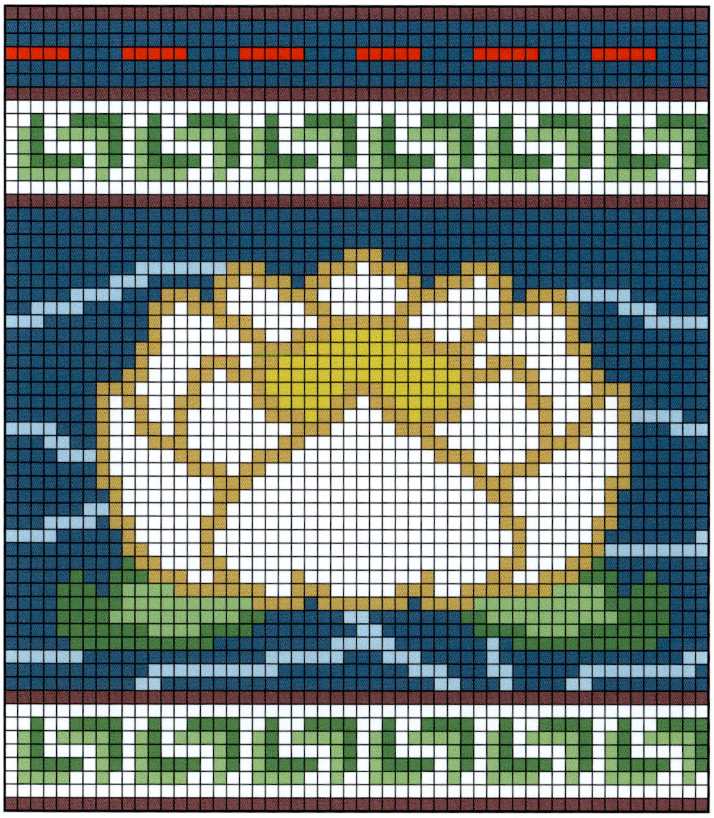

- silver-lined deep aqua (3.039 Perlen)
- silver-lined crystal AB (2.841 Perlen)
- lustered deep green (906 Perlen)
- silk lichen green (816 Perlen)
- copper-lined crystal (810 Perlen)
- silver-lined light aqua (384 Perlen)
- silver-lined tangerine (192 Perlen)
- copper-lined amethyst (2.190 Perlen)
- Knopfloch

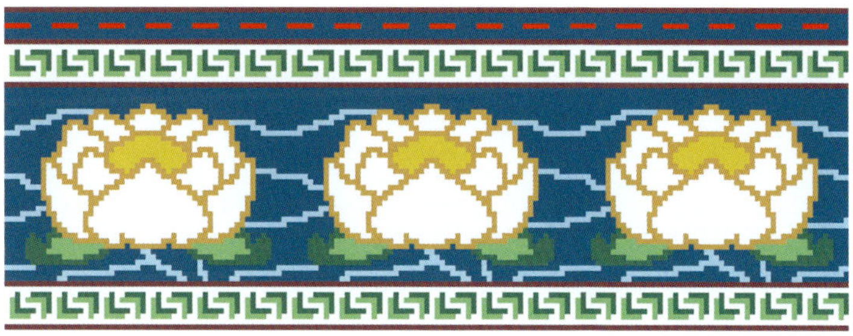

Musterübersicht der Seite

Kapitel 6

Eckige Muster

Dieses Kapitel ist gefüllt mit Projekten, die Ecken beinhalten. Diese sind sehr einfach und doch so elegant.

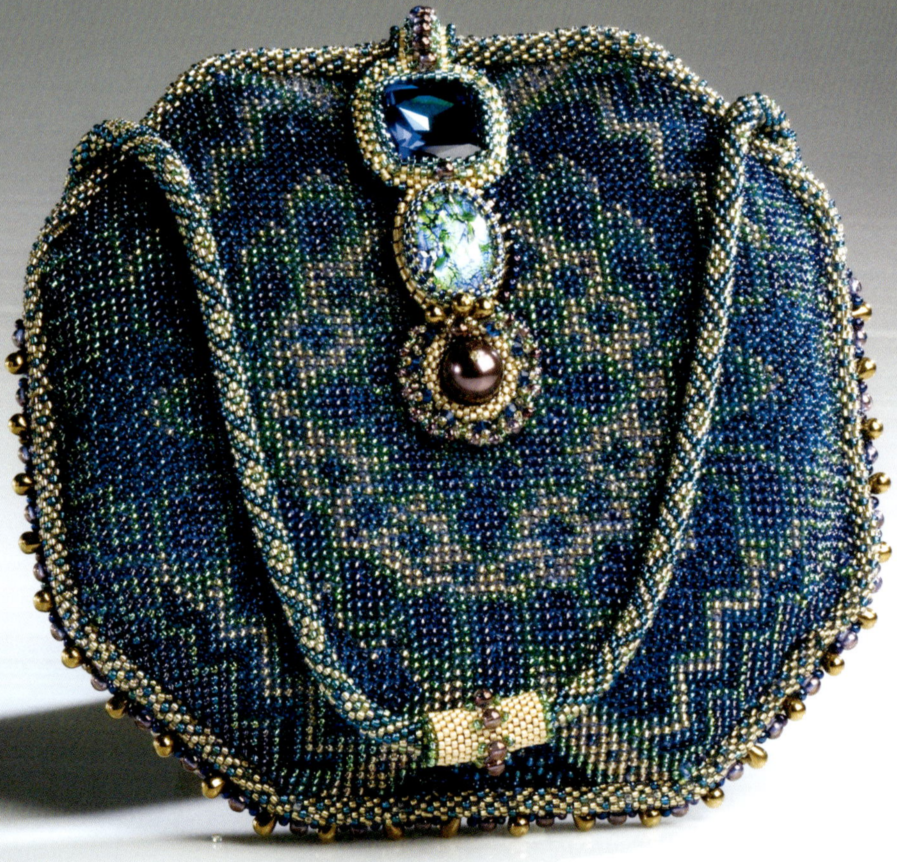

Miss Jennie

Goldenes Paisley

Peacock

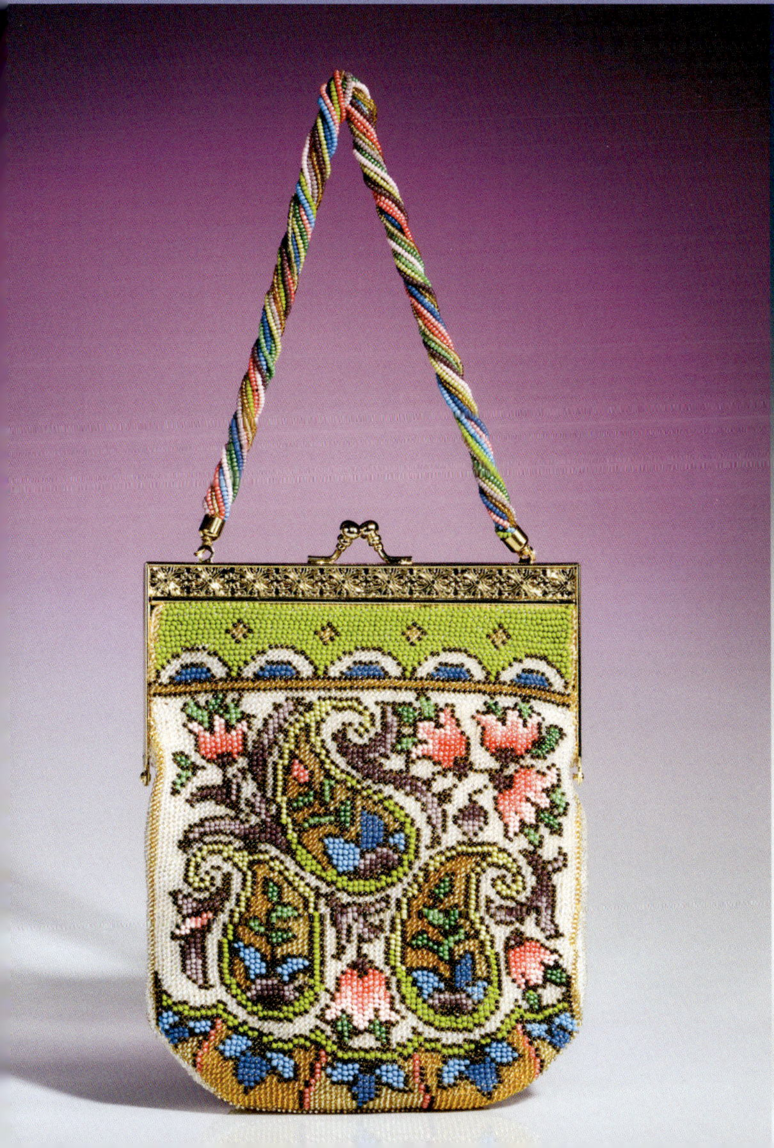

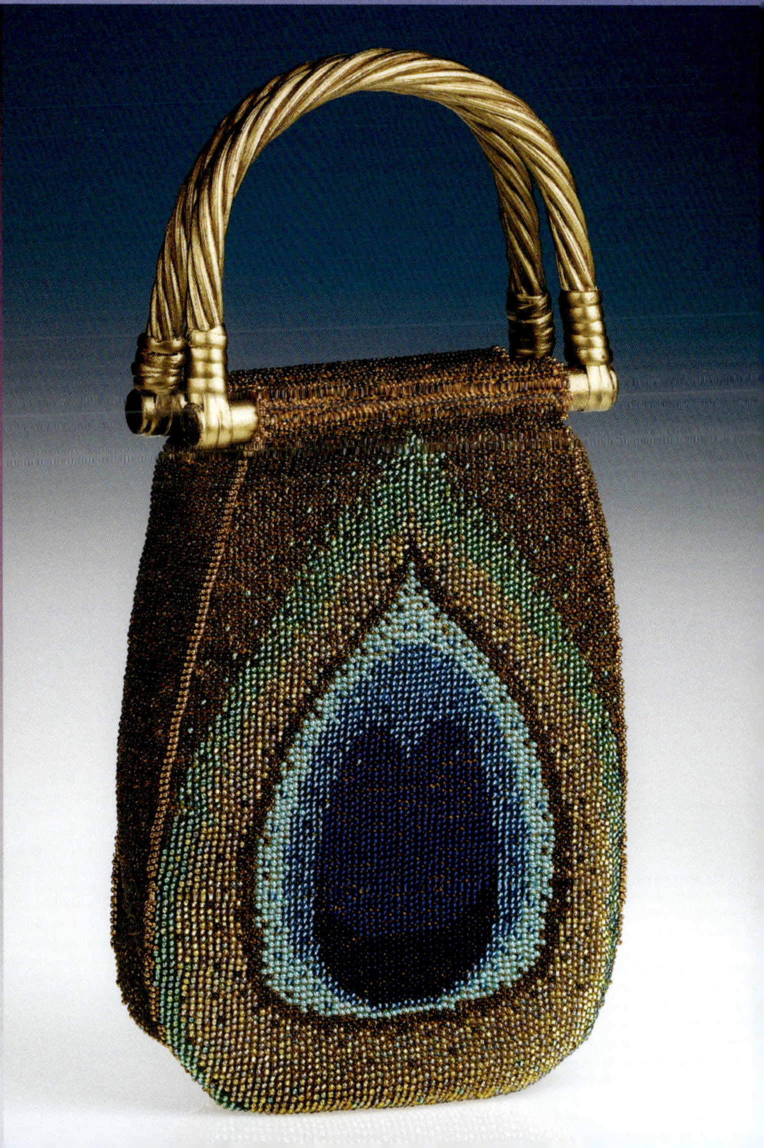

Miss Jennie

Nach meiner Großmutter benannt, die in den 1920er Jahren ein Teenager war, bringt diese Tasche den Spaß und Style einer mondänen Ära zurück.

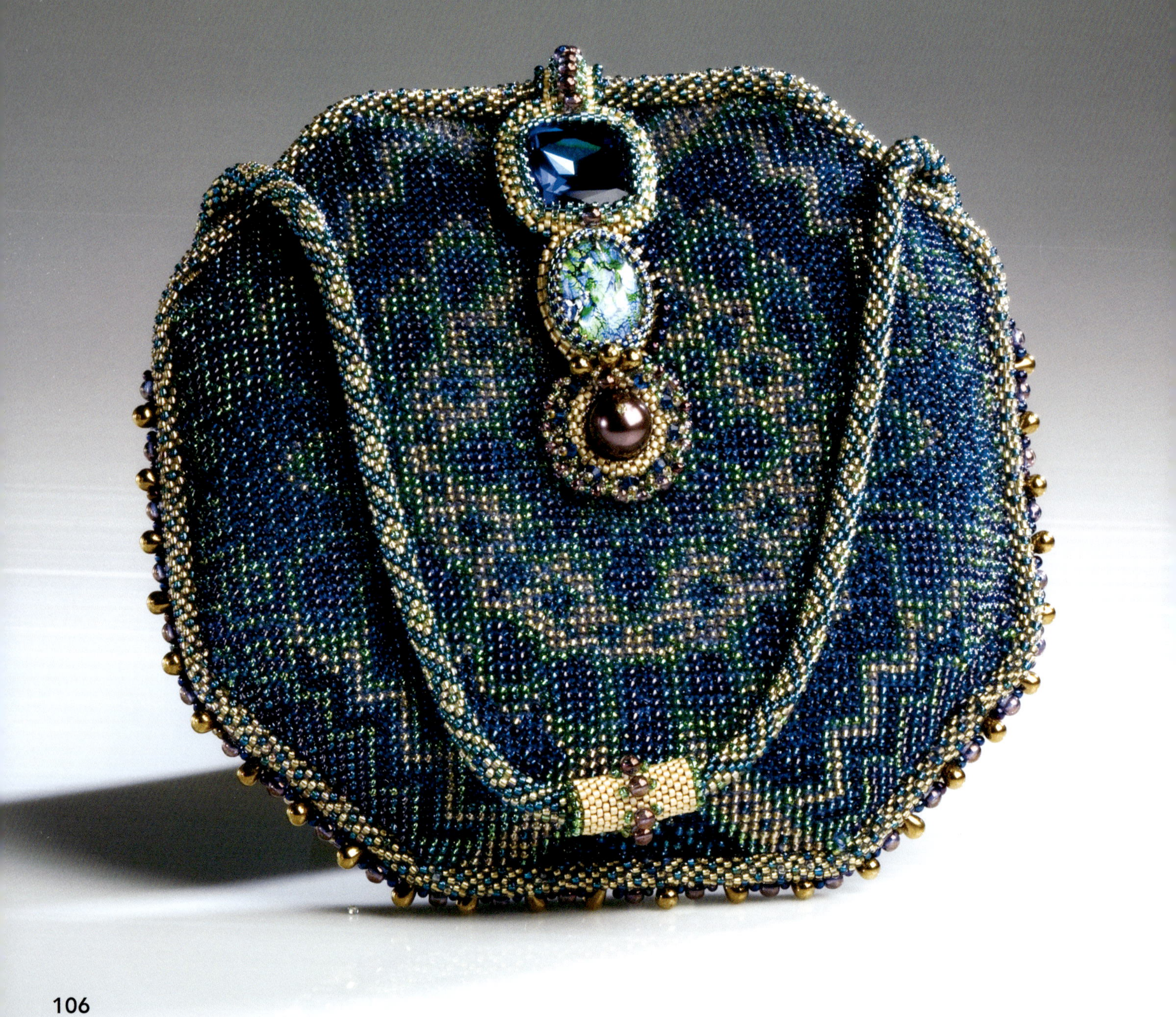

Vor dem Beginn

Diese Tasche wird in Runden gehäkelt und mit einer rechteckigen Basis begonnen. Die Eckseiten sind acht Maschen breit und perlenlos; sie dienen nur als Untergrund für den Rand aus einer Häkelkette. Wenn Sie den oberen Bereich über den geraden Seiten erreicht haben, werden Sie mit den Eckabnahmen beginnen, die wieder als perlenlose Maschen ausgeführt werden. Diese perlenlosen Ecken verschwinden später bei der Fertigstellung in der Tasche. Beachten Sie bitte, dass die Mengenangaben der Perlen nur für die Tasche mit dem Paisley- auf der einen Seite, und dem geometrischen Muster auf der anderen Seite gelten, und nicht für den Griff oder die Verzierung.

Material

Perlen

Beide Seiten ausschließlich 11/0 Saatperlen (Tschechien):

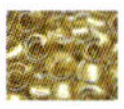
brass-lined crystal (2.118 Perlen)

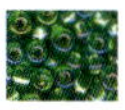
silver-lined peridot AB (2.504 Perlen)

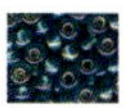
silver-lined aqua AB (2.710 Perlen)

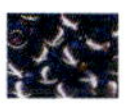
amethyst-lined cobalt (1.591 Perlen)

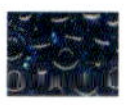
cobalt-lined black (2.027 Perlen)

Perlen für den Rand:

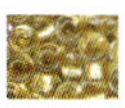
brass-lined crystal, 30 g

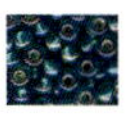
silver-lined aqua AB, 10 g

Perlen für den Griff:

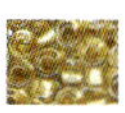
brass-lined crystal, 10 g

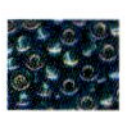
silver-lined aqua AB, 10 g

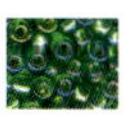
silver-lined peridot AB, 3 g

Weiteres Material / Hilfsmittel

#12 Perle Cotton, medium dusty blue

4 x 6 mm Tropfenperlen (Tschechien), bronze, 30 Stück

3 mm Tropfenperlen (Magatama), purple iris, 60 Stück

3,4 mm Tropfen (Miyuki) lustered amethyst, 30 Stück

Brosche oder dekorativer Verschluss

Delica 11/0 #1152, matte rose gold (255 Perlen)

Nylon-Perlenfaden und Nähnadel

Vlies, ca. 23 x 56 cm

Futterstoff, ca. 23 x 56 cm

Füllwatte

Dünner Karton (optional)

Häkelnadel, Perlennadel und Schere

Scharfe Nähnadel

Anleitung

1 Häkeln Sie eine rechteckige Basis ohne Perlen, die 37 Maschen breit und 8 Reihen hoch ist (siehe Seite 27 für die Anleitung der rechteckigen Basis). Schneiden Sie den Faden ab und vernähen Sie ihn.

2 Fädeln Sie den ersten Abschnitt nach dem Muster auf Seite 112 und 113 auf. Ziehen Sie eine Schlaufe aus der fünften Masche einer kurzen Seite der rechteckigen Basis. Arbeiten Sie vier feste Maschen ohne Perlen und dann zwei feste Maschen mit Perlen in die nächste Masche (Zunahme an der Ecke). Arbeiten Sie die lange Seite mit festen Maschen mit Perlen, Masche auf Masche, bis auf die letzte, in diese arbeiten Sie zwei feste Maschen mit Perlen (Zunahme an der Ecke).

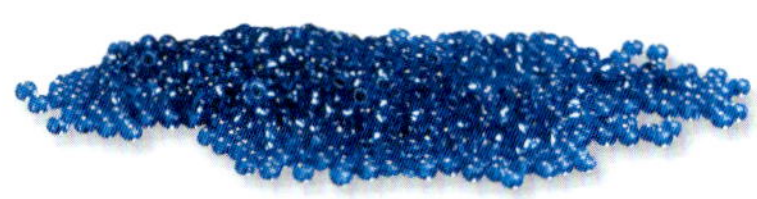

Miss Jennie

3 Arbeiten Sie an der kurzen Seite acht feste Maschen ohne Perlen. Nehmen Sie an der Ecke eine Perle zu und arbeiten Sie dann die lange Seite mit Perlen. Arbeiten Sie am Ende wieder eine Zunahme mit Perlen. Häkeln Sie an der kurzen Seite vier feste Maschen ohne Perlen; dies wird Sie zum Anfangspunkt bringen. Arbeiten Sie den Aufschritt.

4 Arbeiten Sie in dieser Art in Runden weiter, mit Zunahmen an den Ecken, um den Winkel zu erhalten. Folgen Sie dem Muster und arbeiten Sie die Zunahmen wie angegeben, bis Sie den geraden Teil des Musters erreichen.

Tipp

Wenn Sie sich entscheiden, beide Seiten im selben Muster zu arbeiten, müssen Sie die Anzahl der Perlen in der Mengenangabe des jeweiligen Musters verdoppeln.

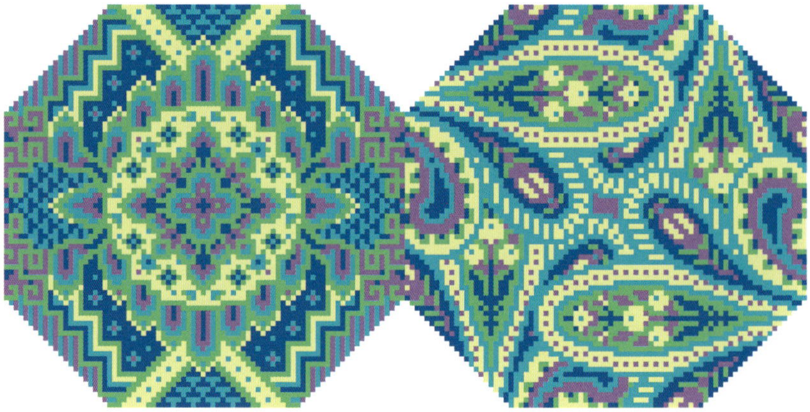

Überblick über beide Seiten

5 Arbeiten Sie sich in Runden nach oben und häkeln Sie immer acht Randmaschen ohne Perlen, bis Sie den geraden Seitenteil fertiggestellt haben.

6 An diesem Punkt haben Sie 178 Maschen in der Runde, zwei Teile zu je acht Maschen (die Ränder) sind an gegenüberliegenden Seiten perlenlos. Arbeiten Sie mit dieser Maschenanzahl pro Runde weiter, beginnen und beenden Sie den Perlenteil jedoch eine Masche mit Perle weniger zur Mitte hin. In jeder folgenden Runde wird die Anzahl der Maschen mit Perlen um vier abnehmen und die Anzahl der Maschen ohne Perlen um vier zunehmen. Der perlenlose Rand wird also wachsen und der mittlere Bereich mit Perlen wird schrumpfen, sodass sich ein Sechseck aus Perlen auf beiden Seiten bildet. Arbeiten Sie in dieser Art weiter, schneiden Sie den Faden ab und vernähen Sie ihn.

7 Verwenden Sie das Sechseck als Vorlage und schneiden Sie zwei Stücke Vlies aus. Kürzen Sie beide Stücke an jeder Seite um 3 mm. Heften Sie eine Schicht aus Füllwatte auf jedes Stück Vlies. Heften Sie je ein Stück Vlies als Stabilisierung auf jeder Seite der Tasche an, sodass sich die Füllwatte zwischen Vlies und Häkelgewebe befindet.

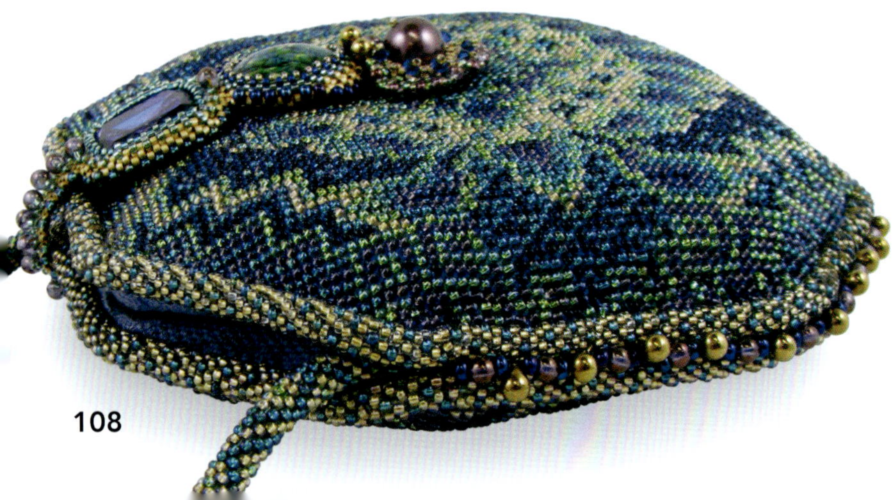

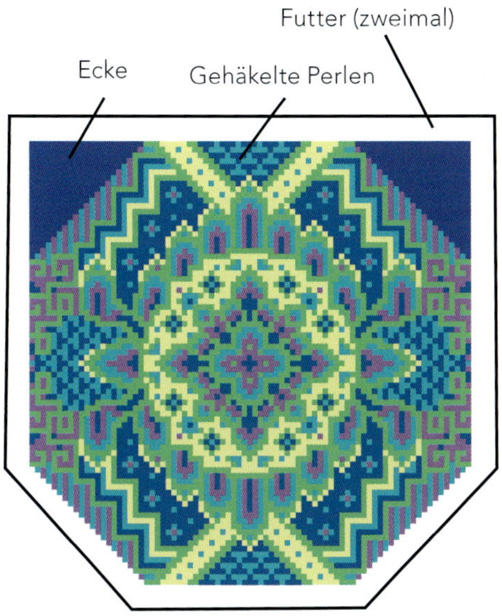

Grafik 1

8 Verwenden Sie das Sechseck als Vorlage und schneiden Sie zwei Stücke Futterstoff aus (inklusive der Ränder). Geben Sie 1,3 cm Nahtzugabe dazu (Grafik 1). Schließen Sie die Seiten- und Bodennaht und bügeln Sie diese flach. Schlagen Sie die Oberkante 1,3 cm um und bügeln Sie sie.

9 Schieben Sie das Futter in die Tasche und sichern Sie die Oberkante mit kleinen unsichtbaren Stichen, sodass die Nähte auf die Mitte der Ränder treffen.

Den Rand anfertigen

10 Fädeln Sie die Perlen der Farben brass-lined crystal und silver-lined aqua für eine Häkelkette auf, die den Rand verzieren wird. Das Muster besteht aus 3x brass-lined crystal und 1x silver-lined aqua Perlen (Grafik 2). Sie müssen 320 Runden zu je sechs Maschen häkeln, um einen Rand zu erhalten.

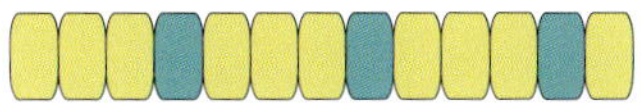
Grafik 2

11 Arbeiten Sie nach der Anleitung für Häkelketten auf Seite 24 mit sechs Maschen in der Runde, sodass die Kette um den äußeren Rand des Sechsecks passt. Schauen Sie auf Grafik 3. Wenn Sie mit der Passform zufrieden sind, verbinden Sie die Enden unsichtbar, sodass Sie zwei Ringe als Ränder erhalten.

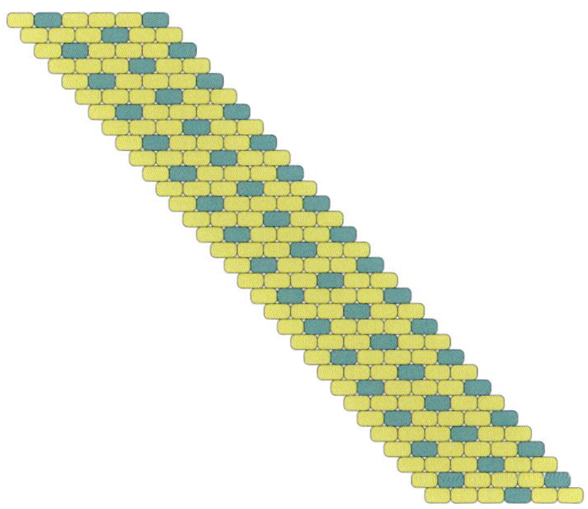
Grafik 3

Tipp

Die aufzufädelnden Perlen ergeben eine Länge von ca. 6 m. Es ist eine gute Idee, Abschnitte zu je 1,5 m aufzunehmen und diese während des Häkelns zu verbinden. So ist die Häkelarbeit viel einfacher zu handhaben.

12 Nähen Sie die beiden Häkelketten für den unteren und die Seitenteile zusammen und heften Sie diese dann mit unsichtbaren Stichen so an die Tasche, dass sie sich in den perlenlosen Rand einpassen. Nähen Sie nun jede Häkelkette separat an die Oberkante, sodass sie mit dem Futter abschließen.

13 Fügen Sie noch einen dekorativen Rand an der Seite hinzu (Foto 1). Schieben Sie dazu die Perlen in den Spalt zwischen den beiden Häkelketten. Beginnen Sie 1,3 cm von der Oberkante des geraden Abschnitts entfernt und verwenden Sie einen Faden in passender Farbe. * Nehmen Sie 1x Magatama, 1x Tropfen, 1x Magatama und 1x große Tropfenperle auf und wiederholen Sie dies ab * die Tasche herum. Enden Sie ca. 1,3 cm vor der Oberkante des geraden Abschnitts auf der anderen Seite.

Den Griff anfertigen

14 Der Griff besteht ebenfalls aus einer Häkelkette. Verwenden Sie die Perlenfarben brass-lined crystal, silver-lined aqua und silver-lined peridot und arbeiten Sie nach dem Muster von Grafik 4. Fädeln Sie 3 m Perlen auf.

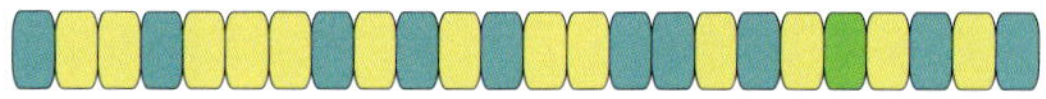

Grafik 4

15 Folgen Sie dem Muster in Grafik 5 und häkeln Sie fünf Maschen in der Runde, bis die Häkelkette ca. 35,5 cm lang ist.

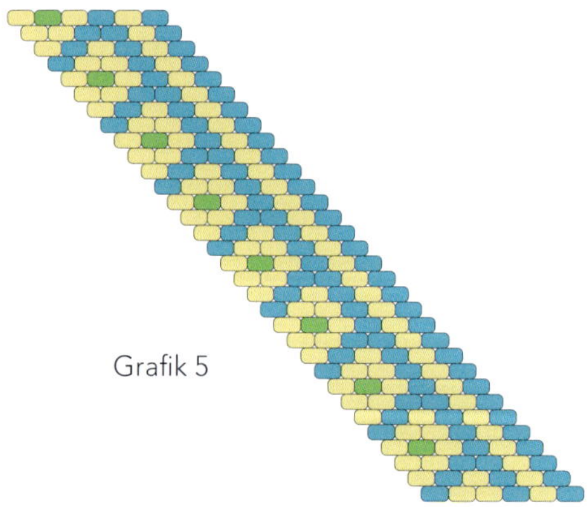

Grafik 5

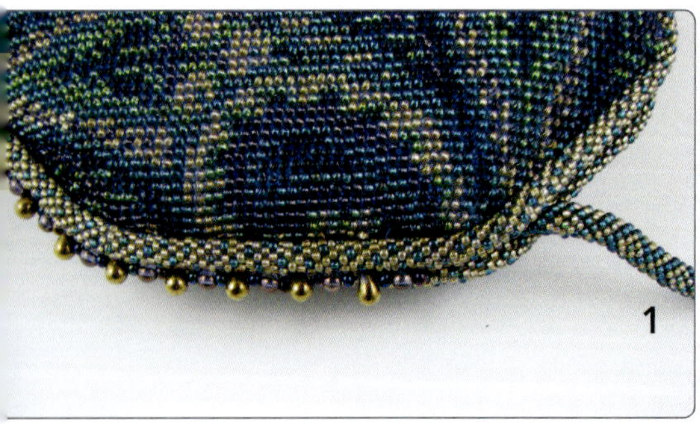

1

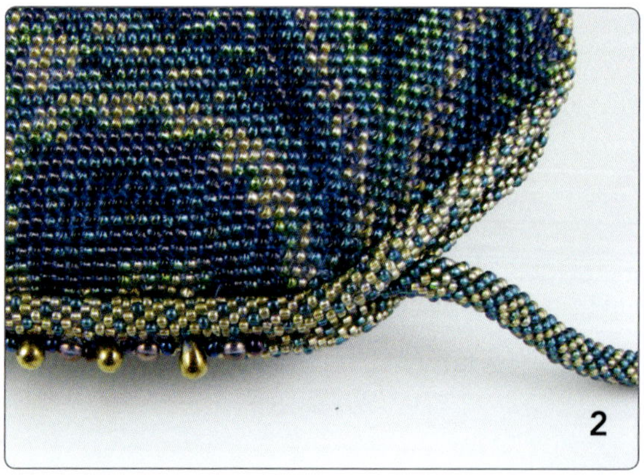

2

16 Stecken Sie die Enden des Griffs nahe an dem geraden Abschnitt in die Tasche (Foto 2). Nähen Sie den Griff sorgfältig an.

17 Arbeiten Sie mit den Delica im Peyote-Stich mit ungerader Perlenanzahl (siehe auch Seite 91) und fädeln Sie einen 17 Perlen breiten und 30 Reihen langen Streifen (mit je 15 Randperlen). Fügen Sie beiden Rändern wie in Grafik 6 gezeigt, 11/0 Perlen der Farbe silver-lined peridot hinzu. Fügen Sie in jeder zweiten Reihe Dekorationen aus 11/0 Perlen der Farbe silver-lined peridot und Tropfenperlen hinzu. Wickeln Sie den dekorierten Streifen um die obere Mitte des Griffs (siehe Foto 3) und nähen Sie die beiden Enden des Peyote-Streifens zusammen Vernähen Sie den Faden und schneiden Sie ihn ab.

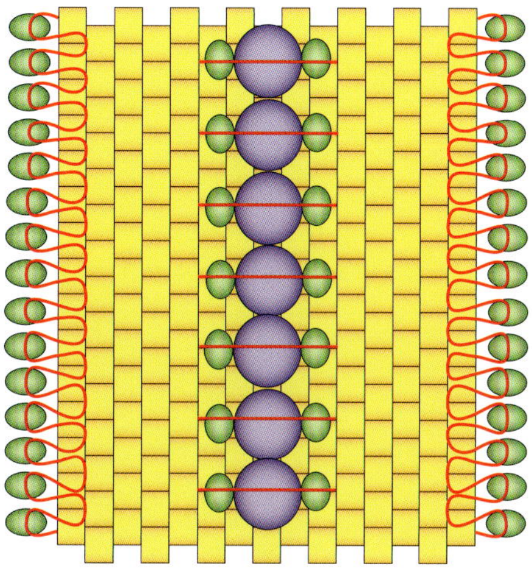

Grafik 6

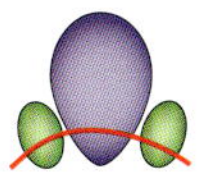

Seitenansicht

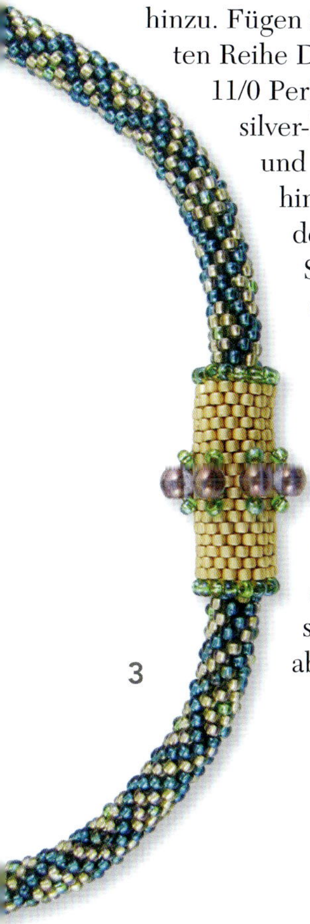

3

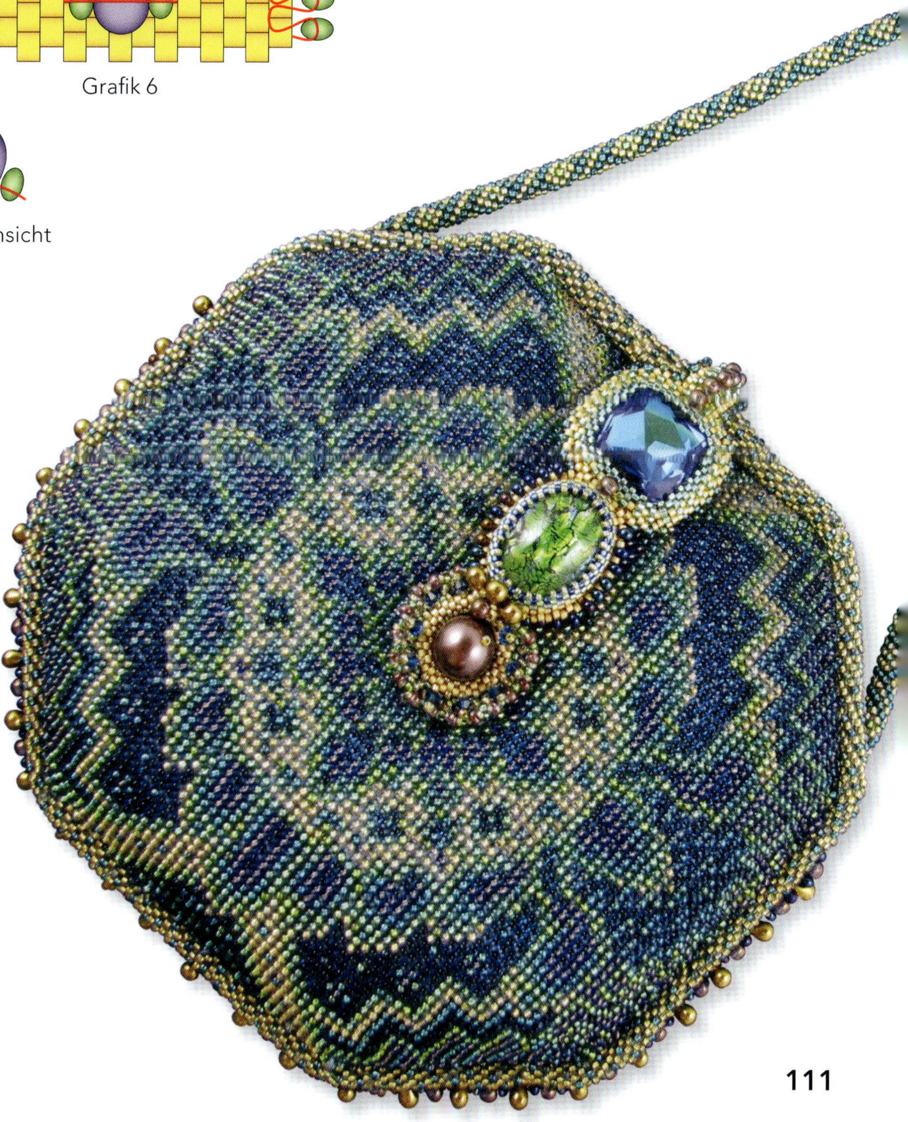

Miss Jennie

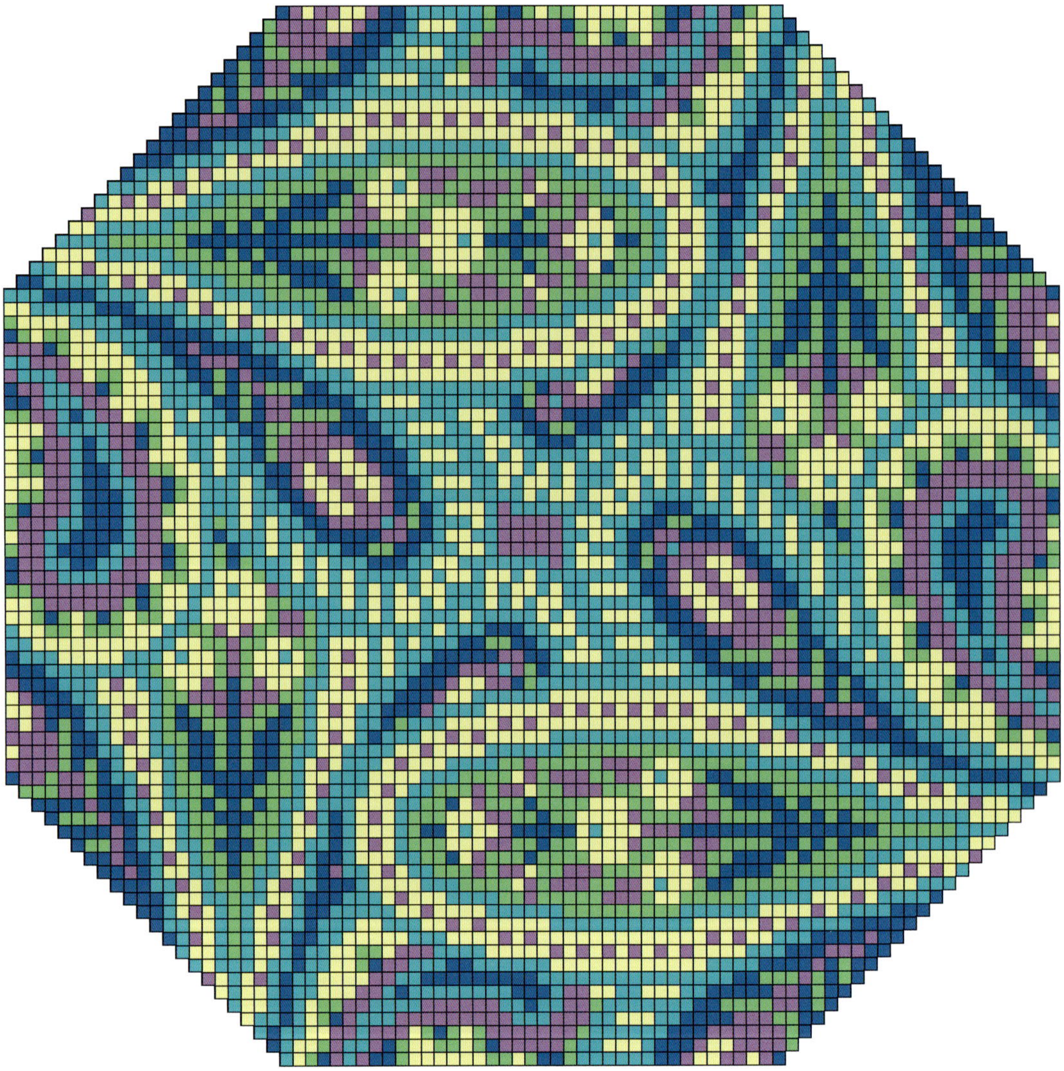

Paisley Muster

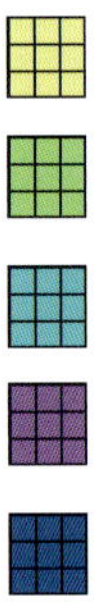

brass-lined crystal (1.318 Perlen)

silver-lined peridot AB (828 Perlen)

silver-lined aqua AB (1.612 Perlen)

amethyst-lined cobalt (819 Perlen)

cobalt-lined black (898 Perlen)

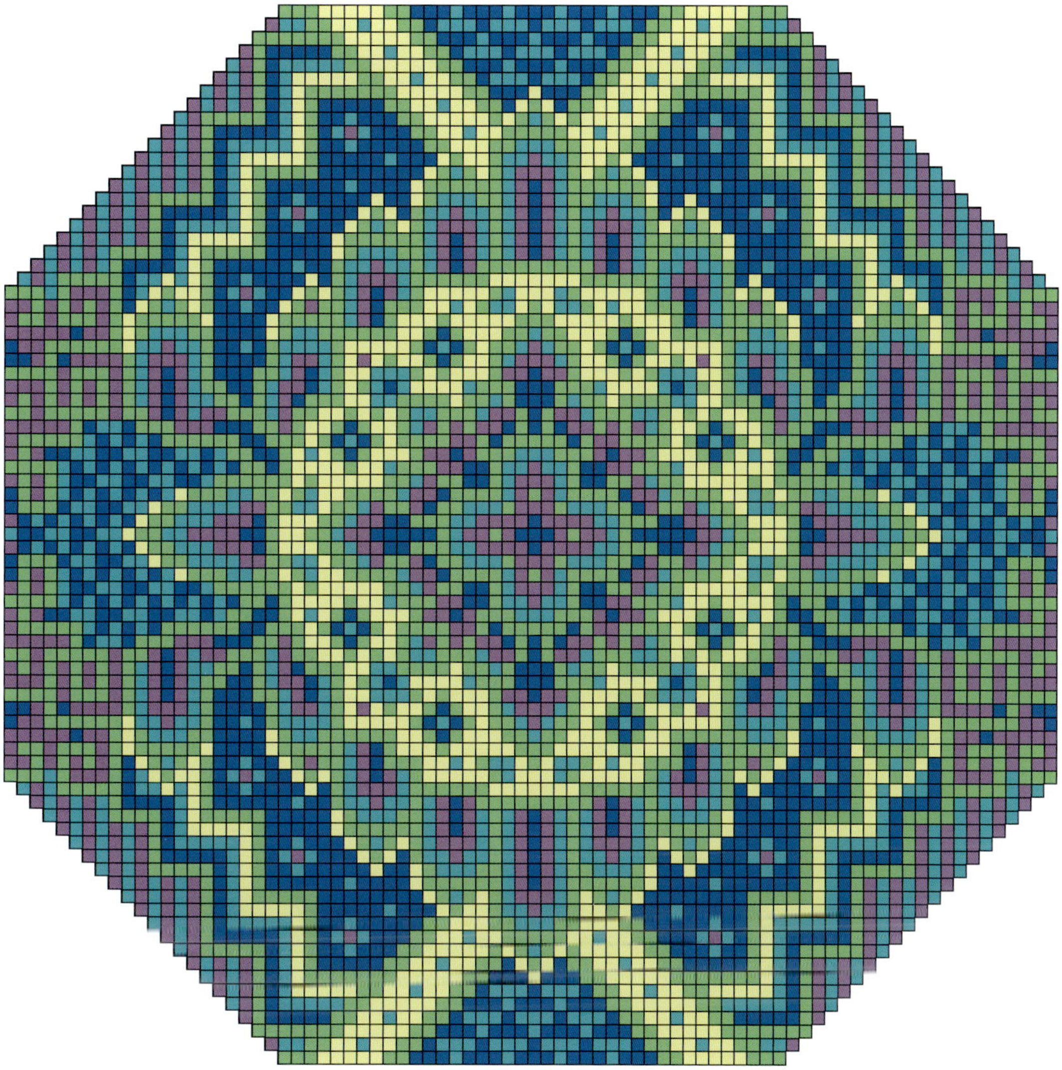

Geometrisches Muster

- brass-lined crystal (800 Perlen)
- silver-lined peridot AB (1.676 Perlen)
- silver-lined aqua AB (1.098 Perlen)
- amethyst-lined cobalt (772 Perlen)
- cobalt-lined black (1.129 Perlen)

Die Farben dieses Paisley-Musters passen perfekt zusammen – in jeder Hinsicht. Die goldene Farbe an der Oberseite und dem Verschluss wird in vielen Perlen aufgegriffen, besonders bei den 15/0 Perlen an der Außenkante. Alle Farben der Tasche treffen dann in dem Regenbogen-Griff aufeinander.

Goldenes Paisley

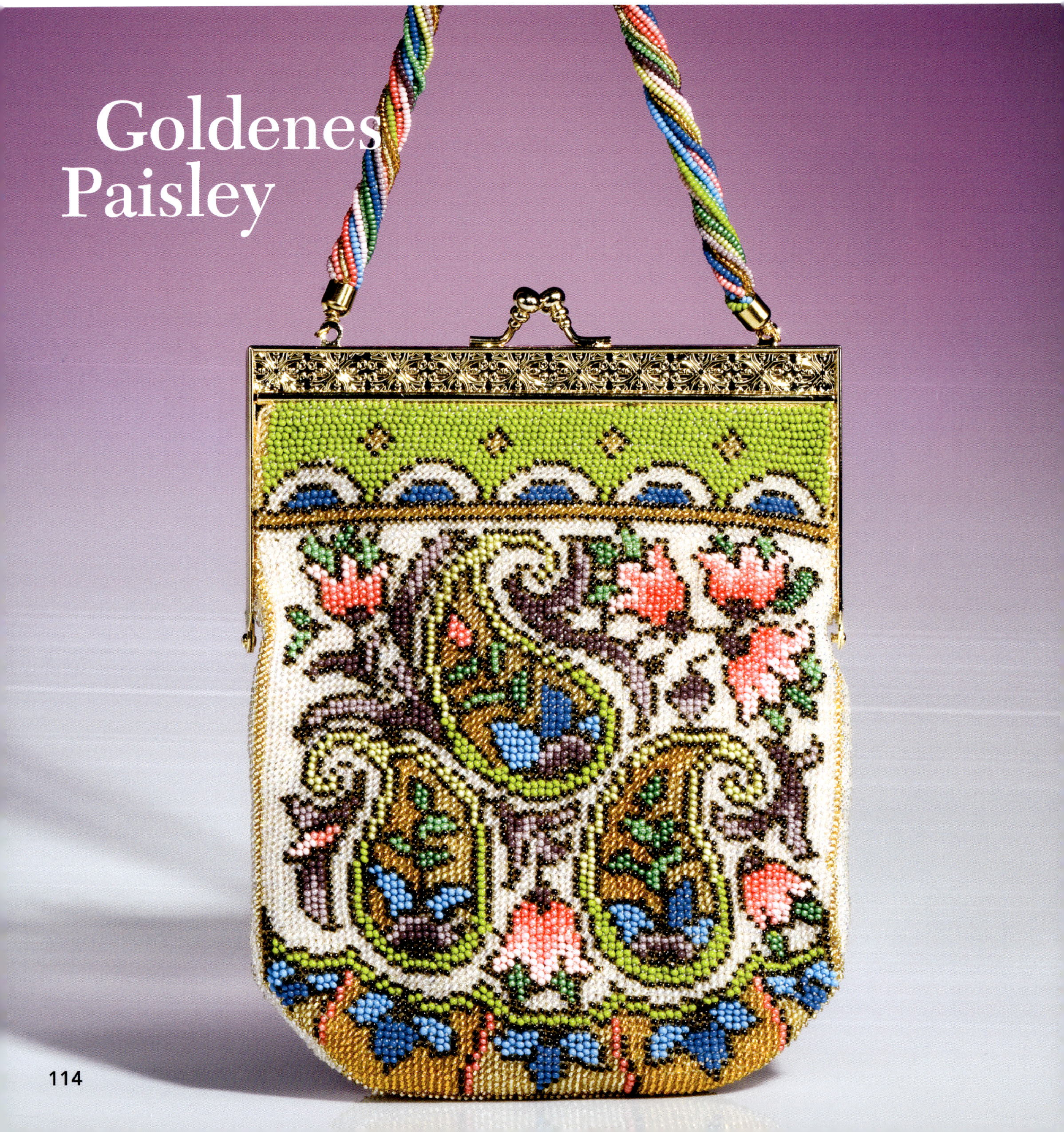

Goldenes Paisley

Vor dem Beginn

In diesem Projekt verwenden Sie eine große Palette an Techniken. Sie beginnen mit einer rechteckigen Basis und arbeiten dann die Tasche aus dieser Basis heraus mit Zunahmen in den ersten 15 Runden. Im oberen Bereich wechseln Sie zu Hin- und Rückreihen, sodass Sie den Taschenbügel später anbringen können. Zum Schluss fertigen Sie eine gedrehte Perlenkette aus allen Perlenfarben als Griff an. Ein besonderer Auffädelhinweis: Für jedes fuchsiafarbene Kästchen des Musters nehmen Sie 3x 15/0 Perlen auf. Beim Häkeln schieben Sie alle drei Perlen an die Häkelarbeit heran und behandeln Sie wie eine normale Masche. Dies ergibt eine schärfere Ecke, als wenn nur eine einzige Perle verwendet werden würde.

Material

Perlen (für beide Seiten)

Die Perlenmenge gilt für die beiden Seiten, die rechteckige Basis und den Rand. Fügen Sie für den Griff von jeder Farbe 160 Perlen hinzu.

Alles 11/0 Saatperlen (Tschechien):

- silver-lined light gold (712 Perlen)
- silver-lined topaz (914 Perlen)
- silk light olive (456 Perlen)
- opaque olive (2.102 Perlen)
- opaque light blue (424 Perlen)
- opaque marine blue (370 Perlen)
- silk pale pink (310 Perlen)
- silk medium pink (294 Perlen)
- silk rose (302 Perlen)
- lustered light amethyst (406 Perlen)
- opaque amethyst (460 Perlen)
- lustered bright green (184 Perlen)
- silk dark sage (244 Perlen)
- lustered transparent crystal (4.674 Perlen)
- opaque black (4.910 Perlen)

Weiteres Material / Hilfsmittel

- 15/0 Saatperlen (Matsuno #32), silver-lined gold (832 Perlen)
- #12 Perle Cotton, bisque color, 20 g
- Taschenbügel, ca. 14 bis 15 cm
- Starker Nylonfaden zum Annähen des Taschenbügels
- Kupferdraht, 22-gauge, zwei Stücke zu je ca. 10 cm
- 9,5 mm Perlenkappen, 2 Stück
- Häkelnadel, Perlennadel und Schere
- Weißleim
- Drahtschneider
- Zangen

Anleitung

1 Arbeiten Sie eine rechteckige Basis nach der Anleitung von Seite 27. Die anfängliche Luftmaschenkette besteht aus 52 Maschen. Häkeln Sie, bis die Basis 10 Reihen lang und 53 Perlen breit ist. Schneiden Sie den Faden ab und vernähen Sie ihn.

2 Folgen Sie dem Muster auf Seite 119 und fädeln Sie die Perlen zu Abschnitten von sechs oder sieben Runden auf. Sie müssen in waagerechten Reihen auffädeln und die leeren Stellen des Musters überspringen. Fädeln Sie jede Reihe zweimal auf (siehe Überblick auf Seite 116). Nehmen Sie für jedes fuchsiafarbene Kästchen 3x 15/0 Perlen gold auf.

Goldenes Paisley

3 Die rechteckige Basis ergibt den Boden der Tasche. Die kurzen Seiten des Rechtecks ergeben bei der weiteren Arbeit die Seitenteile, die dann aus Maschen mit Perlen bestehen. Ziehen Sie aus der Mitte der Seite eine Schlaufe, sodass bis zur Ecke noch fünf Maschen vorhanden sind. Häkeln Sie diese fünf festen Maschen mit Perlen bis zur Ecke. Arbeiten Sie in die Eckmasche zwei Maschen, zuerst 3x 15/0 Perlen als Ecke und dann die erste Masche des Musters (siehe Foto 1). Arbeiten Sie feste Maschen mit Perlen entlang der Seite und häkeln Sie nach der letzten Musterperle 3x 15/0 Perlen in dieselbe Masche, um die Zunahme zu arbeiten. Häkeln Sie wieder die Perlen des Seitenteils bis zur Ecke und wiederholen Sie alles für die andere Seite der Tasche.

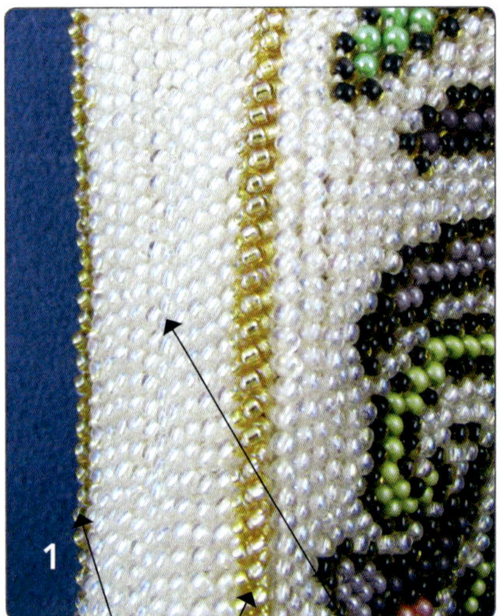

Aufschritt in der Mitte des Seitenteils

Ecke mit drei Perlen

4 Arbeiten Sie in Runden weiter und machen Sie den Aufschritt immer in der Mitte eines Seitenteils (siehe ebenfalls Foto 1), bis Sie den Teil mit den Hin- und Rückreihen erreicht haben. Folgen Sie dem oberen Teil des Musters und fädeln Sie die Hin- und Rückreihen auf. Häkeln Sie in Hin- und Rückreihen und nehmen Sie Perlen ab, wenn angezeigt. Häkeln Sie beide Seiten der Tasche gleich.

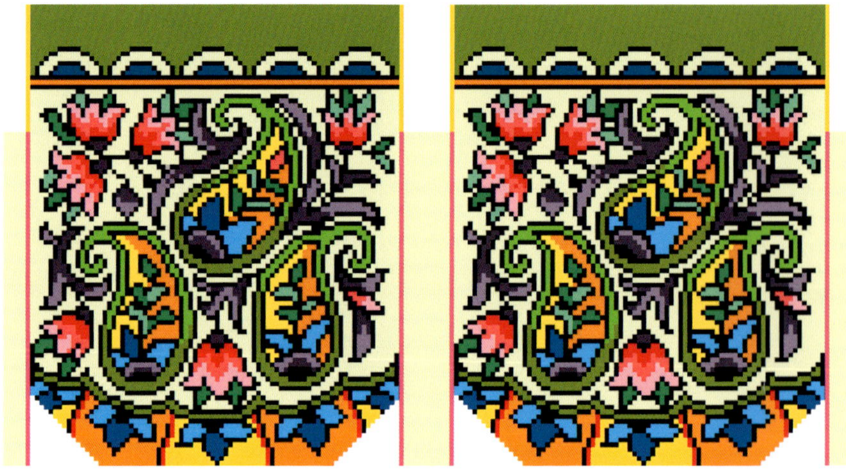

Überblick

Fertigstellung der Tasche

5 Vernähen Sie alle Fäden. Verbinden Sie den Taschenbügel mit der Häkelarbeit, indem Sie ihn mit Nylonfaden annähen. Sichern Sie den Faden innen mit je einer Perle und fädeln Sie, wenn möglich, zweimal durch jede Perle (siehe Foto 2).

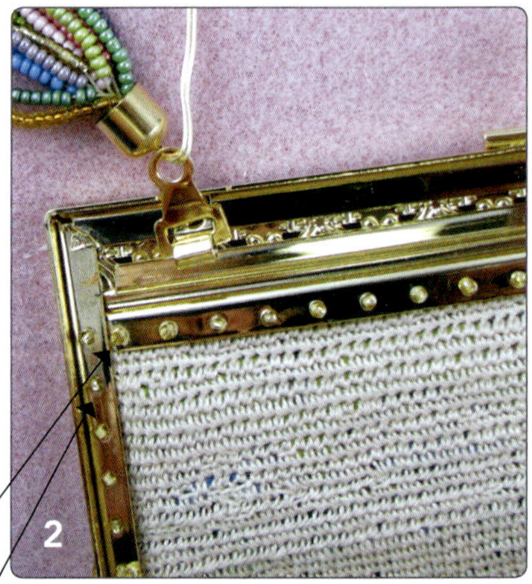

Verankerungsperlen

Den Griff anfertigen

6 Fädeln Sie einen Strang von je 35,5 cm jeder 11/0 Perlenfarbe auf und lassen Sie auf beiden Seiten ein 10 cm langes Fadenstück übrig. Fassen Sie alle Stränge zusammen und knoten Sie einen festen Knoten. Schieben Sie alle Perlen zusammen, sodass keine Lücken übrig sind, und fügen Sie ggf. weitere Perlen hinzu oder entfernen sie welche, sodass sie gleichlange Stränge erhalten. Machen Sie in die andere Seite ebenfalls einen Knoten und achten Sie darauf, dass kein Faden zwischen den Perlen zu sehen ist. Schneiden Sie alle Fäden 2,5 cm hinter den Knoten ab.

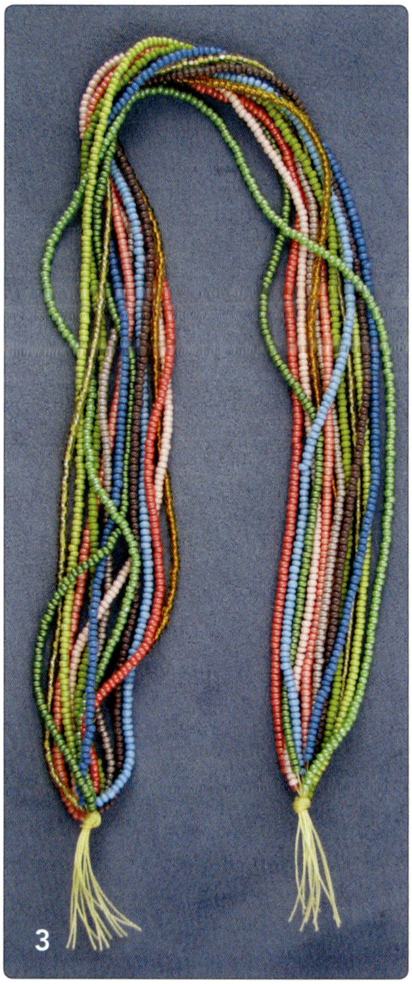

3

7 Geben Sie einen Tropfen Klebstoff auf die Knoten (Foto 4). Biegen Sie je ein Drahtstück in der Mitte zusammen und stecken Sie es durch die Perlenstränge hinter dem Knoten (Foto 5).

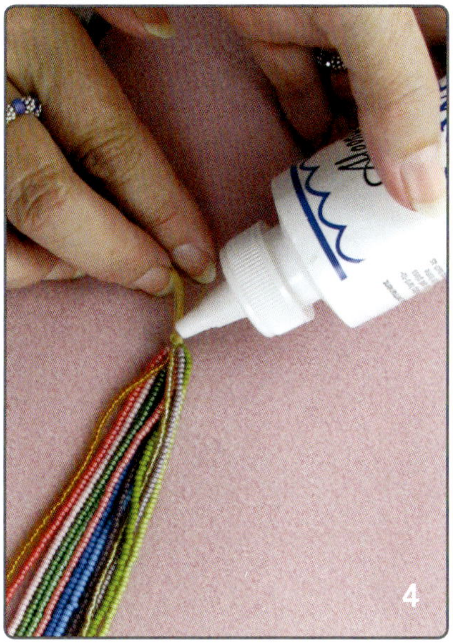

4

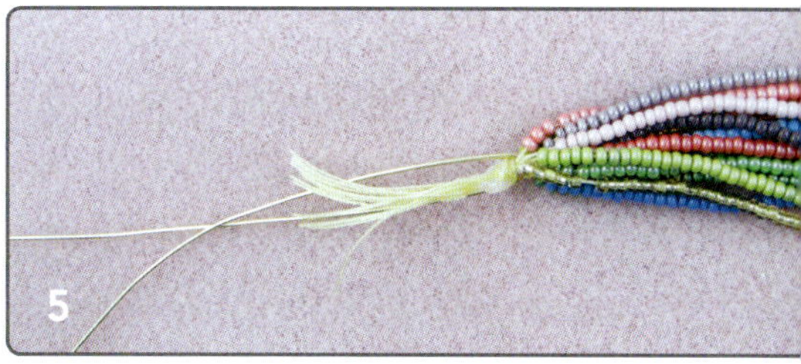

5

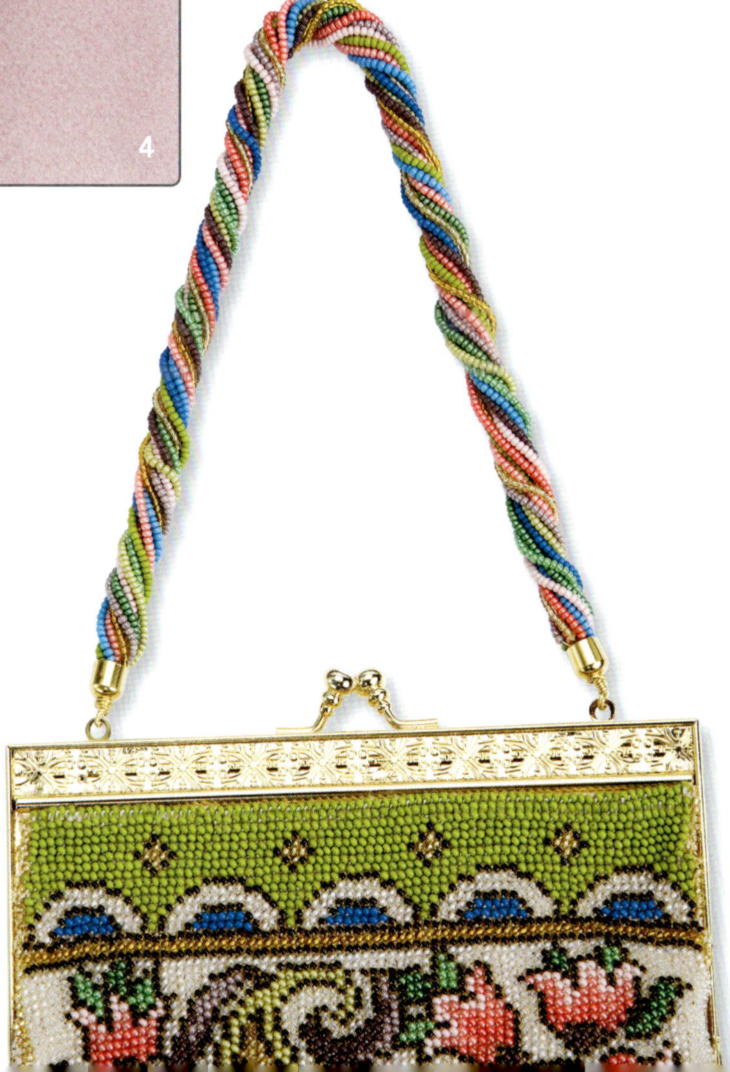

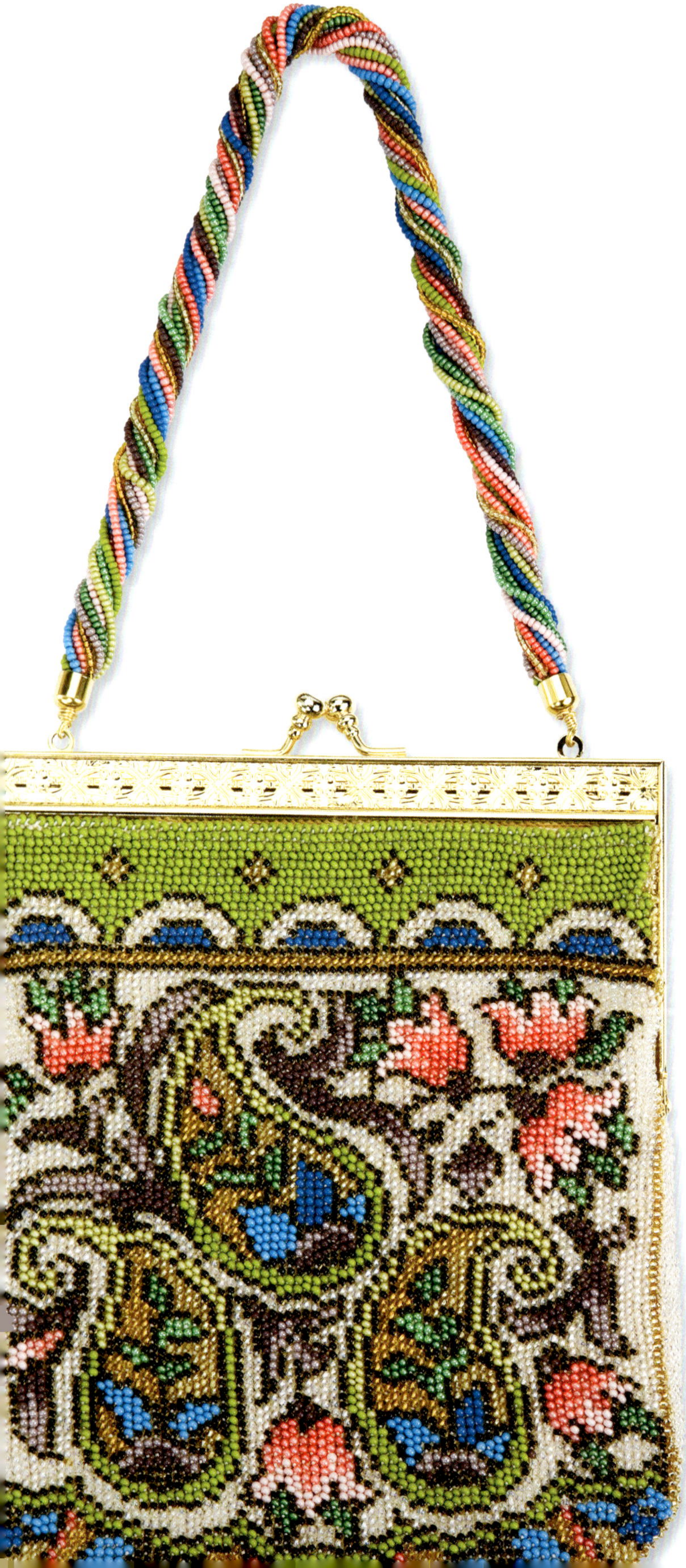

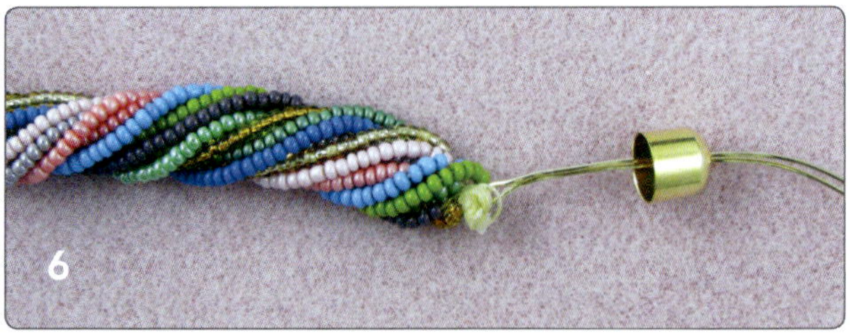

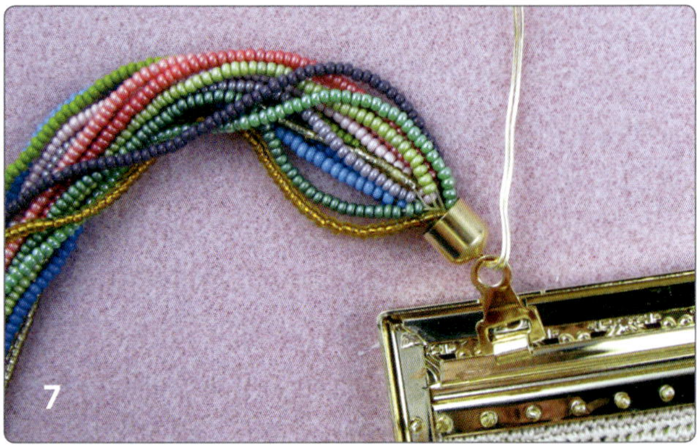

8 Schieben Sie eine Endkappe über den Draht (Foto 6). Biegen Sie den Draht um und schieben Sie ihn durch das dafür vorgesehene Loch im Taschenbügel (Foto 7).

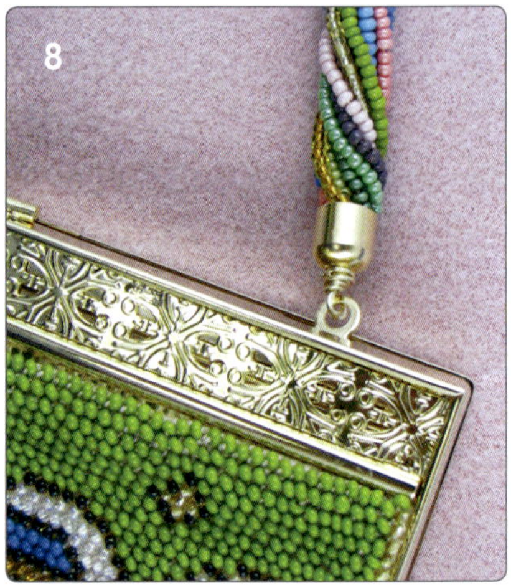

9 Wickeln Sie den Draht um sich selbst, bis er festsitzt und schneiden Sie ihn mit einem Drahtschneider ab. Verzwirbeln Sie die Perlenstränge und halten Sie sie fest, damit sie sich nicht wieder öffnen, während Sie die andere Seite am Taschenbügel befestigen (Foto 8).

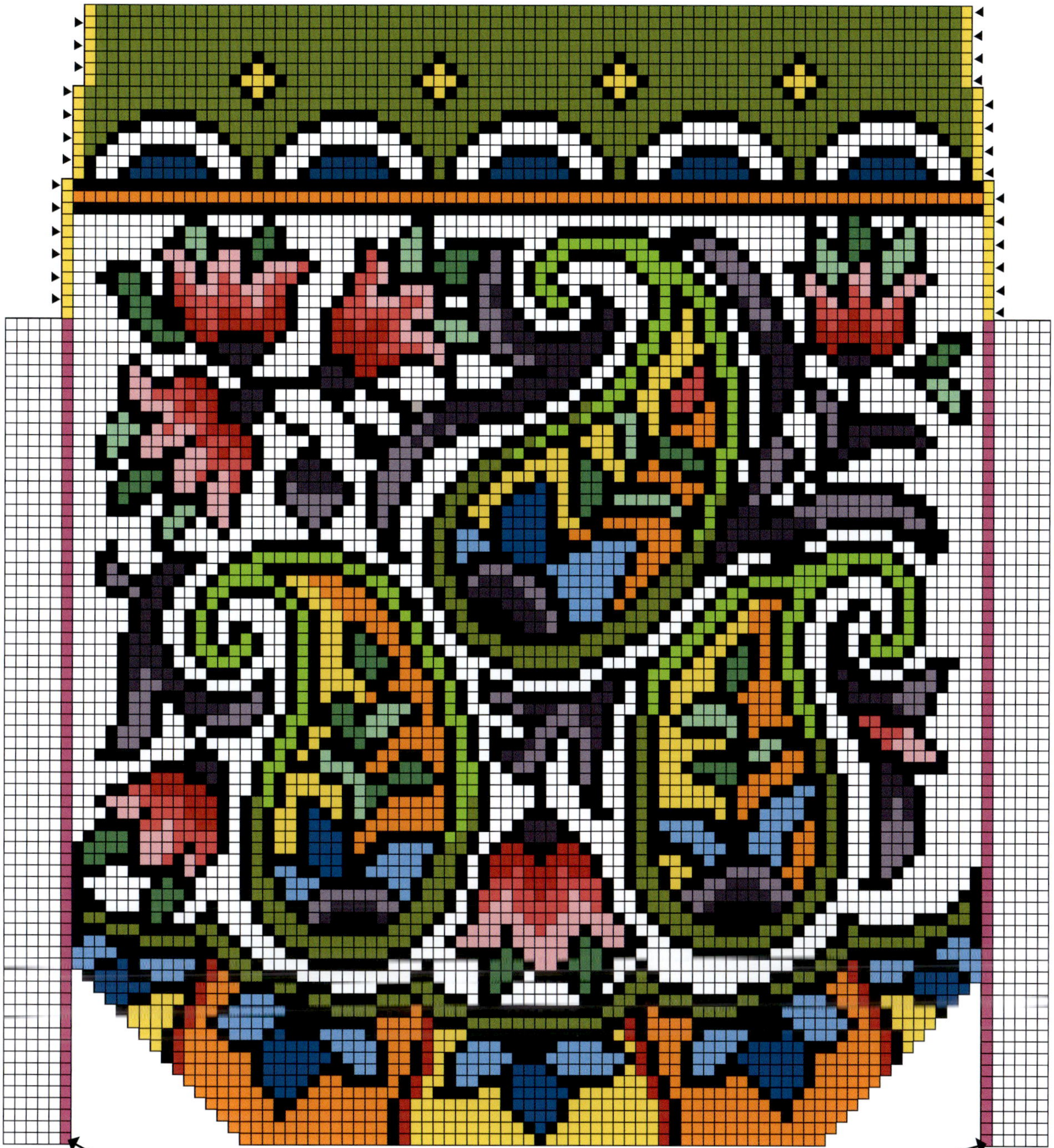

In durchgehenden, waagerechten Reihen auffädeln.

Über die Lücken des Musters hinwegfädeln.

Fügen Sie bei den fuchsiafarbenen Kästchen je 3x 15/0 Perlen als Rand des Hauptmusters hinzu.

- silver-lined light gold (712 Perlen)
- silver-lined topaz (914 Perlen)
- silk light olive (456 Perlen)
- opaque olive (2.102 Perlen)
- opaque light blue (424 Perlen)
- opaque marine blue (370 Perlen)
- silk pale pink (310 Perlen)
- silk medium pink (294 Perlen)
- silk rose (302 Perlen)
- lustered light amethyst (406 Perlen)
- opaque amethyst (460 Perlen)
- lustered bright green (184 Perlen)
- silk dark sage (244 Perlen)
- lustered transparent crystal (4.674 P.)
- opaque black (4.910 Perlen)

Peacock

Schön wie ein Pfau? Das ist diese elegante Tasche. Stolz wie ein Pfau? Das sind Sie, nachdem Sie die Tasche gearbeitet haben.

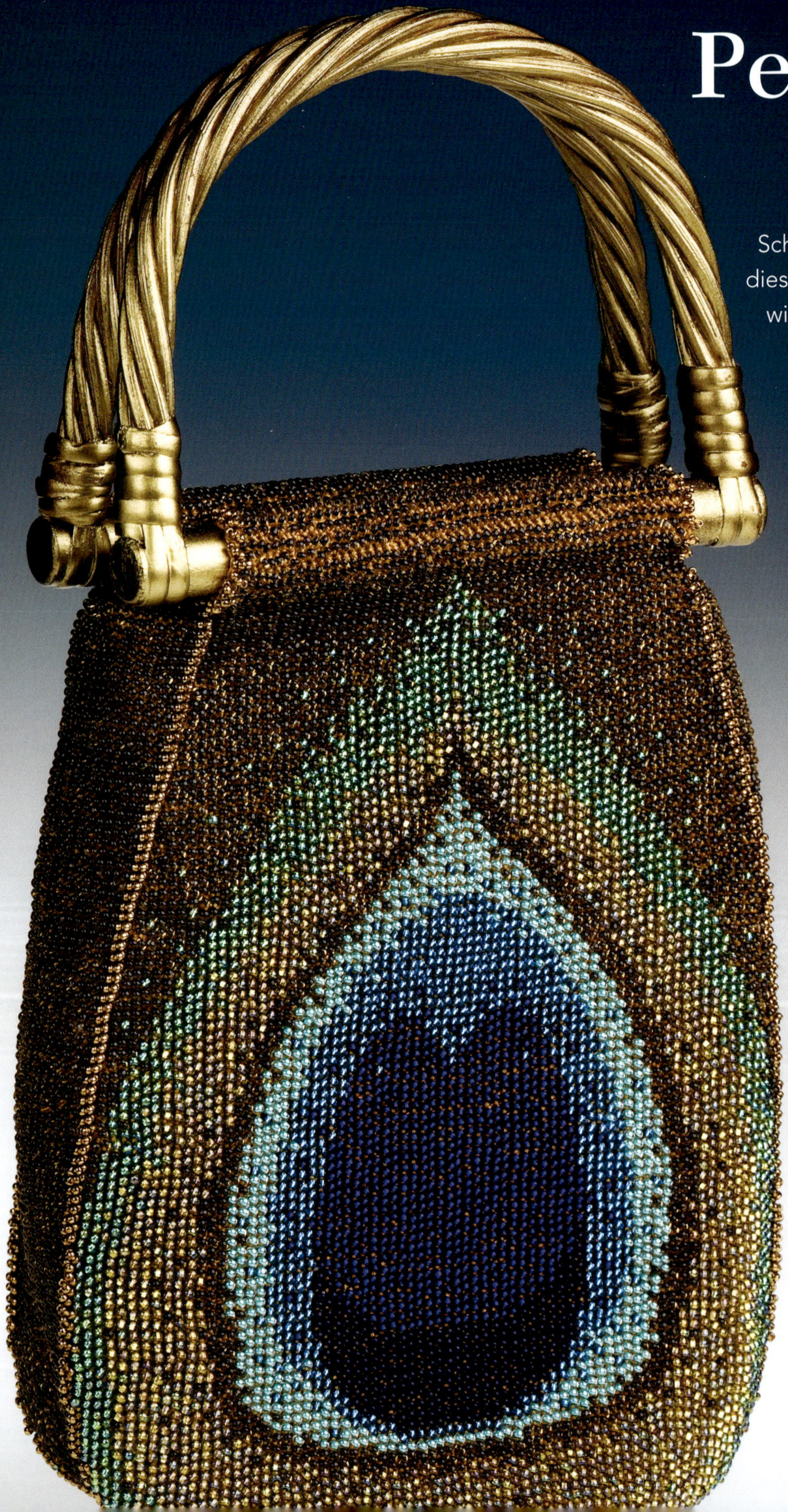

Peacock

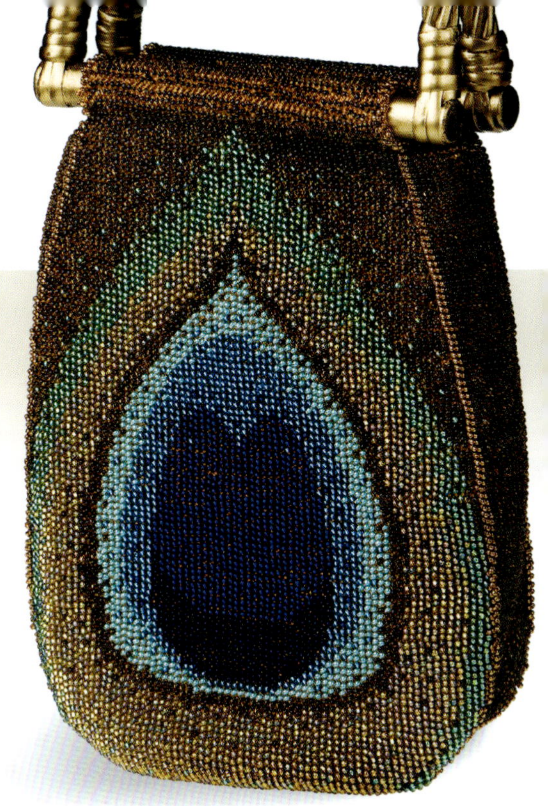

Vor dem Beginn

Der untere Bereich dieser Tasche wird auf einer rechteckigen Basis in Runden gearbeitet. Dieser Bereich besitzt einen 20 Maschen breiten Rand an beiden Seiten. Der obere Bereich wird in zwei Teilen in Hin- und Rückreihen gehäkelt, welche am Griff umgeschlagen werden. Sie arbeiten die gerade Linie aus 3x bronzefarbenen 15/0 Perlen, anstelle einer 11/0 Perle, damit die Ecken schärfer werden. Ein Futter ist nicht nötig.

Material

Perlen

11/0 Saatperlen (Tschechien), wenn nicht anders angegeben:

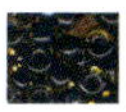 black-lined topaz (12.780 Perlen)

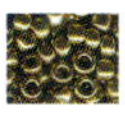 15/0 (Toho #223), metallic bronze (2.436 Perlen)

Fädeln Sie für jedes Kästchen drei 15/0 Perlen auf.

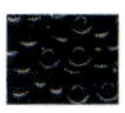 opaque black (552 Perlen)

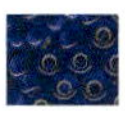 silver-lined dark cobalt (1.344 Perlen)

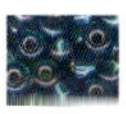 silver-lined aqua AB (1.170 Perlen)

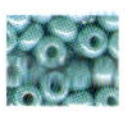 lustered opaque green-aqua (1.094 Perlen)

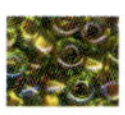 brass-lined lime AB (3.804 Perlen)

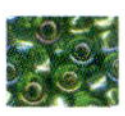 silver-lined peridot AB (2.164 Perlen)

Hinweis: Jedes Kästchen im Muster, welches die Toho #223 metallic bronze repräsentiert, bedeutet, dass Sie drei Perlen aufnehmen müssen. Bei roten Kästchen des Musters werden black-lined topaz Perlen aufgenommen.

Weiteres Material / Hilfsmittel

#12 Perle Cotton, mustard

Passende Holzgriffe, goldfarben, 2 Stück

Häkelnadel, Perlennadel und Schere

Anleitung

1 Folgen Sie der Anleitung für die rechteckige Basis auf Seite 27 und fertigen Sie eine 35 Perlen breite und 20 Reihen hohe Basis aus 11/0 Perlen der Farbe black-lined topaz an.

Den unteren Bereich arbeiten

2 Folgen Sie dem unteren Bereich des Musters auf Seite 124 und fädeln Sie den ersten Abschnitt auf. (Werfen Sie einen Blick auf die Übersicht auf Seite 123 um zu sehen, wie die Tasche zusammengesetzt ist.) Beginnen Sie mit 10x 11/0 Perlen der Farbe black-lined topaz; diese stellen ein halbes Seitenteil dar. Beim Auffädeln der 15/0 Perlen stellt jedes Kästchen des Musters 3 Perlen dar. Jeder aufzufädelnde Abschnitt beginnt und endet mit 10x 11/0 Perlen der Farbe black-lined topaz, sodass sich der Aufschritt immer in der Mitte eines Seitenteils befindet.

3 Halten Sie die rechteckige Basis so, dass die Perlen von Ihnen weg zeigen. Zählen Sie 11 Maschen von der unteren Rechten Ecke ab (Linkshänderinnen zählen von der unteren linken Ecke aus) und ziehen Sie Ihre Schlaufe aus dieser Masche. Arbeiten Sie eine Luftmasche und die erste feste Masche mit Perle in dieselbe Masche. Arbeiten Sie neun weitere feste Maschen mit Perlen. Arbeiten Sie in die nächste Masche zwei Maschen, jede mit 3x 15/0 Perlen (Eckzunahme). Häkeln Sie je 3x 15/0 Perlen in jede Masche der langen Seite. Arbeiten Sie in die Eckzunahme wieder zweimal 3x 15/0 Perlen.

Peacock

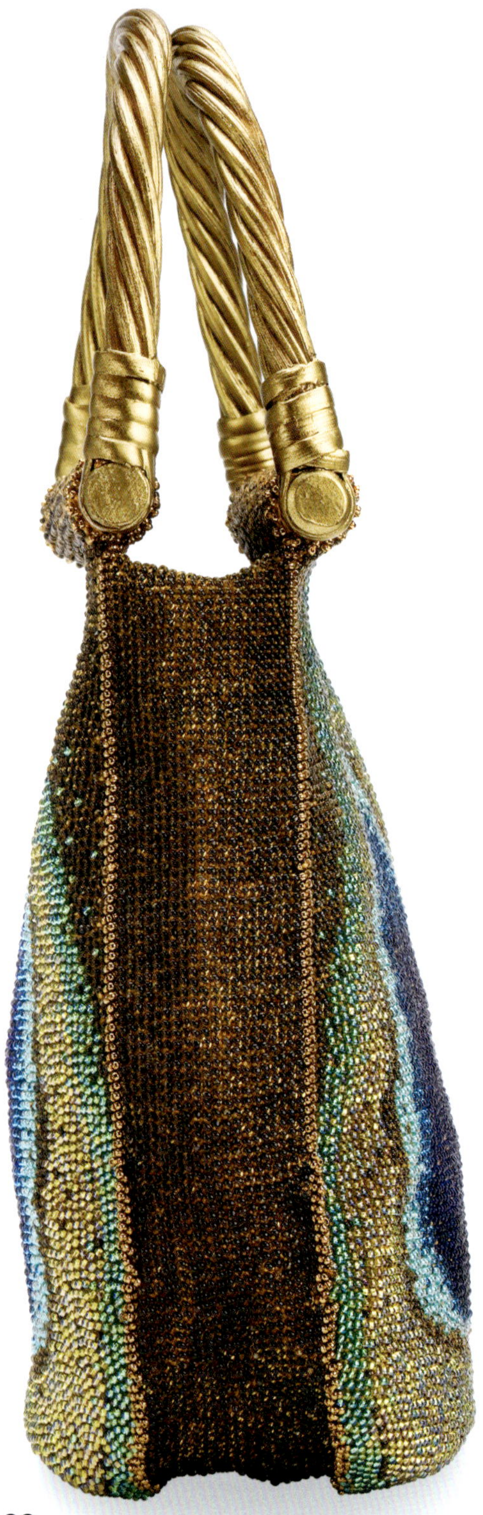

4 Häkeln Sie in das Seitenteil 20x feste Maschen mit Perlen. Arbeiten Sie in der Eckzunahme zweimal 3x 15/0 Perlen und dann das lange Seitenteil wieder mit je 3x 15/0 Perlen in jede Masche. Arbeiten Sie wieder eine Eckzunahme und häkeln Sie dann die Seiten mit je einer festen Masche mit Perle pro Masche. Machen Sie den Aufschritt in der Mitte des Seitenteils.

5 Folgen Sie dem Muster und arbeiten Sie in Runden nach oben, mit Zunahmen wie angezeigt, indem Sie zwei Maschen in die 3-Perlen-Masche arbeiten. Auf der rechten Seite der Vorder- und Rückseite machen Sie zuerst die Masche aus 3x 15/0 Perlen, gefolgt von einer 11/0 Perlenmasche. Auf der linken Seite arbeiten Sie zuerst eine 11/0 Perlenmasche und dann die Masche aus 3x 15/0 Perlen. (Linkshänderinnen anders herum.)

6 Im geraden Bereich der Tasche arbeiten Sie keine Zunahmen. Häkeln Sie einfach je eine Masche mit 3x 15/0 Perlen in die Masche mit den drei 15/0 Perlen. Dies ergibt eine schöne Kante.

7 Wenn das Muster nach Abnahmen verlangt, ziehen Sie drei Schlaufen (wie in der Basisanleitung auf Seite 18 gezeigt) und arbeiten eine Masche aus 3x 15/0 Perlen. Fahren Sie mit der Arbeit fort, bis der untere Bereich der Tasche fertig ist.

8 Arbeiten Sie auf den Seitenteilen noch je vier Reihen ohne Perlen als Umschlag, indem Sie in Hin- und Rückreihen auf die 20 Perlenmaschen häkeln. Arbeiten Sie keine Umschläge auf die langen Seiten.

Den oberen Bereich arbeiten

9 Fädeln Sie den obersten Abschnitt des Musters auf. Bedenken Sie, dass Sie nur eine Seite zur Zeit auffädeln, wie der Überblick zeigt.

10 Beginnen Sie mit dem oberen Bereich an der rot markierten Stelle und arbeiten Sie in Hin- und Rückreihen, bis der Abschnitt beendet ist. Lassen Sie einen langen Garnrest für später übrig.

11 Arbeiten Sie die andere Seite der Tasche in der gleichen Art.

Fertigstellung

12 Beginnen Sie mit einem neuen Garn und fädeln Sie 51x 15/0 Perlen auf. Häkeln Sie 3-Perlen-Maschen in die Enden der waagerechten Reihen und wiederholen Sie dies für alle vier Seiten des oberen Bereichs (Foto 1).

13 Wickeln Sie den oberen Rand der Tasche um den Handgriff und nähen Sie ihn fest (Foto 2).

14 Nähen Sie die Umschläge in den Seiten fest.

15 Drücken Sie die Ecken dort zusammen, wo sich der obere und der untere Bereich treffen. Verwenden Sie unsichtbare Stiche und arbeiten Sie einen kleinen Abnäher, um diesen Bereich besser zu formen.

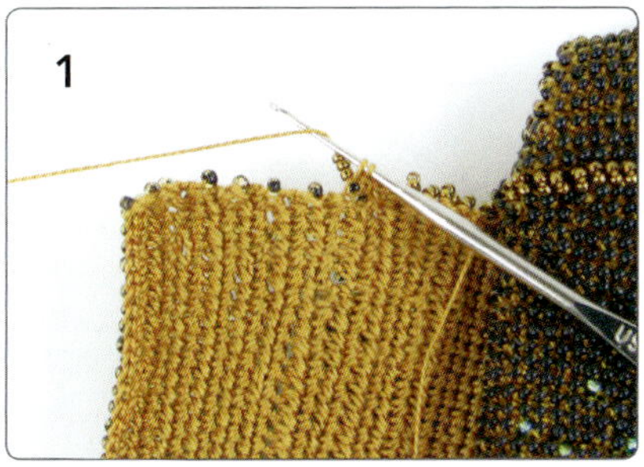

1
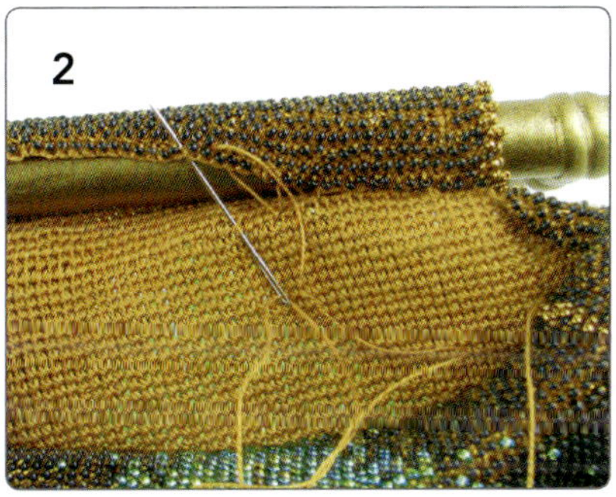

2
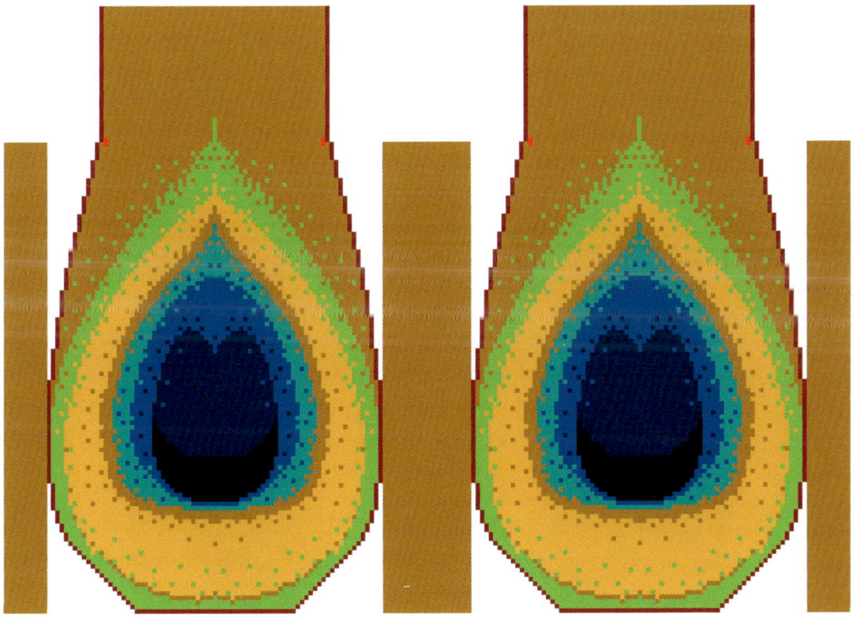

Unterer Bereich

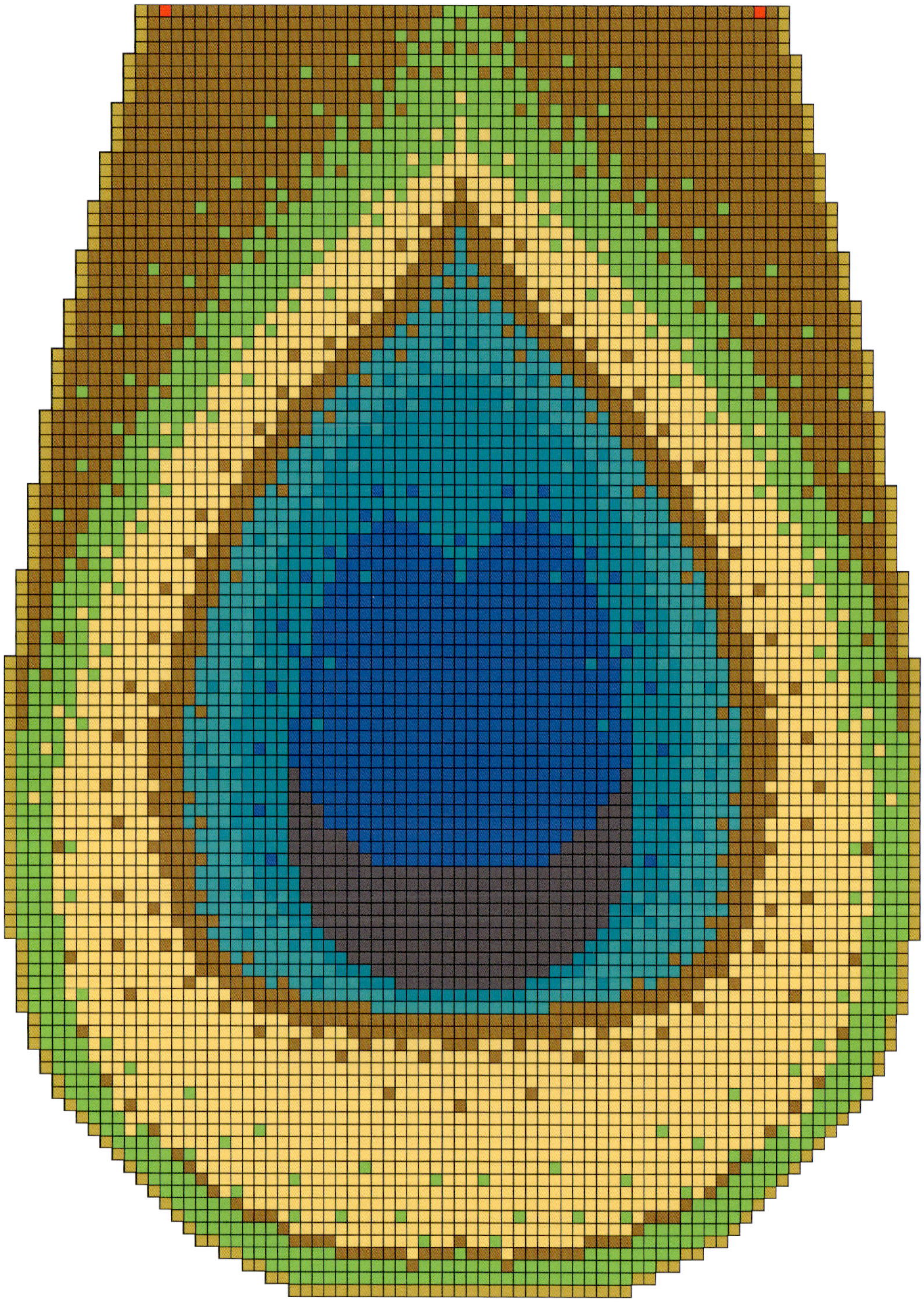

Die Mengenangaben beziehen sich immer auf die gesamte Tasche.

- black-lined topaz (12.780 Perlen)
- 15/0 metallic bronze (2.436 Perlen)

Hinweis: Jedes Kästchen der 15/0 Perlen bronze stellt drei Perlen dar.

- opaque black (552 Perlen)
- silver-lined dark cobalt (1.344 Perlen)
- silver-lined aqua AB (1.170 Perlen)
- lustered opaque green-aqua (1.094 Perlen)
- brass-lined lime AB (3.804 Perlen)
- silver-lined peridot AB (2.164 Perlen)
- black-lined topaz

Oberer Bereich

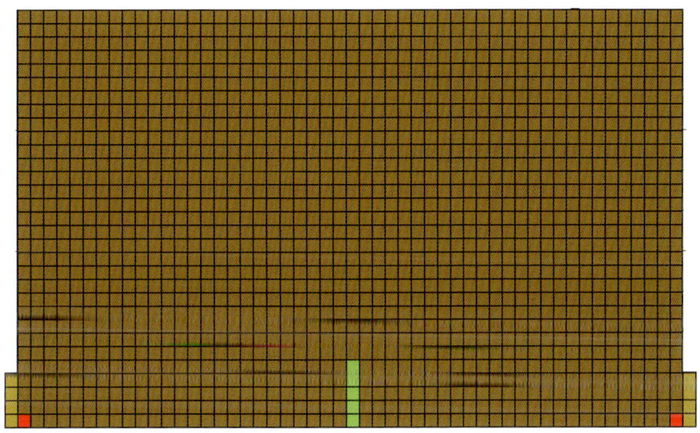

- black-lined topaz (12.780 Perlen)
- 15/0 metallic bronze (2.436 Perlen)
- silver-lined peridot AB (2.164 Perlen)

Leere Mustervorlagen

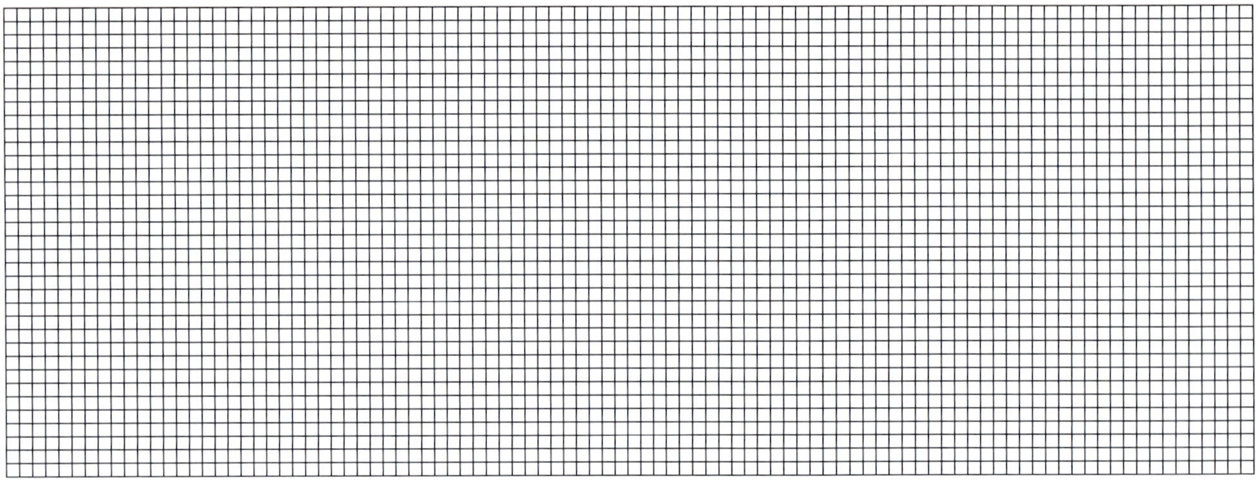

TREASURE BOX

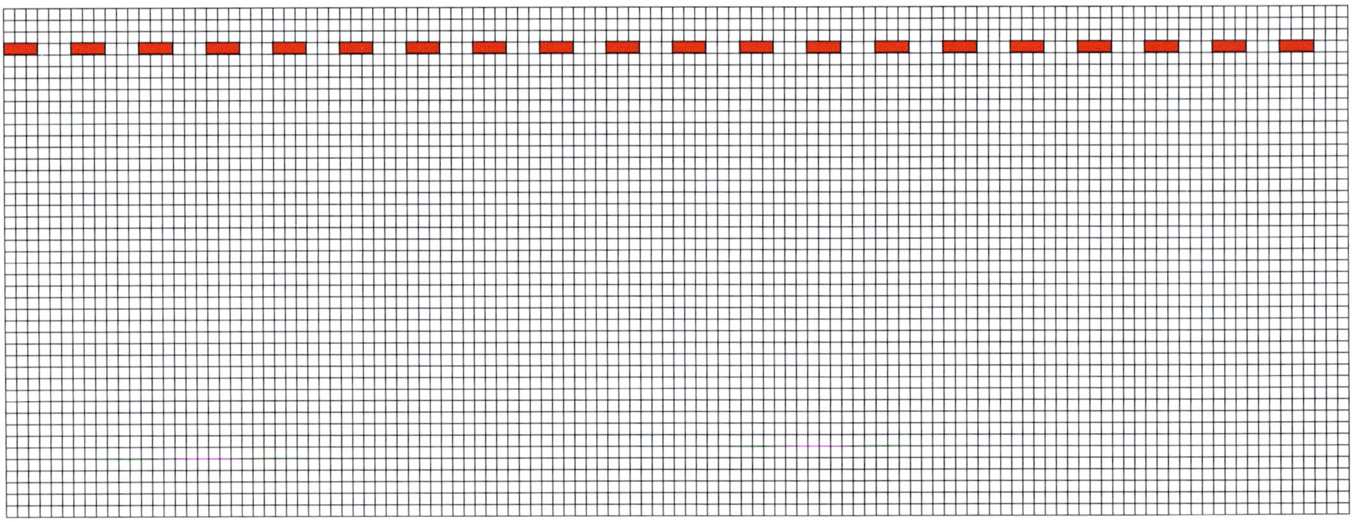

PINEAPPLE ZUGBAND-BEUTEL

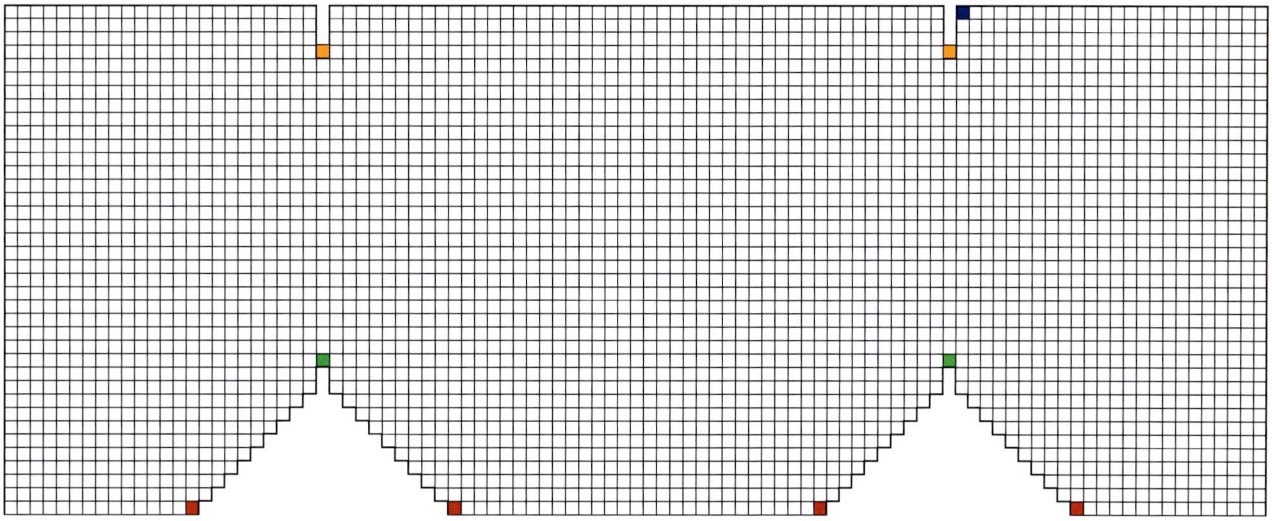

A PEACH OF A BAG

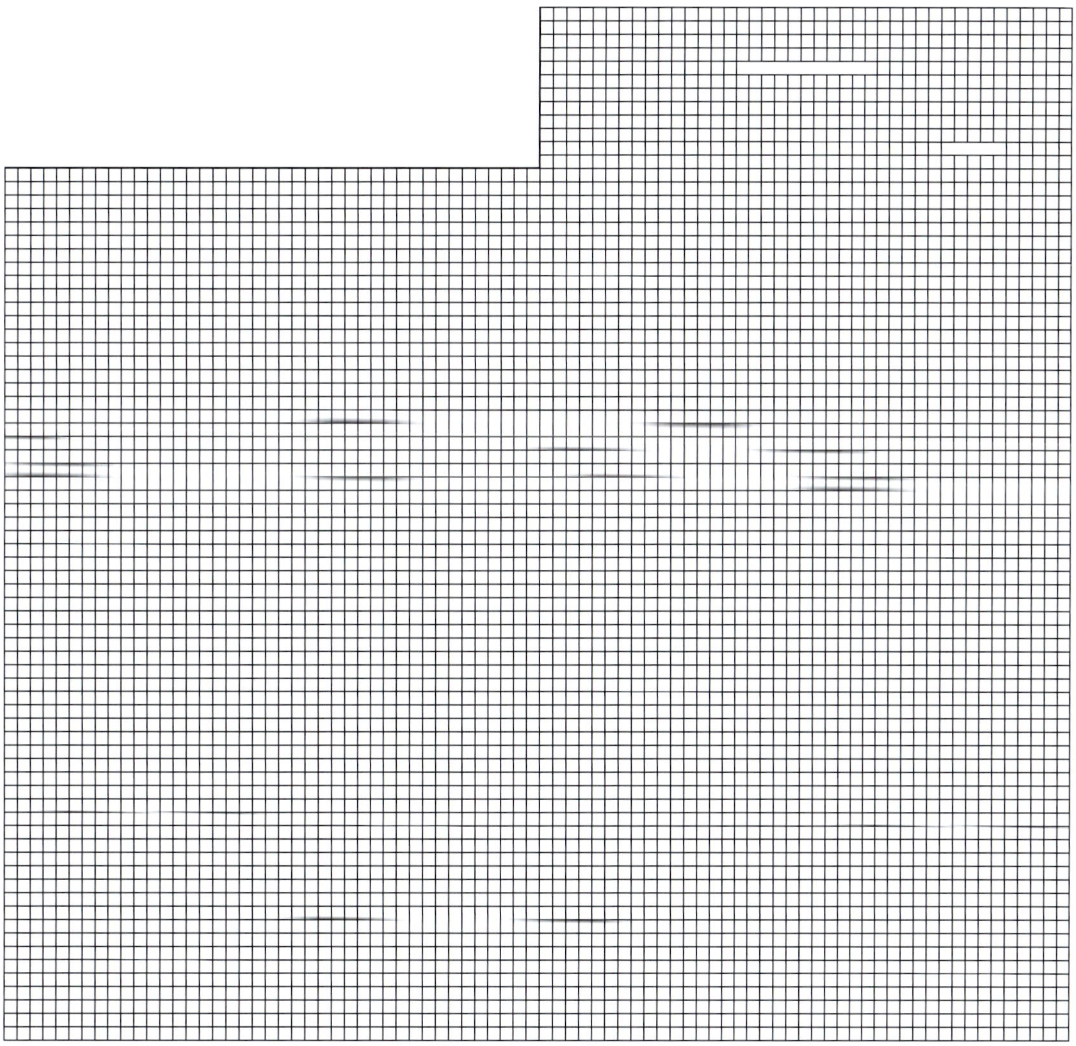

LISTEN UP!

Über die Autorin

Ann Benson hat sich als Autorin von acht Büchern über Perlenarbeiten auf Häkelarbeiten spezialisiert. Sie ist die Inhaberin des Geschäfts „Beads East“ in Connecticut und des Internetauftritts www.beadseast.com. Ann unterrichtet Perlenkurse und gibt umfangreiche Lehrgänge über Grafikanwendungen zum Darstellen von Perlenanleitungen.
Außerdem ist sie die Autorin von vier Romanen: *The Plaque Tales* (Die siebte Geißel), *The Burning Road* (Die brennende Gasse), *The Physican's Tale* (Der Fluch des Medicus) und *Thief of Souls* (Die Schreckenskammer).

Sie ist Mutter von zwei erwachsenen Töchtern und verheiratet mit Gary Frost, mit dem sie sowohl in Connecticut als auch in Florida lebt.

Danksagung

Dank an Renee Frost, Carolyn Reese und Sharol Ellis für ihre wundervolle Unterstützung beim Auffädeln und Nähen. Besonderer Dank an Lauren Miller, die zwei exquisite Designs beigesteuert hat, welche das Buch bereichert haben. Ein liebevoller Dank an Gary Frost fürs Staubsaugen all der weggeworfenen Papiermarkierungen. Dank an meine Mutter dafür, dass sie mich das Häkeln gelehrt hat, als ich acht Jahre alt war.

Abkürzungen und Mengen

PM = feste Masche mit Perle

LM = Luftmasche

1 Gramm tschechischer 11/0 Perlen = ca. 100 Perlen

1 Gramm japanischer 11/0 Perlen = ca. 90 Perlen

1 Gramm japanischer 15/0 Perlen = ca. 275 Perlen

1 Strang tschechischer Perlen = ca. 34 Gramm

1 Inch = ca. 2,5 cm

1 Meter = ca. 39 Inch